中国农业展望报告

（2023—2032）

农业农村部市场预警专家委员会 著

中国农业科学技术出版社

图书在版编目（CIP）数据

中国农业展望报告.2023—2032/农业农村部市场预警专家委员会著.--北京：中国农业科学技术出版社，2023.4
ISBN 978-7-5116-6225-5

Ⅰ.①中… Ⅱ.①农… Ⅲ.①农业发展－经济发展趋势－研究报告－中国－2023-2032 Ⅳ.①F323

中国国家版本馆CIP数据核字（2023）第042887号

组织编著单位 中国农业科学院农业信息研究所

责任编辑 张志花
责任校对 马广洋
责任印制 姜义伟 王思文

出 版 者	中国农业科学技术出版社
	北京市中关村南大街12号 邮编：100081
电 话	（010）82106636（编辑室） （010）82109702（发行部）
	（010）82109709（读者服务部）
传 真	（010）82106631
网 址	https://castp.caas.cn
经 销 者	各地新华书店
印 刷 者	北京地大彩印有限公司
开 本	190 mm×270 mm 1/16
印 张	15.5
字 数	330千字
版 次	2023年4月第1版 2023年4月第1次印刷
定 价	760.00元

◆版权所有·侵权必究◆

农业农村部市场预警专家委员会

（按姓氏笔画排序）

于　冷　　上海交通大学安泰经济与管理学院教授

王忠海　　农业农村部农村经济研究中心副主任

方　言　　清华大学中国农村研究院学术委员会委员、研究员

吕向东　　农业农村部农业贸易促进中心副主任

朱信凯　　中国人民大学教授

许世卫　　中国农业科学院农业信息研究所研究员

李国祥　　中国社会科学院农村发展研究所研究员

李韶民　　农业农村部信息中心副主任

杨　军　　对外经济贸易大学国际经济贸易学院教授

武拉平　　中国农业大学经济管理学院教授

秦　富　　中国农业科学院农业经济与发展研究所教授

韩一军　　中国农业大学国家农业市场研究中心教授

前　言

2023年是全面贯彻落实党的二十大精神的开局之年，也是加快建设农业强国的起步之年。当前国际形势复杂严峻，世界经济增速放缓，极端天气事件频发，全球农产品生产与贸易不确定性、不稳定性明显加大，国内庞大人口基数叠加消费持续升级，粮食需求仍在刚性增长，端牢饭碗压力越来越大。发布未来10年中国农业展望报告，加强农产品供需趋势分析及农业热点问题的交流研讨，充分发挥信息引导生产、稳定预期、服务决策的重要作用，是贯彻落实党中央和国务院发展战略部署的重要举措，对保障粮食和重要农产品稳定安全供给具有重要意义。从2014年开始，每年4月中国定期召开农业展望大会并发布农业展望报告，大会日益成为国内外了解农情、分享信息的重要公共平台。

2023年中国农业展望大会，由农业农村部市场预警专家委员会、农业农村部市场与信息化司、农产品市场监测预警部际协调机制指导，中国农业科学院农业信息研究所主办，农业农村部信息中心、农业农村部农村经济研究中心、农业农村部农业贸易促进中心、农业农村部大数据发展中心、中国农学会等协办。大会上发布的《中国农业展望报告（2023—2032）》（以下简称《展望报告》）是农业展望专家组在前9年展望工作的基础上，根据近期国内外经济形势、人口、汇率、油价等方面的新变化，综合考虑中国宏观经济、农业政策、气候条件、科技创新、资源禀赋及国际市场等因素，采用中国农业科学院农业信息研究所农业监测预警创新团队研制的中国农产品监测预警系统（China Agricultural Monitoring and Early-warning System，CAMES），对未来10年中国农产品市场供需形势做出的基线预测，与基于专家判断相结合的研究成果。基期数据主要来自于中国统计部门公开发布的统计数据和农业部门的农产品市场监测数据，也包括相关研究机构多年积累的实地调研数据。农业农村部市场预警专家委员会专家对《展望报告》的主要结论进行了研讨。在《展望报告》征求意见过程中，特别感谢农业农村部市场与信息化司等有关司局提出的宝贵意见，为《展望报告》修改完善做出了重要贡献。在《展望报告》形成过程中，充分吸收了国家发展改革委、商务部、海关总署、国家统计局、国家粮食和物资储备局等部门相关司局以及中国棉花协会、中国糖业协会等有关协会专家的意见。

《中国农业展望报告（2023—2032）》共15章，涵盖粮、棉、油、糖、蔬菜、水果、肉、蛋、奶、水产品、饲料等20种（类）主要农产品，由农业农村部市场分析预警团队品种分析师分工协作撰写。其中，第一章概述部分由王禹、李干琼、许世卫撰写；第二章粮食部分由王盛威撰写；第三章稻谷部分由稻米分析师纪龙、李干琼、徐佳男、徐春春撰写；第四章小麦部分由小麦分析师刘锐撰写；第五章玉米部分由玉米分析师王洋、徐伟平、吴天龙撰写；第六章大豆及油脂油料部分分别由大豆分析师殷瑞锋、张璟、王禹，油料分析师张雯丽、黄家章、刘鹏、李淞淋撰写；第七章棉花部分由棉花分析师原瑞玲、翟雪玲、聂赟彬、喻闻撰写；第八章糖料部分由糖料分析师郭君平撰写；第九章蔬菜部分分别由蔬菜分析师张晶、邢丽玮、迟亮，马铃薯分析师周向阳、吴建寨撰写；第十章水果部分由水果分析师王芸娟、赵俊晔、侯煜庐撰写；第十一章肉类部分分别由熊露，猪肉分析师李淞淋、朱增勇、周琳，禽肉分析师郑麦青、浦华、张莉，牛羊肉分析师司智陟、杨春、朱聪撰写；第十二章禽蛋部分由禽蛋分析师唐振闯、朱宁、熊露撰写；第十三章奶制品部分由牛奶分析师刘佳佳、祝文琪、杨祯妮撰写；第十四章水产品部分由水产品分析师沈辰、刘景景、朱孟帅、张静宜撰写；第十五章饲料部分由饲料分析师陶莎、徐伟平、沈辰撰写。

中国农业展望大会创立以来，农业农村部市场与信息化司对展望大会持续给予精心指导和大力支持。今年恰逢展望大会10周年，中国农业科学院院长吴孔明、党组书记杨振海对展望活动高度重视。农业信息研究所所长周清波亲自指导，成立了由秘书组陆美芳、材料组和商务组李干琼、会务组张永恩、宣传组张晶、后勤保障组程海鹏为组长的6个工作小组，带领全所员工为高质量开展2023年农业展望活动提供了有力保障。大会执行主席许世卫研究员领衔的中国农业监测预警团队，为《展望报告》提供了20种农产品基础数据分析以及CAMES模型预测分析结果。农业监测预警研究中心李干琼、刘佳佳、王盛威、王禹、庄家煜、张永恩、王洋、邸佳颖、李建政、熊露、喻闻、李灯华、袁世一、赵龙华、周涵、陈威、周雨萱、刘保花等在《展望报告》全文统稿与修改、会商研讨组织、中英文翻译等方面做了大量具体而细致的工作。《展望报告》形成过程中，农业农村部市场预警专家委员会各位专家及刘桂才、张晓婉、沈贵银、李干琼、田晓晖、李志强、习银生、朱增勇、杨静、潘月红等专家进行了审阅并提出了修改意见。

定期规范发布中国农业展望报告，是一项技术支撑能力要求极高的工作，也是中国农业科学院坚持"面向世界农业科技前沿、面向国家重大需求、面向现代农业建设主战场、面向人民生命健康"的重要科技工作领域。作为中国特色农业信息监测预警体系的重要成果，2020年1月农业展望大会正式写入《中美第一阶段经贸协议》，彰显了中国农业展望大会的国际影响力；2021年7月中国农业展望大会列入"百年伟业 三农华章——农业农村部庆祝中国共产党成立100周年主题展"，突显了在"三农"发展中的重要地位。需要说明的是，农业发展受诸多不确定性因素的影响，基线预测模型已尽量考虑相关因素，但《展望报告》难免仍会出现一些疏漏或不足，恳请国内外同行多提宝贵意见，我们将不断完善和提高。

报告编写组
2023年4月

摘　　要

2023年中国农业展望大会发布的《中国农业展望报告（2023—2032）》，总结回顾了20种（类）主要农产品2022年市场形势，对未来10年尤其是2023年、2027年和2032年等重要时间节点的生产、消费、贸易、价格走势进行了展望，对存在的不确定性进行了分析和讨论。

未来10年中国宏观经济与政策假设。中国将沿着高质量发展之路阔步前行，经济增长继续保持合理水平，本《展望报告》假设2023—2032年中国国内生产总值（GDP）年均增速4.9%；居民收入继续较快增长，城镇和农村居民人均可支配收入年均增速分别为4.2%和6.4%（以2022年为基期，扣除价格因素），城乡收入差距不断缩小；中国人口总量呈负增长趋势，年均下降1.3‰，人才红利将加快形成并逐步释放；城镇化率持续提高，2032年常住人口城镇化率、户籍人口城镇化率分别提高到71.8%和56.2%；居民消费价格指数（CPI）涨幅在合理区间小幅波动，人民币汇率双向波动成为常态，总体走势趋强，展望期间1美元兑人民币的名义汇率中间价年均值在6.4~6.6区间；国际原油价格短期高位震荡运行，中长期呈下降趋势。

2022年，我国农业农村改革发展取得明显成效，稳住了基本盘，夯实了压舱石，为经济社会大局稳定提供了基础支撑。粮食逆境再夺丰收，产量再创历史新高，粮食和重要农产品供给安全基础持续稳固。2022年粮食播种面积17.75亿亩[①]（1.18亿公顷），比上年增长0.6%；全国粮食总产量达6.87亿吨，比上年增长0.5%，连续8年保持在6.5亿吨以上。大豆油料产能提升工程迎来"开门红"，2022年大豆种植面积15 366万亩（1024.40万公顷），比上年增加2743万亩（182.87万公顷），增长21.7%；产量首次迈上2000万吨台阶，全国大豆产量达2029万吨，比上年增加389万吨，增长23.7%，大豆自给率提高了3个百分点。油菜种植面积10 902万亩（726.80万公顷），增加近400万亩（26.67万公顷），花生、油葵等面积保持稳定；全年油料产量3653万吨，比上年增长1.1%，食用植物油自给率提高1个百分点。棉花产量小幅增加，果菜鱼供给充足，蔬菜面积产量稳中有增，水果量足质优。畜牧业生产稳定增长，2022年猪牛羊禽肉产量9227万吨，比上年增长3.8%；其中，猪肉产量5541万吨，增长4.6%，猪肉产量恢复到正常水平；牛肉产量718万吨，增长3.0%；羊肉产量525万吨，增长2.0%；禽肉产量2443万吨，增长2.6%；禽蛋产量3456万吨，增长1.4%；牛

[①] 1亩≈667米^2，15亩=1公顷，全书同。

奶产量3932万吨，增长6.8%。**农产品供给结构持续优化，现代农业基础支撑不断加强，农业高质量发展成效显著。**绿色优质农产品供给不断增加，绿色食品、有机农产品和地理标志农产品数量超过6.3万个，产量占全国农产品的11%，国家农产品质量安全例行监测总体合格率在97.6%以上；种业振兴深入推进，建成世界一流水平的国家农作物、海洋渔业生物种质资源库，新收集农作物种质资源12万份，采集制作畜禽种质资源33万份和水产种质资源7.8万份，供种保障率提高到75%，生物育种技术取得阶段性进展，转基因玉米大豆产业化应用试点有序推进；科技和装备支撑更加有力，2022年全国农业科技进步贡献率达到62.4%，农业机械化水平稳步提高，农作物耕种收综合机械化率达到73%，其中小麦耕种收综合机械化率达到97%以上，农机装备创制实现阶段性突破，240马力无级变速拖拉机、油菜移栽机等短板机具成功量产，粮食机收损失率控制在3%以内；高标准农田建设加快推进，如期实现累计10亿亩（6666.67万公顷）建设目标，实施东北黑土地保护性耕作面积8300万亩（553.33万公顷）；农业发展方式加快转变，绿色低碳农业园区建设提档升级，新建40个优势特色产业集群、50个国家现代农业产业园、200个农业产业强镇，化肥农药利用率均超过41%，畜禽粪污综合利用率、秸秆综合利用率和农膜回收利用率分别超过78%、88%、80%。**农产品消费总体保持增长，消费结构不断优化升级。**2022年全国粮食消费量7.98亿吨，比上年减少2.9%，主要原因是小麦饲用消费下降明显。受新冠疫情多点散发、下游消费偏弱等因素影响，棉花消费需求明显下降，比上年减少5.0%，食用植物油和奶制品分别减少6.5%、1.7%。收入持续增长和畜牧业生产扩大带动居民消费升级明显，水果、肉类消费量不断增加，分别比上年增长1.0%和1.6%。**大宗农产品进口均有所下降，国际市场补充作用仍然明显。**2022年粮食进口14 687万吨，比上年减少10.7%，其中玉米进口2062万吨，减少27.3%，大豆进口9108万吨，减少5.6%，大麦进口576万吨，减少53.8%；食用植物油进口726.4万吨，比上年减少35.7%；棉花进口202.6万吨、食糖进口527.5万吨，分别比上年减少13.5%和6.9%。肉类进口量613万吨，比上年减少22.8%，其中猪肉进口减少52.8%。具有国际贸易比较优势的蔬菜出口量达1183万吨，比上年增长6.5%。**农产品价格运行基本平稳，品种间走势有所分化。**2022年三大主粮价格稳中有分化，稻谷总体持平，小麦偏强运行，玉米高位回落趋稳；国产大豆价格总体上涨。猪肉价格较上年下跌，禽肉、牛羊肉和水产品价格以涨为主；食用植物油大幅上涨，棉花、食糖价格因需求不振弱势运行；蔬菜、水果价格季节性波动。

2023年，农业综合生产能力进一步提升，粮食安全根基进一步夯实，农业强国建设开局良好。粮食和重要农产品稳定安全供给能力增强，多元化食物供给体系建设取得新成效。在"两稳两扩两提"发展目标引导下，预计2023年大豆种植面积将增加484万亩（32.27万公顷），油菜籽面积增加800万亩（53.33万公顷），全年粮食播种面积将达17.82亿亩（1.19亿公顷），比上年增长0.4%；粮食生产保持稳步增长，预计2023年粮食产量将达到6.94亿吨，增长0.7%，其中口粮（稻谷和小麦）产量保持相对稳定，玉米产量略增，大豆产量增至2171万吨，比上年增长7.0%。油菜籽、花生和特色油料产量均明显增加，全年油料产量预计增长5.1%，食用植物油自给率继续提高1个百分点左右。能繁母猪存栏保持合理水平，生猪出栏量和猪肉产量将继续增长，预计2023年猪肉产量5570万吨，增长0.5%；草食畜牧业加快转型升级，牛肉、羊肉和奶制品产量预计分别增长1.5%、1.4%和5.0%。渔业绿色发展深入推进，水产品产量保持小幅增长，预计2023年产量6935万吨，其中养殖产量增长1.2%，捕捞产量相对稳定。**农产品消费恢复增长，居民消费活力持续释放。**随着新冠疫情防控措施优化，团体性消费和户外消费明显增加，主要农产品消费增长较快，预计2023年粮食消费增长1.5%，肉类消费增长1.4%，食用植物油消费增长5.4%，奶制品、蔬菜和水果分别增长3.9%、1.2%和2.6%。**大宗农产品进口继续下降，传统优势农产品出口增长。**在国内产量稳步增加、国际价格高位运行背景下，大宗农产品进口量减少，预计2023年粮食进口量减至14 659万吨，比上年下降0.7%，其中大米、小麦、玉米进口分别为559万吨、850万吨、1950万吨，分别比上年下降9.8%、14.7%、5.4%；棉花、食糖将分别下降2.6%和6.2%。具有国际市场竞争优势的水果、水产品出口分别预计增长6.2%和3.1%。**农产品价格总体平稳，蔬菜水果季节性波动。**在农药、化肥等农资成本大幅上涨、消费需求回暖、国际粮价高位运行等条件下，预计国内棉花、食糖等价格总体呈高位运行。由于猪肉需求恢复正常，产能调减、消费增加，预计价格稳中略涨，2023年猪肉均价在30~32元/千克。由于禽肉供应相对偏紧，价格整体呈上涨趋势，预计全年鸡肉集市综合价格在24~26元/千克；牛肉、羊肉价格仍有上涨空间，但大幅上涨的可能性很小。受消费拉动和成本支撑，预计2023年水产品价格总体将稳中有涨。蔬菜、水果供应总量有保障，价格波动主要受突发性因素和季节性因素影响。

未来10年，多元化食物供给体系将持续构建，农业强国建设将取得显著进展，农业农村现代化水平明显提升。农产品供给保障能力大幅提升，农业竞争力显著增强。在全面实施"藏粮于地、藏粮于技"战略和实施新一轮千亿斤[①]粮食产能提升行动等有利条件下，中国粮食安全根基将得到持续巩固，15.46亿亩（1.03亿公顷）永久农田将全部建成高标准农田，新增高效节水灌溉面积1.1亿亩（733万公顷）以上。展望期末，粮食播种面积预计将增加到18亿亩（1.2亿公顷）左右，其中谷物面积有望达到15亿亩（1.00亿公顷），大豆面积不断扩大到2.01亿

---

① 1斤=500克，2斤=1千克。

亩（1340万公顷）。随着农业关键核心技术不断取得突破和种业振兴行动深入实施，培育出一批有自主知识产权的核心种源和节水高抗新品种，玉米大豆生物育种产业化步伐加速推进，先进适用农机装备短板不断补齐，农业科技增产提效显著，未来10年预计粮食单产水平将提高9.8%，其中玉米、大豆单产分别将达到499千克/亩（7485千克/公顷）和183千克/亩（2745千克/公顷），较基期分别提高17.8%和38.2%。农业综合生产能力显著增强，多元化食物供给体系健全完善，食物来源渠道进一步拓宽，展望期内粮食产量年均增长1.2%，预计2032年将达到7.67亿吨，其中大豆和油料自给率持续提升，大豆产量、自给率分别将达到3675万吨和30.7%；蔬菜和猪肉生产更加稳定，分别保持在8.0亿吨和5600万吨左右，禽肉、奶类和水产品产量分别将增至2926万吨、5602万吨、7248万吨。**农产品消费不断升级，多样化、优质化、营养化消费需求增加。**随着中国经济持续增长和居民收入不断提高，消费升级趋势明显，农产品需求总量刚性增长伴随消费结构快速升级，居民膳食结构优化加快推动农产品消费由粮菜为主向多样化转变。未来10年，粮食需求增长主要来自饲用消费较快增长，饲用消费将增长13.4%，人均口粮消费呈下降趋势，大豆食用消费将增长34.8%；蔬菜消费量保持平稳增加，年均增长0.6%；奶制品、水果、水产品消费呈现较快增长，年均增速分别为3.3%、1.9%、1.0%。**农产品贸易结构不断优化，进口渠道更加多元化。**未来10年，在持续推进高水平农业对外开放、推动共建"一带一路"高质量发展、加快建设贸易强国等背景下，中国农产品贸易将继续增长，同时贸易结构将明显改善，粮食进口将下降16.0%，其中玉米、大豆对外贸易依存度持续下降，玉米进口逐步回落至700万吨以内，大豆进口将从近年来高位降至展望期末的8356万吨；粮食出口主要来自大米，展望期内预计大米出口量将增长24.0%。在国际市场上具有竞争优势的蔬菜、水果和水产品出口继续增长，分别年均增长1.9%、8.2%、1.7%。农产品贸易伙伴日益增多，与东南亚国家、南美国家和黑海地区的农产品贸易不断加强，粮食等农产品进口市场集中度呈下降趋势，大豆、玉米和食用植物油等大宗农产品进口来源呈现多元化。**农产品价格形成机制不断完善，价格总体呈现温和上涨趋势。**未来10年，粮食等重要农产品价格形成机制不断完善，反映供求关系的价格信号对资源配置的决定性作用更加明显，农产品优质优价特征明显，市场机制与政府调控相互促进、相互补充，稻谷小麦最低收购价、玉米大豆生产者补贴、棉花目标价格等政策将继续实施并完善。随着人口进入负增长，劳动力成本将不断上涨，加之化肥、农药等农资成本提升，展望期内大多数农产品价格呈上涨趋势，其中粮食价格运行相对平稳，棉油糖作物由于竞争力提升，价格受到国际市场影响将有所减弱，果菜鱼价格波动幅度有所减小，肉蛋奶价格将更加灵敏地反映市场供求关系的变化。分品种看具体如下。

粮食：产能稳步提升，产量增长快于消费增长。未来10年，中国粮食综合生产能力不断提高，播种面积稳中略增，种植结构持续优化，粮食产能稳步提升。粮食播种面积年均增长0.3%；单产年均增长0.9%，是粮食增产的主要贡献因素，2032年粮食单产将达到423千克/亩（6345千克/公顷）；粮食产量稳步增长，预计到2032年粮食产量将达到7.67亿吨，年均增长1.2%。由于国内庞大的人口基数叠加消费结构不断升级，粮食需求将继续呈刚性增长，预计年均增长0.6%，到2032年粮食消费量为8.67亿吨。粮食供需紧平衡将成为长期态势，但产需平衡压力有所缓解，粮食自给率将提高至88.4%。粮食贸易规模总体下降，但粮食进口在优化国内供给结构和调剂余缺方面仍将发挥重要作用，贸易规模将继续维持高位，到2032年粮食进口量为1.22亿吨，年均下降2.2%。

稻谷：产消保持基本稳定，出口竞争力不断提升。口粮绝对安全始终是国家粮食安全的重中之重，未来10年稻谷生产将维持稳定态势，播种面积稳中略降，单产水平稳步提高，产量稳定在21 000万吨左右。随着居民消费结构不断优化升级，稻谷消费量先增后降，其中食用消费的绝对量和占比稳中有降，饲用消费增长，稻谷供求总体宽松的格局不变。随着国内稻谷优质化率持续提高、饲料粮需求快速增加，用于品种调剂的精米进口将保持基本稳定，具有价格优势的碎米进口将有所增加，同时国产优质大米的出口竞争力将不断强化，出口量稳步增长。国内稻谷市场体系持续完善、国家宏观调控能力不断增强，稻谷市场将平稳运行。

小麦：生产供给结构不断优化，进口需求呈明显下降趋势。未来10年，小麦播种面积呈稳中略降趋势，随着小麦单产提高，产量稳步增长，2032年将达14 390万吨，年均增长0.5%。小麦玉米比价关系回归正常，小麦饲用消费量持续回落，但随着中国小麦深加工产业快速发展，工业消费量逐步增加，小麦消费总量呈稳中略增趋势，预计2032年为14 130万吨，年均增长0.1%。中国小麦产业结构持续优化，优质小麦种植面积和产量不断增加，专用品种小麦数量增多，对进口优质小麦依赖度下降，预计小麦进口量总体呈下降趋势，小麦进口量逐年回落，预计2032年进口量为602万吨，年均下降4.3%。

玉米：产量保持继续增长，玉米供求关系将由偏紧逐渐转为基本平衡。未来10年，玉米播种面积先增后稳，预计2032年达到65 905万亩（4394万公顷）；随着玉米单产提升工程实施，预计单产保持1.7%的年均增长速度；产量将稳步提升至32 869万吨，年均增长2.0%。玉米消费量增速放缓，工业消费占比有所下降，预计2032年消费量将达33 235万吨，年均增长1.5%。玉米供需关系将逐年转松，展望期末玉米自给率将达96.9%；进口量持续下降，2032年将减至685万吨。

大豆：面积、产量均逐年增长，大豆自给率将显著提升。随着大豆生产支持政策完善和大豆产业发展环境进一步优化，未来10年大豆播种面积将逐年增加，预计2032年将达到2.01亿亩（1339万公顷），与基期相比增长40.7%；生物育种及其产业化有力推进，大豆单产预计年均增长 3.4%；大豆产量年均增长 7.0%，至 2032 年将达到 3675 万吨。由于压榨消费需求增速放缓，食用消费逐年增加，大豆消费量稳步增加，预计 2032 年为 11 947 万吨，年均增长 0.6%。展望期内大豆自给率持续提高，2032 年将达到 30.0% 左右。随着自给率提高大豆进口量呈下降趋势。

油料：产量持续增长，食用植物油自给率稳步提高。 未来 10 年，受益于品种改良、资源利用率提升及技术集成推广应用等，中国油料产量持续增长。预计 2032 年油料产量将达到 4668 万吨，比基期增长 29.0%，年均增长 2.6%。受人口总量减少、经济增长和城镇化速度趋缓、人均食用植物油消费量接近饱和影响，中国居民食用植物油消费量增速将继续放缓。预计 2032 年食用植物油消费量将达 3756 万吨，年均增长 0.6%，低于过去 10 年 1.3% 的年均增长率。未来 10 年，中国将继续利用国际市场来满足和优化国内食用植物油的供应，但油籽和食用植物油进口量趋于平稳。中国食用植物油自给率逐步提高，预计 2032 年将达到 43.8%。

棉花：产量稳中略降，消费和进口呈下降趋势。 展望期内，受劳动力和土地成本持续上升、水土资源条件约束趋紧、植棉比较效益低等多重因素影响，农户植棉积极性下降，棉花种植面积继续下滑。棉花品质适应纺织转型升级需要，单产稳步提升，品质持续改善。预计 2032 年棉花产量为 579 万吨，年均下降 0.1%；中国将继续保持全球最大棉花消费国和纺织品服装出口国的地位，但全球贸易保护主义加剧、产业转移、化纤替代等将导致棉花消费量呈下降趋势，预计 2032 年棉花消费量为 745 万吨，年均下降 0.3%；棉花产量稳中略降，消费需求呈下降趋势，进口相应减少，高等级棉花仍然是进口的重点，进口来源多元化发展，预计 2032 年减至 170 万吨，年均下降 2.0%。

糖料：产量不断增加，消费增速放缓。 未来 10 年，受糖料种植比较效益较低和其他替代作物竞争的影响，中国糖料种植面积稳中有降，预计 2032 年糖料种植面积为 2214 万亩（148 万公顷），年均减少 0.2%。但是，随着良种良法技术的推广、生产全程机械化的推进以及精细化生产管理的强化，糖料单产将有所提高，预计 2032 年食糖产量达 1104 万吨，年均增长 0.8%。由于受中国人口负增长、人口老龄化程度加深等的影响，食糖消费增速放缓，预计 2032 年食糖消费量为 1644 万吨，年均增长 0.7%。在国内产糖增长潜力有限、农村食糖消费持续增加以及食品、饮料工业快速发展等因素综合作用下，预计 2032 年中国食糖进口将达到 587 万吨，年均增长 0.4%。

蔬菜：产量和消费基本稳定，出口保持较快增长。 未来 10 年，蔬菜产业继续向高质量发展转型，种植面积长期稳定在 3 亿亩（2000 万公顷）左右，蔬菜产量趋稳、增速放缓，商品率提高，品种结构和季节供应进一步调优。预计 2023 年蔬菜产量为 7.93 亿吨，比上年略涨 0.3%，2032 年产量将达 7.99 亿吨，10 年年均增速为 0.3%。蔬菜消费平稳发展，消费质量进一步提升，消费量年均增速 0.6%，预计 2032 年达 6.09 亿吨。蔬菜贸易以稳规模优结构为主，保持"大出小进"格局，预计出口量年均增速 1.9%。蔬菜产业将持续由劳动密集型向技术密集型转变，蔬菜市场价格季节性波动可能趋缓，但可能遭遇更为频繁的不利气象灾害冲击，受人工成本等不断上涨影响，整体呈波动上行趋势。

马铃薯：产量总体趋增，消费持续增加。 展望期内，中国马铃薯种植面积将呈现增长态势，预计 2032 年为 9 169 万亩（611 万公顷），比基期增长 8.8%，年均增长 0.9%。随着育种研发能力增强和关键核心技术加快推广，中国马铃薯单产水平不断提高，预计 2032 年提高到 1 335 千克/亩（20 025 千克/公顷），比基期增长 11.5%，年均增长 1.1%。在种植面积增加和单产水平提高的共同作用下，展望期内马铃薯产量总体趋增，预计 2032 年将增至 12 242 万吨，比基期增长 21.3%，年均增长 1.9%。长期来看，中国马铃薯消费量持续增加，预计 2032 年为 12 808 万吨，比基期增长 18.5%，年均增长 1.7%。

水果：产量和消费量持续增长，进口和出口规模均不断扩大。 未来 10 年，水果面积扩增有限，单产继续提高，产量稳中有增，品种结构进一步优化，优质水果供给增加。展望期间，水果产量年均增速为 1.8%，预计 2032 年达 3.53 亿吨。随着城乡居民收入增长、食物消费升级和城镇化进程加快，水果消费需求持续增加，消费量年均增速为 1.9%，预计 2032 年达 3.48 亿吨，其中直接消费量 1.79 亿吨，年均增速 2.2%，加工消费量 5037 万吨，年均增速 2.4%。水果进口量和出口量均呈增长趋势，年均增速分别为 7.6% 和 8.2%，贸易逆差持续存在。

肉类：产量和消费量保持增长，进口先增后减。 展望期内，随着肉类产业逐步转型升级，畜禽产业供给能力将提升，产量将保持增长，预计 2032 年肉类产量达到 9994 万吨，年均增长 1.4%。肉类市场需求进一步释放，肉类产品种类日益丰富，加之线上线下融合发展，消费渠道的多样化更好地满足消费者需求，肉类消费量将平稳增长，但增速放缓，2032 年将达到 10 485 万吨，年均增长 1.1%。展望初期，肉类产品国内外价差依然存在，加之国内需求增长，预计肉类进口量呈增长态势，2023 年肉类进口 645 万吨，比上年增长 5.2%；展望中后期，随着肉类产品自给率逐步提高，进口量缓速增长趋稳后将下降，预计 2032 年进口量 601 万吨，比基期下降 19.9%。

猪肉：产消保持基本平衡，进口呈下降趋势。 展望初期，生猪供给波动幅度收窄；中后期受生猪养殖布局日趋合理、生产能力稳步提高、定点屠宰场规范性提升等因素影响，生猪产业将健康平稳运行，猪肉产量稳中有增，质量安全得到强有力的保障。预计 2023 年猪肉产量将达到 5570 万吨，比上年增长 0.5%；受国际供应链恢复、餐饮和加工消费增加等因素影响，猪肉进口量将增加至 200

万吨左右。预计未来10年猪肉产量年均增速为1.2%，2032年产量将达到5602万吨；猪肉进口需求将会稳步下降，2032年将降至130万吨。受肉类需求结构优化以及人口数量和结构变动等因素影响，猪肉消费量呈现先增加后减少、较基期的年均增速放缓趋势，年均增速预计为0.8%，至2032年消费量将增至5719万吨。

禽肉：生产和消费保持较快增长，进口呈先稳后降趋势。 随着城镇人口占比增加、食品加工和居民消费需求增长，人们追求高蛋白、低脂肪的健康饮食方式将继续拉动禽肉产品消费增长；展望中后期，居民肉类消费结构和城镇人口占比逐渐趋于稳定、人口数量减少等因素可能使禽肉消费增速放缓；展望期内禽肉消费整体呈增长态势，在消费需求的拉动下，禽肉产量保持增长，增速先高后低。预计未来10年，禽肉产量年均增长1.8%，2032年为2926万吨；消费年均增长1.6%，2032年为2943万吨。因禽肉生产周期短，产量增长快于消费增长，禽肉进口平稳后下降，出口稳中趋增；预计2032年进口量和出口量分别为109万吨和92万吨。

牛羊肉：生产和消费均保持增长，进口呈增加趋势。 未来10年，随着牛羊生产方式加快转变，牛羊肉综合生产能力、供应保障能力和市场竞争力不断提升，预计牛羊肉产量继续增长，年均增速分别为1.2%和1.3%，2032年牛羊肉产量将分别达784万吨、578万吨。综合考虑居民消费升级带动以及老龄化加深和人口增速下降的影响，消费保持增长但增速趋缓，2032年牛羊肉消费量分别为1096万吨和625万吨，年均增速分别为1.6%和1.3%。牛羊肉进口增速均有所放缓，2032年牛肉进口量为313万吨、羊肉进口量为48万吨，年均增速分别为2.8%和2.4%。

禽蛋：产量增速放缓，消费量先增后减。 未来10年，随着中国畜牧业高质量发展行动的实施，蛋禽良种培育能力、养殖场（户）管理水平、蛋禽疫病防控能力将进一步提升，蛋禽养殖良种化、规模化、智能化、标准化水平再上一个台阶，将有力支撑禽蛋产量保持平稳增长趋势，2032年将达到3580万吨，年均增长0.4%。在城乡居民收入增长、食物消费结构优化、消费者需求升级等因素的推动下，禽蛋消费量将保持小幅增长态势，但随着中国人口进入负增长和老龄化，禽蛋消费需求将下降，预计2030年前后禽蛋消费量将达到峰值，约为3572万吨，2032年消费量将下降至3555万吨。

奶制品：生产量和消费量均较快增长，奶源自给率不断提高。 未来10年，奶类产量保持增长势头，奶源自给率持续提升。预计2032年奶类产量将达到5602万吨，年均增长4.0%；奶源自给率达71%以上。奶制品消费稳定增长，人均消费量大幅提高。预计2032年奶类消费量将达到7902万吨，年均增长3.3%；奶类人均消费量55.9千克，比基期增长37.7%。国内奶制品供给缺口依然存在，进口保持增长但增速放缓。预计2032年奶制品进口量将增至2320万吨（折合生鲜乳），年均增长1.6%。

水产品：产量与消费量不断增长，进口增长快于出口。未来10年，在需求拉动、技术带动和政策推动下，水产品产量保持小幅增长，年均增长0.8%，2032年达7248万吨。其中，养殖产量年均增长1.0%，在总产量中占比提高至82.2%；捕捞产量保持稳定。随着居民收入持续增长、食物消费结构逐步升级和流通渠道更加多元，水产品消费不断增长，消费量年均增长1.0%，2032年将达7621万吨。加工消费增速较快，年均增长1.8%，2032年将达3290万吨，占总消费比例将提高到43.2%。展望期内，水产品供需基本平衡，价格总体稳中有涨。居民对海捕鱼类和虾蟹等水产品消费偏好增强、自贸区建设深化拓展以及电商渠道发展，将带动水产品进口较快增长，2032年将增至824万吨。出口稳中有增，2032年将达451万吨。进口增速将明显快于出口。

饲料：生产和消费稳步增长，价格将高位运行。未来10年，饲料原料多元化，科技水平不断提升，为饲料行业可持续发展提供了有效支撑。随着工业饲料普及率达到稳定状态，总产量增速放缓，2032年产量将达到35 625万吨，比基期增长28.0%，年均增速为1.7%。随着养殖品种改善和养殖技术进步，饲料转化率有所提升，饲料消费增速放缓，2032年达35 369万吨，比基期增长26.1%。生猪饲料、肉禽饲料和蛋禽饲料的消费量保持缓慢增长，水产饲料和反刍饲料成为新的消费增长点。展望期内，预计主要饲料原料价格将总体维持较高水平。

目　　录

第一章　概　述	1
1　《展望报告》的形成与方法	2
1.1　形成过程	2
1.2　方法支撑	2
1.2.1　数据支撑	2
1.2.2　模型支撑	3
2　经济社会条件假设	3
2.1　经济发展	4
2.1.1　全球经济	4
2.1.2　中国经济	5
2.2　人口变化	6
2.2.1　世界人口	6
2.2.2　中国人口	7
2.3　城镇化水平	8
2.4　居民收入与消费价格	9
2.4.1　居民收入	9
2.4.2　居民消费价格	10
2.5　国际原油价格	11
2.6　人民币汇率	12
3　农业生产条件假设	13
3.1　第一产业就业情况	13
3.2　耕地资源	14
3.3　水资源	14
3.4　农业科技	15
3.5　农业政策	15
4　主要结论	16
4.1　生产展望	16
4.2　消费展望	17

4.3	贸易展望	18
4.4	价格展望	19

参考文献　　　　　　　　　　　　　　　　　　　　20

第二章　粮　食　　　　　　　　　　　　　　　23

1　2022 年市场形势回顾　　　　　　　　　　24
　　1.1　粮食产量稳定增长　　　　　　　　　　24
　　1.2　粮食消费略有下降　　　　　　　　　　25
　　1.3　粮食贸易仍处高位　　　　　　　　　　25
　　1.4　粮食价格稳中有涨　　　　　　　　　　26

2　未来 10 年市场走势判断　　　　　　　　　27
　　2.1　生产展望　　　　　　　　　　　　　　27
　　2.2　消费展望　　　　　　　　　　　　　　28
　　2.3　贸易展望　　　　　　　　　　　　　　30
　　2.4　价格展望　　　　　　　　　　　　　　30

第三章　稻　谷　　　　　　　　　　　　　　　33

1　2022 年市场形势回顾　　　　　　　　　　34
　　1.1　面积产量均有所下降　　　　　　　　　34
　　1.2　食用消费和饲用消费略有减少，总消费小幅下降　　35
　　1.3　进口突破关税配额数量，出口量减少　　35
　　1.4　早籼稻价格上涨，中晚籼稻和粳稻价格下跌　　36

2　未来 10 年市场走势判断　　　　　　　　　37
　　2.1　总体判断　　　　　　　　　　　　　　37
　　2.2　生产展望　　　　　　　　　　　　　　38
　　2.3　消费展望　　　　　　　　　　　　　　39
　　2.4　贸易展望　　　　　　　　　　　　　　40
　　2.5　价格展望　　　　　　　　　　　　　　41

3　不确定性分析　　　　　　　　　　　　　　41
　　3.1　极端天气事件　　　　　　　　　　　　41
　　3.2　国内政策影响　　　　　　　　　　　　42
　　3.3　国际市场变化　　　　　　　　　　　　42

参考文献　　　　　　　　　　　　　　　　　　　　43

第四章 小　麦　45

1　2022年市场形势回顾　46
- 1.1　产量略有增长　46
- 1.2　消费有所下降　47
- 1.3　进口量再创新高　47
- 1.4　价格大幅上涨　47

2　未来10年市场走势判断　48
- 2.1　总体判断　48
- 2.2　生产展望　49
- 2.3　消费展望　50
- 2.4　贸易展望　51
- 2.5　价格展望　51

3　不确定性分析　52
- 3.1　气候因素　52
- 3.2　市场因素　52

参考文献　52

第五章 玉　米　53

1　2022年市场形势回顾　54
- 1.1　产量创历史新高　54
- 1.2　消费量小幅增加　55
- 1.3　进口量减额增　56
- 1.4　价格保持高位运行　56

2　未来10年市场走势判断　57
- 2.1　总体判断　57
- 2.2　生产展望　58
- 2.3　消费展望　59
- 2.4　贸易展望　60
- 2.5　价格展望　60

3　不确定性分析　60
- 3.1　气候因素　60
- 3.2　国际环境因素　61

参考文献　61

第六章　大豆及油脂油料　63

1　大豆　64
1.1　2022年市场形势回顾　64
1.1.1　产量大幅增加　64
1.1.2　消费量下降　65
1.1.3　进口量下降　66
1.1.4　价格总体上涨　67
1.2　未来10年市场走势判断　68
1.2.1　总体判断　68
1.2.2　生产展望　68
1.2.3　消费展望　69
1.2.4　贸易展望　71
1.2.5　价格展望　71
1.3　不确定性分析　72
1.3.1　自然因素　72
1.3.2　国内支持政策效果　72
1.3.3　国际宏观经济环境　73
1.3.4　生物质能源政策　73

2　食用油籽和食用植物油　73
2.1　2022年市场形势回顾　74
2.1.1　油料种植面积、产量双增长　74
2.1.2　食用植物油自给率提高　75
2.1.3　食用植物油消费量减少，消费结构有所优化　75
2.1.4　食用油籽进口量减额增，植物油进口量、额均减　75
2.1.5　油料价格走势分化，食用植物油价格大幅上涨　76
2.2　未来10年市场走势判断　76
2.2.1　总体判断　76
2.2.2　生产展望　77
2.2.3　消费展望　78
2.2.4　贸易展望　78
2.2.5　价格展望　79
2.3　不确定性分析　79
2.3.1　气候因素　79
2.3.2　国际环境因素　80
2.3.3　生物质能源产业发展　80

参考文献　80

第七章　棉　花　　81
1　2022年市场形势回顾　　82
1.1　产量小幅增加　　82
1.2　消费需求下滑　　83
1.3　进口下降　　83
1.4　价格高位回落　　84
2　未来10年市场走势判断　　85
2.1　总体判断　　85
2.2　生产展望　　86
2.3　消费展望　　87
2.4　贸易展望　　88
2.5　价格展望　　88
3　不确定性分析　　89
3.1　气候因素　　89
3.2　技术因素　　89
3.3　宏观经济和贸易环境因素　　89
参考文献　　90

第八章　糖　料　　91
1　2022年市场形势回顾　　92
1.1　糖料种植面积持平略增，食糖产量减少　　92
1.2　食糖消费量持平略降，居民消费占比持平略升　　93
1.3　食糖进口仍居高位，出口有所增加　　93
1.4　国内糖价有所上涨，国际糖价大幅上涨　　93
2　未来10年市场走势判断　　94
2.1　总体判断　　94
2.2　生产展望　　95
2.3　消费展望　　96
2.4　贸易展望　　97
2.5　价格展望　　97
3　不确定性分析　　98
3.1　自然灾害因素　　98
3.2　甘蔗机械化收割因素　　98
3.3　国际政策因素　　98
参考文献　　99

第九章 蔬　菜　　101

1　蔬菜　　102
1.1　2022 年市场形势回顾　　102
1.1.1　产量小幅增长　　102
1.1.2　消费需求恢复性增长　　103
1.1.3　出口小幅增加　　103
1.1.4　价格波动明显　　104
1.2　未来 10 年市场走势判断　　105
1.2.1　总体判断　　105
1.2.2　生产展望　　106
1.2.3　消费展望　　107
1.2.4　贸易展望　　108
1.2.5　价格展望　　109
1.3　不确定性分析　　110
1.3.1　自然条件　　110
1.3.2　贸易环境　　110
1.3.3　产业链转型　　110

2　马铃薯　　111
2.1　2022 年市场形势回顾　　111
2.1.1　产量明显降低　　111
2.1.2　消费小幅增加　　111
2.1.3　贸易顺差明显扩大　　112
2.1.4　市场价格大幅上涨　　112
2.2　未来 10 年市场走势判断　　113
2.2.1　总体判断　　113
2.2.2　生产展望　　114
2.2.3　消费展望　　115
2.2.4　贸易展望　　116
2.2.5　价格展望　　117
2.3　不确定性分析　　117
2.3.1　农业气象因素　　117
2.3.2　突发公共卫生事件　　118
2.3.3　贸易因素　　118

参考文献　　119

第十章　水　果　　121
1　2022 年市场形势回顾　　122
1.1　产量小幅增加，供给总体充足　　122
1.2　消费稳中略增，消费结构微调　　122
1.3　进出口量减少，贸易逆差扩大　　123
1.4　价格同比上涨，高位运行　　124
2　未来 10 年市场走势判断　　125
2.1　总体判断　　125
2.2　生产展望　　125
2.3　消费展望　　126
2.4　贸易展望　　128
2.5　价格展望　　128
3　不确定性分析　　129
3.1　气象因素　　129
3.2　国际贸易环境　　129
3.3　产业转型因素　　129
参考文献　　130

第十一章　肉　类　　131
1　肉类　　132
1.1　2022 年市场形势回顾　　132
1.1.1　肉类生产形势持续向好　　132
1.1.2　肉类消费小幅增长　　133
1.1.3　肉类进口量明显减少　　133
1.1.4　肉类价格总体下跌　　134
1.2　未来 10 年市场走势判断　　135
1.2.1　总体判断　　135
1.2.2　生产展望　　135
1.2.3　消费展望　　136
1.2.4　贸易展望　　137
1.2.5　价格展望　　137
2　猪肉　　138
2.1　2022 年市场形势回顾　　138
2.1.1　猪肉产量继续增长　　138
2.1.2　消费需求略微增加　　138

  2.1.3 猪肉进口量大幅减少   139
  2.1.4 猪肉年度价格小幅下跌   139
  2.1.5 猪粮比价较上年下降   140
 2.2 未来10年市场走势判断   140
  2.2.1 总体判断   140
  2.2.2 生产展望   141
  2.2.3 消费展望   142
  2.2.4 贸易展望   143
  2.2.5 价格展望   143
 2.3 不确定性分析   144
  2.3.1 疫病疫情的发生存在不确定性   144
  2.3.2 饲料价格波动幅度及对下游产业影响效果存在不确定性   144
  2.3.3 猪肉消费近期回升速度和未来拐点出现时间存在不确定性   144

3 禽肉   145
 3.1 2022年市场形势回顾   145
  3.1.1 产量小幅增加   145
  3.1.2 消费量稳步增长   146
  3.1.3 净进口量减少   146
  3.1.4 价格较大幅度上涨   147
  3.1.5 肉禽饲料成本上涨   148
 3.2 未来10年市场走势判断   148
  3.2.1 总体判断   148
  3.2.2 生产展望   149
  3.2.3 消费展望   150
  3.2.4 贸易展望   151
  3.2.5 价格展望   152
 3.3 不确定性分析   152
  3.3.1 疫情影响   152
  3.3.2 国际贸易环境影响   153
  3.3.3 技术进步影响   153

4 牛羊肉   154
 4.1 2022年市场形势回顾   154
  4.1.1 产量小幅增长   154
  4.1.2 消费稳步增长   155
  4.1.3 进口牛增羊减   155

　　　　4.1.4　价格维持高位　　　　　　　　　　　　156
　4.2　未来 10 年市场走势判断　　　　　　　　　　　157
　　　　4.2.1　总体判断　　　　　　　　　　　　　　157
　　　　4.2.2　生产展望　　　　　　　　　　　　　　157
　　　　4.2.3　消费展望　　　　　　　　　　　　　　159
　　　　4.2.4　贸易展望　　　　　　　　　　　　　　159
　　　　4.2.5　价格展望　　　　　　　　　　　　　　160
　4.3　不确定性分析　　　　　　　　　　　　　　　　160
　　　　4.3.1　气候变化因素　　　　　　　　　　　　160
　　　　4.3.2　动物疫病因素　　　　　　　　　　　　160
　　　　4.3.3　生态环保因素　　　　　　　　　　　　161
　　　　4.3.4　国际市场因素　　　　　　　　　　　　161
参考文献　　　　　　　　　　　　　　　　　　　　　　162

第十二章　禽　蛋　　　　　　　　　　　　　　　　165

　1　2022 年市场形势回顾　　　　　　　　　　　　　　166
　　1.1　产量小幅增加　　　　　　　　　　　　　　　166
　　1.2　消费量平稳增加　　　　　　　　　　　　　　167
　　1.3　出口量明显增加　　　　　　　　　　　　　　167
　　1.4　蛋价高位运行　　　　　　　　　　　　　　　168
　　1.5　蛋鸡养殖效益提高　　　　　　　　　　　　　169
　2　未来 10 年市场走势判断　　　　　　　　　　　　170
　　2.1　总体判断　　　　　　　　　　　　　　　　　170
　　2.2　生产展望　　　　　　　　　　　　　　　　　170
　　2.3　消费展望　　　　　　　　　　　　　　　　　171
　　2.4　贸易展望　　　　　　　　　　　　　　　　　173
　　2.5　价格展望　　　　　　　　　　　　　　　　　173
　3　不确定性分析　　　　　　　　　　　　　　　　　173
　　3.1　蛋禽疫病防控　　　　　　　　　　　　　　　173
　　3.2　资源环境影响　　　　　　　　　　　　　　　174
　　3.3　消费升级影响　　　　　　　　　　　　　　　174
参考文献　　　　　　　　　　　　　　　　　　　　　　175

第十三章　奶制品　　　　　　　　　　　　　　　　177

　1　2022 年市场形势回顾　　　　　　　　　　　　　　178

  1.1 牛奶产量保持增长，奶制品加工量持续增加 178
  1.2 奶制品消费整体疲软，结构不断转型升级 179
  1.3 奶制品进口量大幅减少，进口来源较为集中 179
  1.4 生鲜乳收购价下跌，鲜奶和奶粉零售价上涨 180
 2 未来10年市场走势判断 182
  2.1 总体判断 182
  2.2 生产展望 182
  2.3 消费展望 183
  2.4 贸易展望 184
  2.5 价格展望 185
 3 不确定性分析 185
  3.1 奶牛养殖技术因素 185
  3.2 极端天气因素 186
  3.3 国际贸易环境因素 186
参考文献 187

第十四章 水产品 189

 1 2022年市场形势回顾 190
  1.1 生产稳中有增，养殖产量继续增加 190
  1.2 直接消费基本持平，加工消费增长显著 191
  1.3 进口量明显增加，贸易由连续多年顺差转为逆差 191
  1.4 年度价格持平略涨，年内价格波动下跌 191
 2 未来10年市场走势判断 192
  2.1 总体判断 192
  2.2 生产展望 193
   2.2.1 产量持续小幅增长 193
   2.2.2 养殖产量不断提高 193
   2.2.3 捕捞产量保持稳定 194
  2.3 消费展望 195
  2.4 贸易展望 196
  2.5 价格展望 197
 3 不确定性分析 197
  3.1 气象因素 197
  3.2 病害因素 197
  3.3 技术因素 198
参考文献 198

第十五章 饲 料   199
1　2022 年市场形势回顾   200
  1.1　工业饲料总产量小幅增长   200
  1.2　工业饲料消费量保持增长趋势   201
  1.3　饲料原料进口量大幅下降   201
  1.4　主要原料和饲料产品价格创历史新高   202
  1.5　饲料配方多元化取得进展   203
2　未来 10 年市场走势判断   204
  2.1　总体判断   204
  2.2　生产展望   204
  2.3　消费展望   205
  2.4　价格展望   206
3　不确定性分析   207
  3.1　极端天气因素   207
  3.2　技术进步因素   207
  3.3　国际经贸因素   207

参考文献   208

附 件   209
  附件 1　术语说明   209
  附件 2　宏观经济社会发展主要指标假设   212
  附件 3　主要品种供需平衡表   213

第一章

概述

《中国农业展望报告（2023—2032）》是对中国粮食、稻米、小麦、玉米、棉花、油料及油脂、糖料及食糖、蔬菜、水果、肉类、猪肉、禽肉、牛肉、羊肉、禽蛋、奶制品、水产品、饲料等20种（类）主要农产品未来10年的生产、消费、贸易、价格的展望。本章重点介绍《展望报告》的形成过程、方法支撑、假设条件和主要结论。

1 《展望报告》的形成与方法

1.1 形成过程

农业展望是基于已有信息，利用模型算法、模拟预测等技术性手段，综合专家会商研判未来一段时期农产品市场供需形势变化，通过向市场释放信号引导农业生产、消费和贸易的农业信息监测预警活动，是当前国际普遍采用的现代农业管理的高端工具，是增强农产品市场透明度、提升农产品服务水平、引导农业高质量发展的重要方式。自2014年起，已连续10年召开中国农业展望大会、发布《展望报告》。作为中国未来10年农产品市场中长期供需走势预测性研究报告，是每一年中国农业展望大会的核心内容。《展望报告》的基本结论是在一定的宏观经济、农业政策、科技进步、资源禀赋、气候条件和国际市场变化等假设条件下，基于中国农业科学院农业信息研究所研制的中国农产品监测预警系统（China Agricultural Monitoring and Early-warning System，CAMES）做出的基线预测，并在多次会商讨论中综合相关领域专家观点后形成的研究成果。《展望报告》凝聚了专家们的集体智慧，农业农村部农产品市场分析师预警团队是《展望报告》的主要执笔人，中国农业科学院农业信息研究所农业监测预警创新团队为《展望报告》提供了技术支撑，农业农村部市场预警专家委员会在《展望报告》研判审定方面起了关键性作用。《展望报告》的形成过程包括：制订工作方案—设定分析框架—更新模型数据和参数库—确定基期数据—模型运算—模拟分析—分析师会商形成初稿—领域专家会商审核—农业农村部市场预警专家委员会审定，最终形成《展望报告》并在农业展望大会上发布和研讨。

1.2 方法支撑

1.2.1 数据支撑

《展望报告》基础数据涵盖生产、消费、价格、贸易、库存、宏观经济、资源数据；包括了年度、季度、月度、周度、日度数据；覆盖粮食类、油料类、糖料类、蔬菜类、水果类、畜禽及肉类、蛋类、奶类、水产品、棉麻类和其他农产品数据。这些数据来自国内外权威机构，包括自然资源部、水利部、农业农村部、商务部、海关总署、国家统计局、中国科学院、中国社会科学院、国务院发展研究中心、中国气象局等国内部门和机构,联合国粮食及农业组织(FAO)、经济合作与发展组织(OECD)、国际货币基金组织(IMF)、世界银行(WB)、国际食物政策研究所(IFPRI)、二十国集团全球农业市场信息系统(G20-AMIS)等国际机构。此外,部分数据还参考了国内外相关机构的科研数据。

1.2.2 模型支撑

《展望报告》的基线预测来自中国农产品监测预警系统(CAMES),该系统在应用经济学、农学、气象学和计算机科学等多学科基础上,集成了计量经济模型、人工智能算法和数学规划,实现了生物学机理和经济学机制的融合,具有监测、分析、模拟、预警和展望等多种功能,是一个庞大的多品种、多市场模型集群系统,具有品种覆盖广、影响因素全面、结构丰富、功能实用等特点。CAMES按照关联性原理、统一性原理、平衡性原理设计,实现了11大类农产品的生产展望、消费展望、贸易展望和价格展望功能。其中,作物类生产展望是基于单产预测和面积预测的综合结果;消费展望是基于食用、饲用、工业、种用、损耗等不同消费领域预测的综合结果;贸易展望是通过多种农产品国际价格、国际运费、国内需求、基差、汇率和预期等因素计算得到;价格展望是基于多品种-多市场的供需均衡模型预测得到。CAMES是在一定的宏观经济条件假设和农业生产条件假设的基础上,基于主导因素决定原则、主次因素变动原则和结果关联导向原则进行分析建模,并对农产品生产、消费、贸易和价格进行预测,这些条件涵盖了国内外经济发展和人口变化、中国城镇化水平、中国城乡居民收入和消费水平、人民币汇率和国际原油价格等宏观经济社会条件假设,同时包括第一产业的就业情况、耕地资源、水资源、科技进步和政策变化等农业生产条件假设,被考虑的还有畜产品与饲用粮之间的转换关系,农产品之间的互补或替代关系,全球及其他国家农业政策通过国际贸易和价格对中国农产品市场的传导作用等,这些假设条件作为模型的外生变量,对预测结果至关重要。同时,CAMES充分考虑了政治、经济、市场和气候等外部冲击因素的影响,可充分模拟和分析突发状况下中国农产品的生产、消费、贸易和市场变化,具有一定的参考性,但由于预测是延续至未来10年,且是基于经济、社会等条件假设,预测结果不可避免地具有一定的不确定性。

2 经济社会条件假设

本《展望报告》的经济社会条件假设是在2023年2月底最终确定的,20个品种未来10年的基线预测是基于该条件的模型运算结果。3月以后国内外的新变化没有考虑在内,但会在各品种报告的不确定性分析中进行讨论。

2.1 经济发展

2.1.1 全球经济

全球经济复苏短期面临较大压力，中长期在中低增速水平徘徊。2022年全球经济增长动力明显不足，增速大幅下降，同时伴随巨大通胀压力、高企债务水平和金融市场动荡。从国际上看，保护主义依然盛行，国际制裁升级，国际贸易投资增长面临更大的制约，货币政策转向、供应链受损、极端气候灾害、大国关系和地缘政治博弈等因素也对全球经济复苏带来巨大挑战，据FAO、WB、IMF、OECD等机构估计，全球经济增长在2.9%~4%。2023年全球经济复苏将面临更大压力，抑制通胀和实现"软着陆"将成为各国的首要目标，大规模的国际制裁必将影响全球经济复苏，全球各国不得不面临美元加息后的不利因素，美元负债国还本付息负担将加重，其他国家国际融资成本也将大幅提高，区域科技机制政治化和全球粮食危机也将对经济复苏带来不利影响。据FAO、WB、IMF、OECD等机构估计，2023年全球经济增长率为2.2%~3.5%（图1-1）。据IMF估计，发达经济体经济增长率为1.2%（美国1.4%，欧元区0.7%，日本1.8%），新兴市场与发展中经济体经济增长率为4.0%（中国5.2%，印度6.1%，巴西1.2%，南非1.2%，俄罗斯0.3%）。展望中后期，全球经济将在曲折中前进，突发因素不断涌现，并与长期因素交织叠加，一些深层次结构性问题矛盾将日益突显，全球经济增长面临的不利因素相对以往更多，预计发达经济体、新兴和发展中经济体的双速增长格局将持续，且不同国家和地区之间经济增长分化态势依然显著。综合国内外研究机构分析判

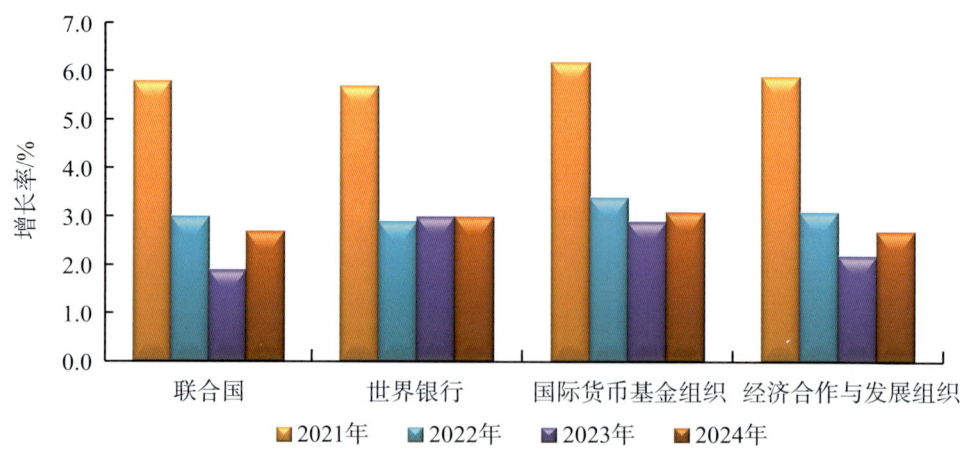

图1-1 世界经济增长

（数据来源：①联合国经济社会部2023年1月发布《2023世界经济形势与展望》，全球经济增长按汇率法GDP加权汇总；②世界银行2023年1月发布《全球经济展望》，全球经济增长按汇率法GDP加权汇总；③国际货币基金组织2023年1月发布《全球经济展望》，全球经济增长按购买力平价法加权汇总；④经济合作与发展组织2022年12月发布《经济展望》，全球经济增长率为购买力平价法GDP加权汇总）

断，本《展望报告》假定，全球经济短期内下行压力较大，中长期徘徊在中低增速水平，预计 2023—2032 年年均增长率为 2.2%。

2.1.2 中国经济

中国经济持续恢复、长期稳定向好的格局不变。根据国家统计局数据，2022 年国内生产总值超 121 万亿元，按不变价格计算，比上年增长 3.0%（图 1-2）。2022 年，在全球格局加速演变、乌克兰危机升级、全球通胀升温、美联储货币政策大幅调整等复杂多变外部环境下，在新冠疫情反复、需求收缩、供给冲击、预期转弱内部环境下，中国经济战胜了一个个困难，在压力中迎难而上，展现出强大韧性和活力，实现了经济总体平稳运行。2023 年是全面贯彻落实党的二十大精神开局之年，也是全面建设社会主义现代化国家开局起步的重要一年，尽管经济运行中不稳定不确定因素仍然较多，但中国经济发展仍存在很多有利条件，扩大内需将是各项工作之首，通过更好地统筹疫情防控和经济社会发展，挖掘国内市场潜力，提升内需对经济增长的拉动作用。随着中国新冠疫情防控政策不断优化，国际组织对中国经济发展预期也不断提升，IMF、OECD、WB 和 FAO 预计 2023 年中国经济增长 4.4%~5.5%，显著高于全球平均水平和全球主要经济体增速。综上，2023 年中国经济有望总体回升，将明显高于全球平均水平。长期来看，中国经济韧性强、潜力大、空间广、长期向好的基本面没有改变，经济"稳字当头、稳中求进"的总基调不会改变，积极的财政政策和稳健的货币政策、宏观调控和各类政策协调配合都将助力经济增长稳步复苏，物价水平总体可控，新的发展理念也将全面引领中国经济社会向高质量发展。综合国内外研究机构对中国经济形势的分析判断，本《展

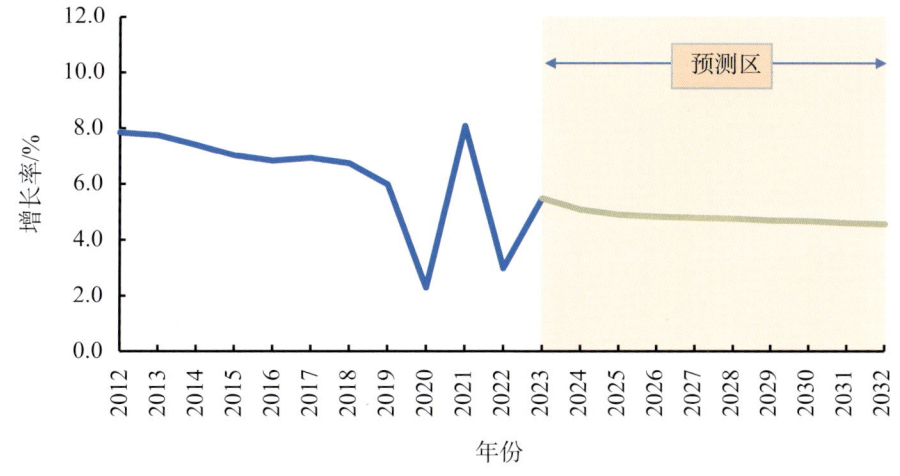

图 1-2　2012—2032 年中国经济增长

（数据来源：2012—2022 年数据来自国家统计局，2023—2032 年数据为中国农业科学院农业信息研究所 CAMES 假定条件）

望报告》假定，2023年中国GDP增长率为5.0%，2023—2032年中国GDP年均增长率为4.9%。

2.2 人口变化

2.2.1 世界人口

世界人口增速放缓，人口红利逐步转向非洲。根据联合国人口数据，2022年世界人口达80亿，比2010年增加10亿，成为人类发展史上的又一个里程碑，世界人口急剧增长的主要原因包括到生育年龄的人口数量不断增加、人类寿命逐渐延长、城市化不断发展等。从人口分布上看，生活在亚洲的人口占55%（44亿），生活在非洲的占17%（13.6亿），生活在欧洲和北美洲的占14%（11.2亿），生活在拉丁美洲及加勒比（地区）的占8%（6.58亿），生活在大洋洲的占0.5%（4300万）；人口最多的两个区域均分布在亚洲，其中，东亚和东南亚有23亿人口，约占世界人口的29%，而中亚和南亚有21亿人口，约占世界人口26%。人口最多的国家是中国（14亿）和印度（14亿），分别占世界总人口的近18%，预计在2023年印度将超过中国成为世界人口最多的国家。展望未来，影响人口增长的主要因素有生育率、医疗进步、人类寿命延长等，FAO预计到2050年每名妇女生育子女数量将下降到2.1个，人口寿命预期将增长到77.2岁，世界人口将增至97亿，非洲将占世界人口增长的一半以上，成为所有主要地区中人口增长率最高的地区，撒哈拉以南非洲的人口预计将翻一番，与非洲形成鲜明对比的是，世界上有61个国家或地区的人口预计会减少，其中26个国家或地区的人口将减少10%以上，世界新增人口超过一半将集中在刚果(金)、埃及、埃塞俄比亚、印度、尼日利亚、巴基斯坦、菲律宾和坦桑尼亚8个国家（图1-3）。

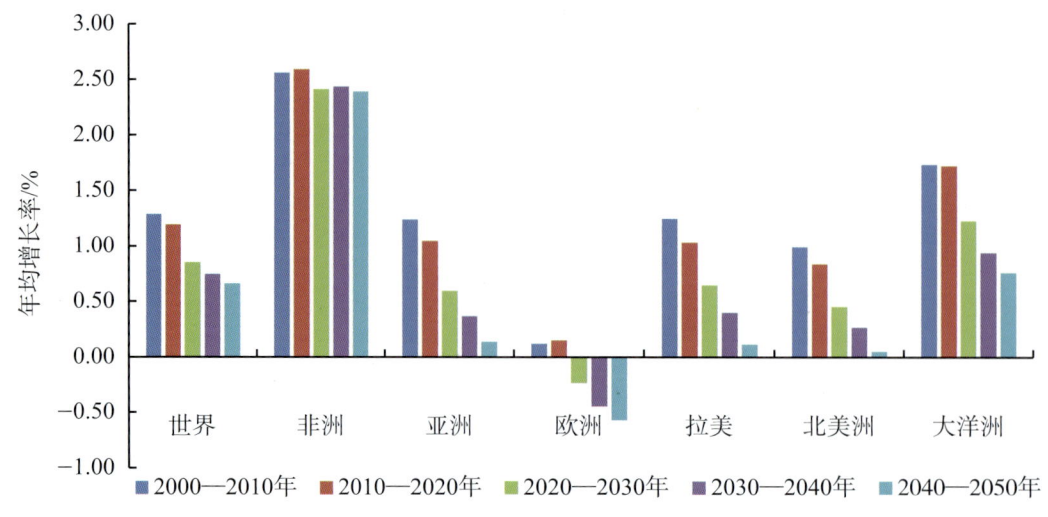

图1-3 2010—2050年世界人口年均增长率

（数据来源：联合国世界人口前景数据库）

2.2.2 中国人口

人口呈负增长趋势，发展动力依旧强劲。2022 年末中国人口 141 175 万人，比上年末减少 85 万人，人口自然增长率为 -0.60‰。其中，全年新生人口 956 万人，人口出生率 6.77‰，死亡人口 1041 万人，人口死亡率为 7.37‰；从性别构成看，男性人口 72 206 万人，女性人口 68 969 万人，总人口的性别比 104.69（以女性为 100）；从年龄构成看，16~59 岁劳动年龄人口 87 556 万人，占全国人口 62.0%，60 岁及以上人口 28 004 万人，占全国人口 19.8%。2022 年《中国生育成本报告》显示，中国的养育成本是人均 GDP 的 6.9 倍，处于全球较高水平，家庭 0~18 岁孩子的养育成本平均 48.5 万元，城镇家庭约 63 万元，农村家庭约 30 万元。尽管国家放开了三孩政策，各省份也陆续出台了多种刺激政策，但高房价、高杠杆背景下高养育成本已严重影响国民生育意愿，少子化（低生育率）、长寿化（低死亡率）与人口的惯性作用叠加成为导致人口负增长和老龄化的直接原因。展望未来，中国人口将面临长期的负增长压力，但劳动力素质提升和人力资本红利挖掘空间巨大，由于低龄老人占比高，老年人力资源潜力大，不断完善的养老保障体系将促进代际间平衡。综上，本《展望报告》假定，到 2032 年中国人口预计将达到 139 199 万人，比 2022 年下降 1.4%，人口年均下降 1.3‰（图 1-4）。中国人口规模巨大，人口健康水平和质量将不断提升，进一步优化人口与空间资源配置，加大科技创新，挖掘人口支撑经济发展的潜能仍有较大空间，要进一步构建人口发展与经济社会发展的双向适应和动态均衡，促进中国人口质量稳步提升。

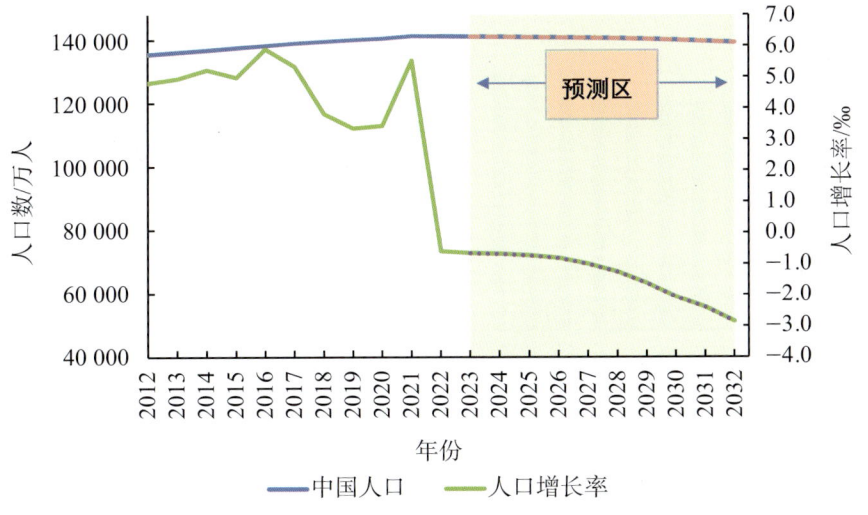

图 1-4　2012—2032 年中国人口数

（数据来源：2012—2022 年数据来自国家统计局，2023—2032 年数据为中国农业科学院农业信息研究所 CAMES 假定条件）

2.3 城镇化水平

中国城镇化进程将稳步推进，城乡一体化融合水平不断提高。2022年中国人口城镇化率和户籍人口城镇化率分别为65.2%和48.0%，比上年分别提高0.5个百分点和1.3个百分点。为加快推进城镇化率提升，中国各省份实施"强省会"战略，对该省份其他城市产生了一定的"虹吸效应"。但从世界城镇化普遍规律看，中国仍处于城镇化率30%~70%的较快发展区间，常住人口城镇化率仍有较大提升空间。未来，"十四五"时期是中国由全面建成小康社会向基本实现社会主义现代化迈进的关键阶段，新型城镇化作为内需的最大潜力所在，承载着艰巨的历史重任。《中华人民共和国国民经济和社会发展第十四个五年规划和2035年远景目标纲要》提出，深化户籍制度改革，放开放宽除个别超大城市外的城市落户限制；健全农业转移人口市民化机制，依法保障进城落户农民农村土地承包权、宅基地使用权、集体收益分配权；推进以县域为重要载体的城镇化建设；引导金融和社会资本加大投入力度。展望期内，在提高农业转移人口市民化质量、持续优化城镇化的空间布局和形态、加快推进新型城市建设、提升城市治理水平、促进城乡融合发展等一系列措施下，中国城镇化率还将快速增长，城镇化建设将转向高质量发展阶段，城乡融合和一体化水平将不断提高。综合判断，本《展望报告》假定到2032年中国人口城镇化率和户籍人口城镇化率将逐步提升至71.8%和56.2%，与2022年相比分别提高了6.3个百分点和8.2个百分点（图1-5）。

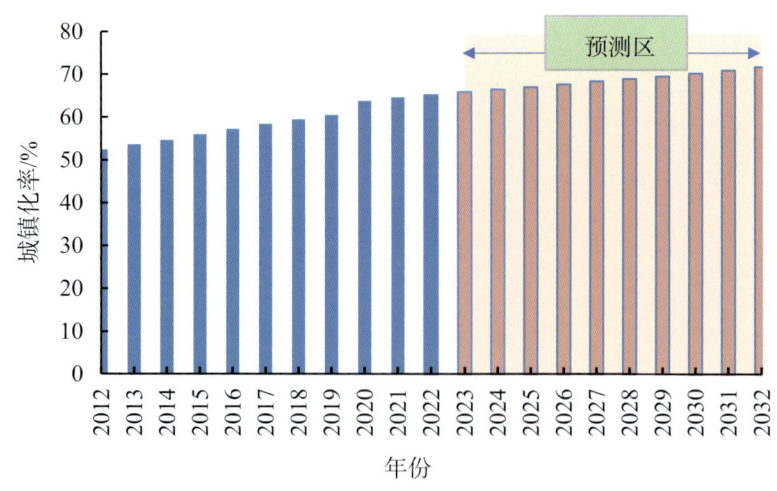

图1-5　2012—2032年中国城镇化水平

（数据来源：2012—2022年数据来自国家统计局，2023—2032年数据为中国农业科学院农业信息研究所CAMES假定条件）

2.4 居民收入与消费价格
2.4.1 居民收入

居民收入增长与经济增长基本同步，农村居民收入增长要快于城镇居民，人民生活质量继续改善。2022年，中国居民收入继续保持增长，人均可支配收入36 883元，比上年名义增长5.0%，扣除价格因素实际增长2.9%，与经济增长基本同步。尽管遭遇了严重的自然灾害、农业生产资料价格明显上涨、新冠疫情多点散发等多重困境，但中国农业再获丰收，农产品市场行情好于往年，农民收入增长实际增速连续12年快于城镇居民，城乡居民收入差距继续缩小。其中，城镇居民和农村居民人均可支配收入分别为49 283元和20 133元，分别增长3.9%和6.3%，扣除价格因素，实际增长分别为1.9%和4.2%。2023年，中国将把恢复和扩大消费摆在优先位置，多渠道地增加城乡居民收入，围绕经济发展和民生急需，提升居民收入，确保其与2023年经济发展同步，预计城镇和农村居民收入分别增长5.2%和6.3%。从中长期看，中国将进一步改善国民收入分配结构，提高居民尤其是中低收入群体在收入分配中的比重；优化财政支出结构，进一步提高财政支出中教育、养老、医疗等社保的比重，减少预防性储蓄；加快户籍制度改革，稳定农民工预期，提高边际消费倾向；从供给端优化供给结构，进一步提升高端制造业在制造业中的比重，从增加居民收入、提高边际消费倾向两方面入手，扩大内需为基点畅通双循环。本《展望报告》假定，未来10年，中国人均可支配收入年均增长率为4.9%，2032年将增至63 824元（以2022年为基期，扣除价格因

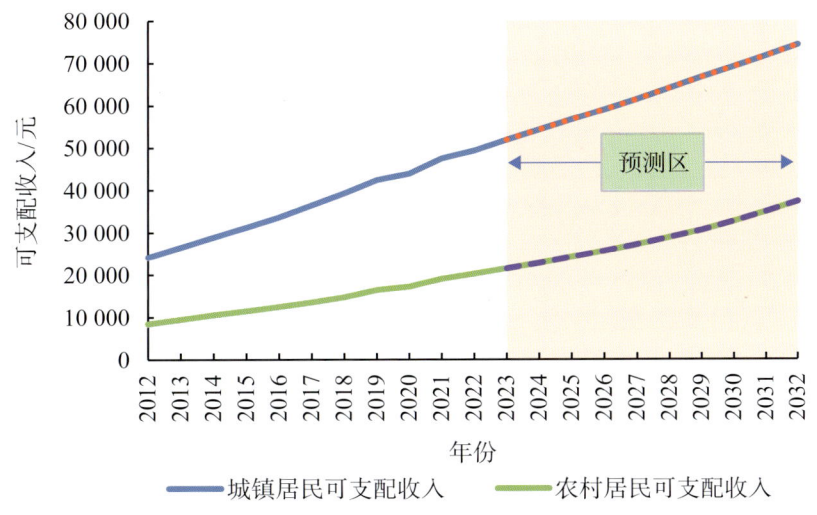

图 1-6　2012—2032 年城乡居民可支配收入

（数据来源：2012—2022 年数据来自国家统计局，2023—2032 年数据为中国农业科学院农业信息研究所 CAMES 假定条件）

素），其中，城镇居民人均可支配收入年均增长率4.2%，2032年将增至74 259元（以2022年为基期，扣除价格因素），中国农村居民人均可支配收入年均增长率为6.4%，到2032年将增至37 254元（以2022年为基期，扣除价格因素），城乡居民收入差距将逐渐缩小（图1-6）。

2.4.2 居民消费价格

物价运行在合理区间，重要民生商品保供稳价体系进一步健全。2022年中国物价总水平持续平稳运行，中国居民消费价格指数（CPI）比上年上涨2.0%，低于全年3%左右的预期目标，CPI单月涨幅始终运行在3%以下，大幅低于主要发达经济体涨幅，也明显低于多个新兴经济体涨幅。重要民生商品"米袋子""菜篮子"有保障，全年粮食价格指数上涨2.8%，在国际市场小麦、玉米价格月度同比涨幅最高达到74%和36%的背景下，中国小麦、玉米价格走势平缓，成品粮零售价稳定，全年36个大中城市大米零售价比上年下降1%，面粉零售价比上年上升3%。具体分类别看，食品烟酒价格上涨2.4%，衣着价格上涨0.5%，居住价格上涨0.7%，生活用品及服务价格上涨1.2%，交通和通信价格上涨5.2%，教育文化和娱乐价格上涨1.8%，医疗保健价格上涨0.6%，其他用品和服务价格上涨1.6%。其中，在食品烟酒价格中，猪肉价格下降6.8%，粮食价格上涨2.8%，鲜菜价格上涨2.8%，鲜果价格上涨12.9%（图1-7）。

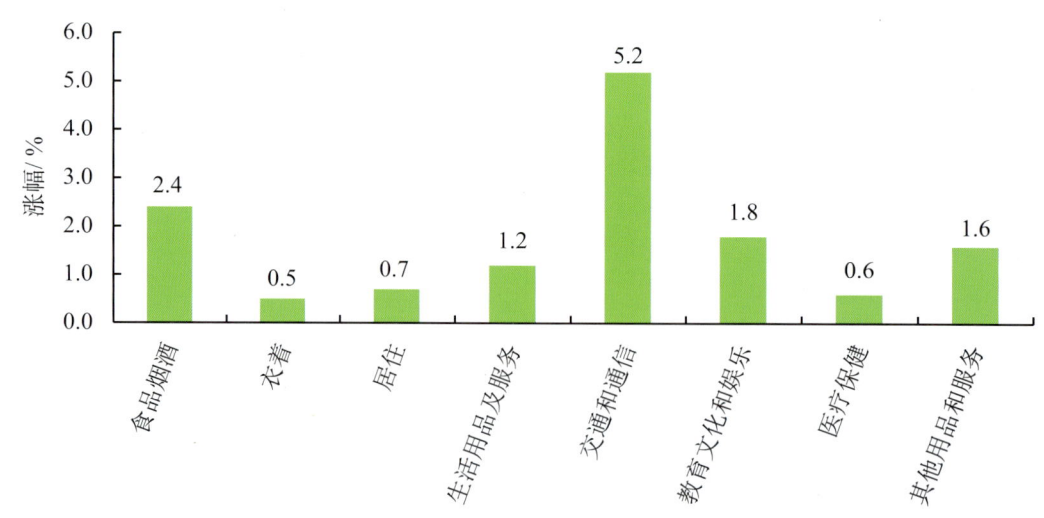

图1-7 2022年中国CPI构成涨幅

（数据来源：国家统计局）

中长期CPI呈现平稳运行特征。展望未来，2023年CPI预计将继续保持温和水平，涨幅相比2022年略有扩大。2023年中国物价保持平稳运行具有坚实基础，粮食生产连续丰收，生猪产能合理充裕，重要民生商品供应充足，基础能源保障有力，保供稳价体系进一步健全。具体来看，食品价格大体稳定，预计除鲜菜受天气影响外，整体食品难有较大的价格起伏，猪肉供给整体有保障，价格涨幅有限；全球通胀放缓，中国面临的输入型通胀压力将明显下降；防疫措施不断优化，核心CPI有望回升；CPI面临翘尾因素降低，有利于全年同比增速保持较低水平。因此，中国有信心也有能力继续保持物价总体稳定，但输入性通胀风险仍需警惕。《经济蓝皮书：2023年中国经济形势分析与预测》显示，2023年物价总体保持温和上涨，CPI涨幅将扩大至2.8%左右。中国科学院预测科学研究中心预计2023年中国CPI总体温和上涨，全年将上涨1.8%左右，其中翘尾因素影响0.6个百分点。综上，本《展望报告》预计2023年中国CPI将上涨2.4%。长期来看，随着国内外经济形势逐渐恢复向好，消费水平将逐渐接近常态化水平。综合国内外权威机构分析，本《展望报告》假定，2023—2032年中国物价保持平稳运行，CPI均值将在3%以内小幅波动（图1-8）。

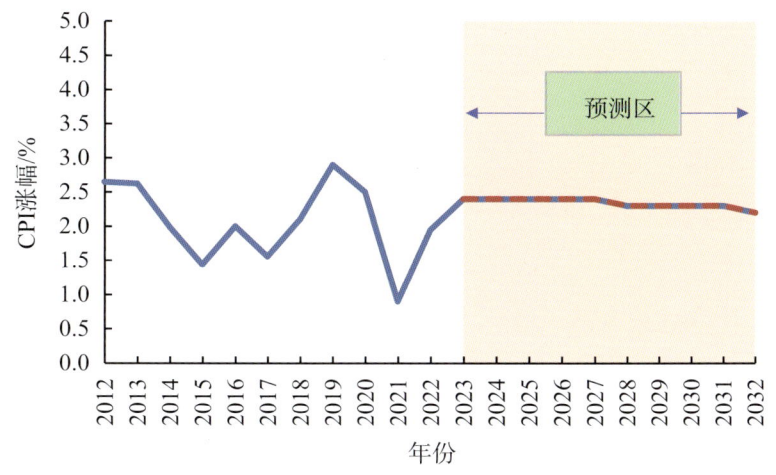

图1-8　2012—2032年中国居民消费价格指数CPI

（数据来源：2012—2022年数据来自国家统计局，2023—2032年数据为中国农业科学院农业信息研究所CAMES假定条件）

2.5　国际原油价格

国际原油价格短期将高位运行，长期呈稳中有降态势。2022年国际原油市场经历了大幅波动，这主要是由于俄乌冲突引发西方国家对俄制裁、对下半年全球经济衰退担忧加剧及美联储激进加息等因素造成的，国际原油（Brent、Dubai和WTI）平均每桶价格100美元，比上年增长42%。据世界银行预测，2023年国际原油价格仍高位运行，将呈前高后低走势，运行区间在60~90美元/桶（图1-9），尽管乌克兰危机还在继续对国际油价带来影响，但金融市场对这一重大地缘政治事件已基本消化，国际油价走势将更多取决于全球经济走向、"欧佩克+"产量政策和美国战略原油储备规模等因素。由于受 OPEC+ 维持减产计划、美国原油增产能力有限、俄出口受约束等因素影响，国际原油市场供需偏紧。此外，俄乌冲突主导的地缘风险溢价将放大油价震荡区间，增加原油市场波动风险。从中长期看，作为全球影响范围最广也是最复杂的期货种类之一，原油市场的走势往往和地缘政治、供需变化、全球经济、各国央行货币政策等因素紧密相关，预计油气行业投资不足、重视能源安全、贸易结构调整和能源转型等因素有望支撑原油价格。综合国内外权威机构的分析预测，本《展望报告》假定，展望前期国际原油价格高位震荡，展望中后期呈稳中略降走势。

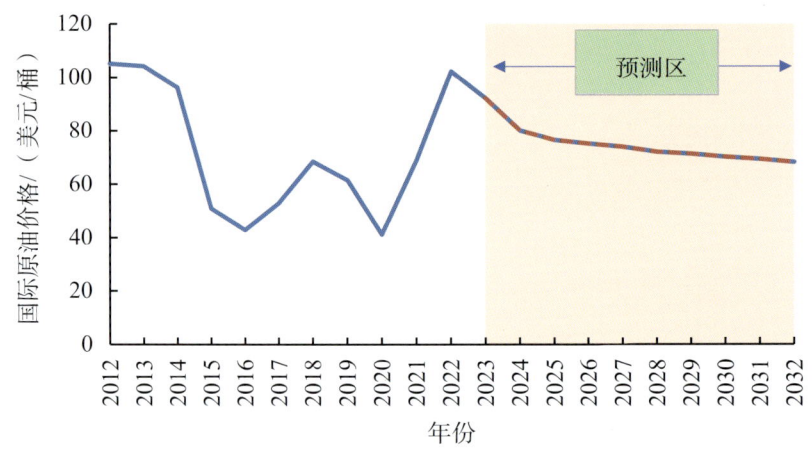

图 1-9　2012—2032 年国际原油价格

（数据来源：2012—2022 年数据来自世界银行，2023—2032 年数据是中国农业科学院农业信息研究所 CAMES 假定条件）

2.6　人民币汇率

人民币汇率将在合理均衡水平上强势运行。2022 年人民币汇率双向波动幅度明显加大，走势呈现"稳—贬—稳"态势，美元兑人民币汇率由年初 6.37，贬值至 12 月下旬 6.97，累计贬值约 8.6%，是近年来最大年度跌幅，但与全球主要发达和新兴市场货币相比，人民币贬值幅度仍处于平均水平，表明人民币调节国际收支自动稳定器的作用更加明显，能及时有效释放外部压力，具有较强韧性。2023 年，随着国内持续优化防疫措施，国内需求在一揽子政策支持下逐渐向好，再加上中国外贸韧性足，人民币资产吸引力持续增强，国际收支有望继续保持平衡。此外，随着美国通胀压力缓解及美国经济逐步陷入衰退，美元指数拐点将现，再加上欧洲追赶加息等都将制约美元大幅走强，人民币汇率面临的外部压力趋缓，预计人民币汇率先抑后扬，下半年进入强势趋势，全年汇率波动在 6.3~7.2。当前，人民币已经成为全球第四大支付货币、第三大贸易融资货币、第五大储备货币，从中长期看，人民币国际化水平将进一步提高，而人民币汇率指数货币篮子的代表性将进一步增强，综合国内经济持续向好与国际收支基本平衡等因素，人民币汇率将保持强势运行态势，但在地缘冲突、全球经济趋缓、各国经济分化背景下，全球经济、政策的前景仍存在较大不确定性，全球外汇市场波动将剧烈，人民币汇率双向波动或将成为常态，预计人民币汇率将在合理区间保持双向宽幅波动走势，呈稳中有升趋势。本《展望报告》假定，展望期间1美元兑人民币汇率中间价均值在6.4~6.6区间，人民币呈升值走势（图1-10）。

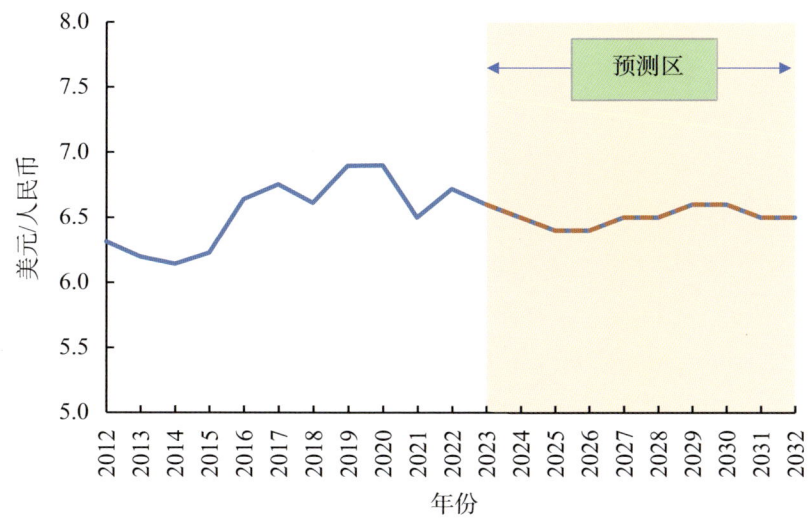

图1-10　2012—2032年1美元兑人民币的汇率中间价

（数据来源：2012—2022年数据来自国家统计局，2023—2032年数据是中国农业科学院农业信息研究所CAMES假定条件）

3　农业生产条件假设

3.1　第一产业就业情况

第一产业就业人口下降，高素质农民队伍不断壮大。中国农业就业人口17 072万人，比上年下降0.7%，占总就业人口比重22.9%，与发达国家相比，下降空间还很大。2022年，脱贫攻坚成果持续巩固，中国守住了不发生规模性返贫底线，有超过65%的防止返贫监测对象已消除了返贫风险，脱贫劳动力务工就业规模达3 278万人，比上年增加133万人。脱贫县农民人均可支配收入和脱贫人口人均纯收入的增速继续高于全国农民平均水平。展望未来10年，高素质农民教育培训将开创新局面，乡村振兴人才培养优质校作用发挥更加明显，短期培训、职业培训和学历教育相互衔接的高素质农民培育新格局将逐步完善，形成相对稳定的农业科普专业队伍，预计将会培养超过100万名中高等学历第一产业发展带头人、社会事业带头人和基层组织负责人，超过 500 万名高素质农民，催生一批经济实力强、带动能力强的新型农业经营服务主体，预计有文化、懂技术、善经营、会管理的高素质农民建设队伍将不断壮大。

3.2 耕地资源

严守耕地红线，持续扩大高标准农田建设规模。中国现有耕地资源 19.18 亿亩，坚持最严格的耕地保护制度始终是中国基础性、全局性、战略性的问题，一条耕地红线，支撑着十几亿人的粮食安全，牢牢守住的 18 亿亩耕地红线是国家和民族的生命线，是发展与安全的兜底线，也是应对风险挑战的基本线。随着新版《中华人民共和国土地管理法》及《中华人民共和国土地管理法实施条例》的执行，耕地利用优先序、耕地质量管护、耕地保护补偿、耕地保护责任落实、永久基本农田划定与特殊保护，以及耕地"非农化""非粮化"等用途管制要求，"零容忍"态度坚决遏制新增乱占耕地建房，都得以在法律法规和地方政策层面细化落地。不仅如此，近年来，中国高标准农田建设持续推进，2019 年和 2020 年建成面积均超过 8000 万亩，2021 年和 2022 年建成面积均超过 1 亿亩。目前，中国已累计建成 10 亿亩高标准农田，稳定保障 1 万亿斤以上粮食产能，耕地中超过一半是高标准农田，实施东北黑土地保护性耕作面积 8300 万亩。2023 年中国将继续加强高标准农田建设，将新建 4500 万亩、改造提升 3500 万亩。未来 10 年，中国耕地既要较真碰硬管住数量，也要下定决心管控用途、提升质量。落实"长牙齿"的硬措施，坚决守住 18 亿亩耕地红线。坚持良田粮用大原则，把良田沃土优先用于粮食生产，稳定粮食播种面积，果树苗木尽量上山上坡，蔬菜园艺更多依靠设施农业和工厂化种植。随着国家黑土地保护制度逐步完善，东北典型黑土区耕地面积保护范围将达到 2.5 亿亩以上；随着高标准农田建设持续推进，高标准农田建设将达到 12 亿亩以上，未来将把 15.46 亿亩永久基本农田全部建成高标准农田，同时将会改造并提升超过使用期限的已建高标准农田设施，为保障粮食产能打下坚实基础。

3.3 水资源

水资源节约集约利用水平不断提高，质量不断提升。中国是世界上淡水资源最丰富的国家，地下水总储存量约 52.1 万亿米^3，其中，北方水源存储量大，地下淡水总存储量约 35.5 万亿米^3，占全国约 95%，主要分布在鄂尔多斯盆地、东北平原、河西走廊等区域；南方约 1.9 万亿米^3，占全国 5%，主要集中在江汉洞庭平原、长江三角洲、成都平原等地区。但人均水资源短缺，仅为世界人均水平的 1/4。近年来，国家不断开展水利工程建设、进行污水处理、减少水资源浪费，水资源质量不断提升，中国地表水水质优良断面比例上升至 84.9%，比 10 年前提高了 23.3 个百分点，中国用水总量 5920.2 亿米^3，比 10 年前减少了 3.1%。长江干流水质持续好转，Ⅰ类至Ⅲ类水比例达 98%，干流水质保持在Ⅱ类以上。未来 10 年，在水资源刚性约束制度基本建立的情况下，水资源利用效率和效益将大幅提高，全国的用水总量将控制在 6400 亿米^3 以内，万元国内生产总值用水量、万元工业增加值的用水量较 2020 年均将下降 16% 以上，地表水达到或好于Ⅲ类水体比例可达 85% 以上，农田灌溉水有效利用系数将提高到 0.58 以上。水源配置工程体系将更加完善，新增水利工程供水能力达 290 亿米^3 以上，地级及以上城市应急备用水源基本建立，农村自来水普及率将达到 88% 以上，万亩以上灌区灌溉面积达到 5.14 亿亩以上，水土流失状况将持续改善，全国水土保持率将达到 73% 以上，生态系统水土保持功能显著增强。

3.4　农业科技

农业科技创新能力将大幅提升，农业农村现代化步伐将不断加快。当前，中国正在开展农业关键核心技术攻关，坚持产业需求导向，构建梯次分明、分工协作、适度竞争的农业科技创新体系，加快前沿技术突破。打造国家农业战略科技力量，支持农业领域国家实验室、全国重点实验室、制造业创新中心等平台建设，加强农业基础性、长期性观测实验站（点）建设，强化现代农业产业技术体系建设。不断完善农业科技领域基础研究稳定支持机制。农业科技进步贡献率达 62.4%，在核心种源、新品种培育、底盘技术、丘陵农机等领域都取得了阶段性突破，部分核心种源"卡脖子"问题得到缓解，农业科技自立自强迈出坚实步伐。展望未来，中国将把高水平农业科技自立自强作为农业农村发展的战略支撑，聚焦基础前沿热点、关键核心技术卡点、产业发展升级痛点以及乡村建设发展重点，特别是突出品种、地力、农机、植保、防灾等关键环节，以及生物育种、基因编辑、黑土地、盐碱地、大豆、油菜、生物安全、数字化技术、农业大数据等重点领域，挖掘粮食作物增产潜力，确保国家粮食安全，支撑引领农业向高质量发展。未来 10 年，中国将加快建设农业强国、加快推进农业农村现代化、全面推进乡村振兴，农业科技整体实力将跻身世界前列，农业科技进步贡献率将达到 68% 以上，农作物耕种收综合机械化率将达到 80% 以上。

3.5　农业政策

农业政策持续发力，将加快从农业大国向农业强国迈进的步伐。近年来，中国在推动乡村振兴、巩固提升脱贫攻坚成果、深化农业结构改革、提升农业综合生产能力、高标准农田建设、耕地资源保护、"卡脖子"技术和短板突破等方面采取超常规的强有力措施，克服了多重考验，取得了骄人的成绩，仅中央一号文件就已连续 20 年聚焦"三农"问题。2023 年，政策将在稳定粮食生产、加力扩种大豆油料、发展现代设施农业、构建多元化食物供给体系、加强重要农产品稳供保价、加强耕地保护和用途管控、加强高标准农田建设、加强水利基础设施建设、推动农业关键核心技术攻关、深入实施种业振兴、加快先进农机研发推广、推进农业绿色发展、提高农业生物安全、提高农业综合效益和竞争力、推动乡村产业高质量发展、拓宽农民增收致富渠道、推进宜居宜业和美丽乡村建设等方面加大扶持力度，全面推进乡村振兴，加快农业农村现代化。展望中后期，中国锚定建设农业强国目标，将切实抓好新时代新征程"三农"工作，为全面建设社会主义现代化国家开好局起好步，政策也将支持农业农村优先发展，城乡融合发展，强化科技创新和制度创新，推动农业农村碳达峰碳中和，守牢确保粮食安全、防止规模性返贫等底线，推进乡村发展、乡村建设等重点工作，指引中国特色社会主义农业强国的发展方向。政策作为外生变量对CAMES预测起到重要的作用，CAMES充分考虑了历年政策的持续性、当前和未来政策的时效性，根据政策实施效果进行层次分析，并根据政策内容进行归类判别，同时也考虑了宏观背景对政策实施效果的影响。

4 主要结论

4.1 生产展望

未来10年，中国将逐步建立粮经饲统筹、农林牧渔结合、植物动物微生物并举的多元化食物供给体系，粮食和重要农产品稳产保供能力将进一步提升，向着供给保障强、科技装备强、经营体系强、产业韧性强、竞争能力强的农业强国目标努力。

预计2023年，中国将重点推进"两稳两扩两提"，全力以赴端牢端稳饭碗，确保粮食面积和粮食产量稳定在17.7亿亩和1.3万亿斤以上，确保大豆油料面积稳定在3.5亿亩以上，力争主要粮油作物亩产提升1%以上、食用植物油自给率提高1%以上，除棉花产量可能出现下降外，多数农产品产量将保持稳定增长。在全面保障粮食安全背景下，预计中国粮食播种面积和产量将分别为17.82亿亩和6.94亿吨（1.39万亿斤）；在大豆油料产能提升工程支持下，预计大豆和油料产量将分别增长3.5%和5.1%；奶类产量预计增长5.0%；由于马铃薯市场价格总体较高，种植面积进一步扩大，预计产量增长4.9%；禽肉受消费需求恢复增长影响，产量有望增长2.2%；水果单产逐步提高，产量预计增长2.1%。其他农产品产量小幅增长。棉花受种植面积继续下降影响，产量预计下降3.2%。尽管新疆、内蒙古等其他产区糖产量稳定或小幅增产，但广西受高温少雨天气影响而糖产量减产，致使全国糖产量有所下降，产量预计下降2.4%

展望中后期，在"藏粮于地、藏粮于技"战略和建立粮食生产功能区、重要农产品生产保护区、特色农产品优势区等条件下,中国主要农产品生产将稳定发展,结构更加优化,粮棉油糖、肉蛋奶、水产品、果菜茶供应将更加充足。从产量增幅看,与基期(2020—2022年3年平均值,下同)相比,到2032年粮食生产能力将稳步提升,产量增长12.8%,其中,大豆和玉米产量分别增长95.9%和21.7%;奶业竞争力提升行动深入推进将为国内奶制品增产奠定坚实基础,预计增长48.3%;继续积极扩种油料作物,预计增长29.0%;禽肉将长期保持增加,预计增长22.2%;在种植面积增加和单产水平提高的共同作用下,马铃薯将持续增加,预计增长21.3%;水果增长19.2%;肉类增长11.7%。其中,猪肉增长12.4%,牛、羊肉分别增长12.6%和13.3%;禽蛋、水产品、小麦、蔬菜、食糖产量增幅位于3%~10%。从年均增速看(按基期算),深入推进大豆和油料产能提升工程,必将促进大豆和油料产量增速保持在较高水平,预计年均增速分别为7.0%和2.6%,奶制品产量年均增速4.0%,粮食、玉米、肉类、猪肉、禽肉、牛羊肉、水果、马铃薯产量年均增速位于1.0%~2.0%,其余主要农副产品产量年均增速低于1.0%。

4.2 消费展望

未来10年,中国将全面树立大食物观,农产品消费结构将进一步优化,健康化、营养化、多样化、优质化等消费需求将明显增加。

预计2023年,中国经济社会逐步恢复正常,学校复课、工厂复工、餐饮以及旅游行业有序恢复经营,国内消费需求稳步恢复,团体性消费和户外消费将明显增加,主要农产品消费量小幅增长,食用植物油、奶制品和水果消费保持较快增长。粮食消费预计增幅1.4%,其中,稻谷、小麦、玉米和大豆消费增幅分别为0.8%、0.7%、1.5%和2.9%;肉类消费预计增幅1.4%,其中,猪肉、禽肉、牛肉和羊肉消费分别增长1.0%、2.0%、1.9%和1.3%;禽蛋消费增长0.8%;奶制品消费增长3.9%;食用植物油消费增速最快,增幅5.1%;蔬菜和水果消费增幅分别为1.2%和2.6%;食糖、马铃薯、水产品和棉花消费增幅在1%~2%区间。

展望中后期,在中国人口增速放缓、城镇化稳步推进和城乡收入不断增长等背景下,农产品消费结构不断升级,特色化农产品需求扩大。从消费量增幅来看,到2032年奶制品、水果、马铃薯、玉米消费量增幅最大,与基期相比分别增长38.0%、21.2%、18.5%、16.2%;肉类(猪肉、禽肉、牛肉、羊肉)和水产品将保持较快增长,与基期相比分别增长11.7%(7.8%、18.4%、17.4%、14.2%)和10.1%;粮食供需将长期处于紧平衡状态,产需缺口逐年缩小,粮食消费量预计8.67亿吨,与基期相比增幅6.5%;受国内养殖行业需求增长及健康饮食消费倡导影响,大豆和食用植物油消费有所增加,增幅分别为6.5%和5.8%;食糖和蔬菜消费增幅分别为7.5%和6.2%;禽蛋消费增幅3.7%;小麦消费增幅小于1%;

但稻谷和棉花消费较基期下降1.9%和2.8%。从年均增速（按基期算）看，奶制品消费年均增速较快，达3.3%；玉米、肉类、禽肉、牛肉、羊肉、水产品、水果、马铃薯年均增速在1%~2%区间；粮食、猪肉、蔬菜、食用植物油、禽蛋、大豆、小麦消费年均增速低于1%；稻谷和棉花消费年均下降0.2%和0.3%。

4.3 贸易展望

未来10年，中国将继续积极、稳妥、有序地推动更高水平的农业对外开放，顺应经济全球化和区域经济一体化趋势，强化保障能力，促进贸易畅通，拓展农业多元进口渠道。

预计2023年，在国内产量不断提高、国际价格高位运行背景下，中国大多数农产品进口的主要目的将是优化国内供给结构和调剂余缺。粮食进口1.48亿吨，比上年增长1.0%，其中，稻米和玉米进口量较上年分别下降9.8%和5.4%，小麦进口量与上年基本持平，接近1000万吨，大豆进口预计9302万吨；食糖和棉花进口量下降6.2%和4.1%。但国内需求增加带动肉类、奶制品进口增加，预计肉类比上年增长5.2%，增至645万吨，其中，受国内外价差扩大、进口利润恢复影响，猪肉进口增至200万吨，比上年增长14.3%，禽肉进口133万吨，比上年增长0.8%，牛肉进口275万吨，比上年增长3.0%，羊肉进口36万吨，与上年基本持平；奶制品进口量1886万吨，比上年增长1.7%。水产品和水果进出口均增加，水产品进口和出口分别达685万吨和388万吨，比上年分别增长5.9%和3.1%，水果进口和出口分别达1173万吨和912万吨，比上年分别增长10.6%和6.2%；蔬菜出口量将达到1191万吨，增长0.7%。

展望中后期，中国农产品国际竞争力将继续增强，农产品贸易规模持续扩大，贸易结构不断优化，将逐渐从农业贸易大国发展成为农业贸易强国。粮食方面，进口仍将是重要的供应来源，在优化供给结构、弥补结构性短缺和调剂国内供求余缺方面发挥重要作用，粮食贸易规模仍将维持高位，进口量呈平稳下降趋势，2032年进口1.22亿吨，比基期减少19.7%，年均下降2.2%，玉米进口量降至配额水平以下，比基期减少65.9%；小麦和大豆进口量比基期下降35.8%和12.9%，年均降幅4.3%和1.4%；国内稻谷优质化率持续提高，用于品种调剂的精米进口将保持稳定，在饲料需求增加的情况下具有价格优势的碎米进口量将有所增加，稻米进口量比基期增长7.0%，年均增长0.7%；油料进口规模稳中有减、进口来源多元化，保供能力继续增强；随着肉类产业国内国际两个市场、国内国外两种资源得以充分利用，多元化国际供应格局将稳步形成，国内优势畜禽产品出口将增加，2032年肉类进口601万吨，比基期减少19.9%，肉类产品出口量以年均5.4%速度增至110万吨；奶制品进口量年均增速1.6%，明显低于过去10年7.9%，主要进口来源地保持基本稳定但趋于多元化，新西兰、欧盟、美国、澳大利亚等传统奶业主产国家和地区仍为主要进口来源地，白俄罗斯、乌拉圭、阿根廷等国进口奶制品数量有望持续增长；水产品进口增速明显快于出口，水产品贸易逆差或将成为常态；蔬菜贸易"大出小进"，将继续保持净出口优势，出口年均增速1.9%；水果进出口量均呈现增长趋势，贸易逆差格局持续存在；棉花贸易保持净进口格局，进口量呈下降趋势。

4.4 价格展望

未来10年，中国将加强市场价格监控，完善价格应急预案，健全价格应急机制，提高应急处置能力，加强预期引导和储备调节，防止重要农产品价格大涨大跌，将保持国内大宗农产品市场价格整体可控，温和上涨。

预计2023年，尽管国际大宗商品价格可能高位波动，输入性通胀压力仍然存在，但中国物价保持平稳运行具有坚实基础。粮食生产连续丰收，生猪产能合理充裕，重要民生商品供应充足，基础能源保障有力，保供稳价体系进一步健全，中国完全有信心、有能力继续保持物价总体稳定。受生产成本不断上涨、种植结构调整、国际价格传导等因素影响，稻谷价格将稳中有涨，但涨幅有限，小麦、玉米价格预计高位运行；受全球经济增速放缓、通胀居高不下、地缘政治经济冲突、化肥农资价格上涨等因素综合影响，大豆、食用植物油、棉花、食糖等与国际市场联系紧密的农产品价格整体高位运行，或出现阶段性波动；随着全球饲料粮供应量增多且价格稳中下跌，养殖成本仍有下降空间，预计生猪和猪肉价格稳中有跌；受饲草料、人工、水电等养殖成本支撑，土地、环保要求逐年提高，禽肉、牛羊肉价格仍高位运行；蔬菜和水果价格将以季节性波动为主，总体保持稳定。

展望中后期，随着国内外价格联动不断增强，中国将采取更加有效的市场监管措施，不断创新完善主要农产品价格形成机制和调节机制，将输入性通胀压力控制在一定范围。在粮食收储制度和价格形成机制不断完善背景下，稻谷、小麦、玉米等主要粮食品种价格将稳中略增，温和上涨，整体保持在合理水平；大豆、部分油料作物、食用植物油、棉花和食糖等农产品价格走势与国际市场保持更加紧密的联动性；综合考虑生产成本、收入水平、消费结构升级等因素，预计展望期内中国肉类、蛋类、奶制品、蔬菜、水果、水产品等鲜活农产品价格总体呈上涨态势，周期性和突发性事件对鲜活农产品价格影响依然存在，优质高端现货农产品价格有望进一步提高，优质优价特征进一步显现。

参考文献

国务院."十四五"推进农业农村现代化规划［R/OL］.（2021-11-12）［2022-02-16］. http://www.gov.cn/zhengce/content/2022-02/11/content_5673082.htm.

国家发展改革委、水利部."十四五"水安全保障规划［R/OL］.（2022-01-12）［2022-02-16］. http://www.gov.cn/xinwen/2022-01/12/content_5667722.htm.

王俊岭.国务院正式发布《"十四五"推进农业农村现代化规划》：农业农村现代按下"快进键"［EB/OL］.（2022-02-11）［2022-02-17］. http://www.gov.cn/zhengce/2022-02/15/content_5673545.htm.

农业农村部."十四五"全国农业机械化发展规划［R/OL］.（2022-01-05）［2022-02-16］. http://www.gov.cn/xinwen/2022-01/06/content_5666673.htm.

农业农村部."十四五"全国农业农村科技发展规划［R/OL］.（2021-12-24）［2022-02-16］. http://www.gov.cn/zhengce/zhengceku/2022-01/07/content_5666862.htm.

农业农村部.全国高标准农田建设规划（2021—2030年）［R/OL］.（2022-09-16）［2022-02-16］. http://scjss.mofcom.gov.cn/article/zl/zlzc/202201/20220103236795.shtml.

农业农村部，国家发展改革委，财政部，等.国家黑土地保护工程实施方案（2021—2025年）［R/OL］.（2021-07-30）［2022-02-16］. http://www.gov.cn/xinwen/2021/07/30/content_5628527.htm.

农业农村部.2019年全国耕地质量等级情况公报［R/OL］.（2020-05-13）［2022-02-16］. http://www.gov.cn/xinwen/2020-05/13/content_5511129.htm.

商务部，国家发展改革委，教育部，等."十四五"国内贸易发展规划［R/OL］.（2022-01-27）［2022-02-16］. http://scjss.mofcom.gov.cn/article/zl/zlzc/202201/20220103236795.shtml.

生态环境部，国家发展改革委，财政部，等."十四五"土壤、地下水和农村生态环境保护规划［R/OL］.（2021-12-29）［2022-02-16］. http://www.gov.cn/zhengce/zhengceku/2022-01/04/content_5666421.htm.

工业和信息化部."十四五"信息通信行业发展规划［R/OL］.（2021-11-01）［2022-02-16］. http://www.gov.cn/zhengce/zhengceku/2021-11/16/content_5651262.htm.

国务院.中共中央关于制定国民经济和社会发展第十四个五年规划和二〇三五年远景目标的建议［R/OL］.（2020-11-03）［2022-02-16］. http://www.gov.cn/zhengce/2020-11/03/content_5556991.htm.

刘坤.《全国重要生态系统保护和修复重大工程总体规划》（2021—2035年）印发：未来十五年，保护修复生态这样干［EB/OL］.（2020-06-12）［2022-02-16］. http://www.gov.cn/zhengce/2020-06/12/content_5518797.htm.

汪文正.国家发展改革委印发《2022年新型城镇化和城乡融合发展重点任务》：提高新型城镇化建设质量.［R/OL］.（2022-03-20）［2022-03-22］. http://www.gov.cn/zhengce/2022-03/22/content_5680376.htm.

中国科学院预测科学研究中心，2023. 2023中国经济预测与展望［M］.北京：科学出版社.

国家统计局，2022.中国统计年鉴［M］.北京：中国统计出版社.

谢伏瞻，2023.经济蓝皮书：2023年中国经济形势分析与预测［M］.北京：社会科学文献出版社.

张宇燕，2023. 世界经济黄皮书：2023年世界经济形势分析与预测［M］. 北京：社会科学文献出版社.

农业农村部市场预警专家委员会，2022. 中国农业展望报告（2022—2031）［M］. 北京：中国农业科学技术出版社.

International Monetary Fund (IMF), 2023. World Economic Outlook.

OECD, 2022. OECD Economic Outlook.

United Nations，2023. World Economic Situation and Prospects 2023.

Unites Nations，2022. World Population Prospect 2022. New York.

USDA，2023. USDA Agricultural Projections. 2023—2032.

World Bank，2023. Global Economic Prospects.

第二章

粮 食

保障粮食安全是建设农业强国的首要任务。2022年，中国粮食供给量[①]8.29亿吨，粮食产量6.87亿吨，比上年增长0.5%；消费量7.98亿吨，减少2.9%；进口量1.47亿吨，减少10.7%；出口量433万吨，减少1.4%；CAMES粮食价格指数[②]109.72，比上年提高4.7个百分点。展望未来，预计2023年，粮食生产量稳中略增，为6.94亿吨，比上年增长1.1%；消费量呈恢复性增加，为8.10亿吨，增长1.4%；进口量为1.48亿吨，增长1.0%；出口量460万吨，比上年增长6.3%；预计2027年，粮食生产量7.29亿吨，比基期（2020—2022年3年平均值，下同）增长7.2%；消费量8.39亿吨，比基期增长3.0%；进口量1.29亿吨，比基期减少14.8%；出口量523万吨，比基期增长18.5%；预计2032年，粮食产能将稳步提升，粮食产量7.67亿吨，比基期增长12.8%，年均增速1.2%；粮食消费继续呈刚性增长，消费量增至8.67亿吨，比基期增长6.5%，年均增速0.6%；粮食进口平稳下降，进口量1.22亿吨，比基期减少19.7%，年均减少2.2%；出口量576万吨，比基期增长30.5%，年均增速2.7%。

1　2022年市场形势回顾

1.1　粮食产量稳定增长

全年粮食增产丰收。面对新冠疫情散发多发、破纪录北方秋汛、南方极端高温干旱、农资价格高位运行、国际粮价剧烈波动等多重超预期因素冲击，中国粮食生产再获丰收，供给安全基础持续稳固。2022年，粮食播种面积17.75亿亩（1.18亿公顷），比上年增长0.6%（图2-1）；粮食单产387千克/亩（5805千克/公顷），减少0.1%；粮食产量6.87亿吨，增长0.5%。夏粮、早稻、秋粮均实现增产。其中，夏粮产量1.47亿吨，比上年增长1.0%；早稻产量2812万吨，增长0.4%；秋粮产量5.11亿吨，增长0.4%。

谷物、豆类增产，薯类减产。2022年，谷物[③]产量6.33亿吨，比上年增长0.1%（图2-1）。分品种看，稻谷面积、单产、产量均有所下降；小麦、玉米播种面积虽与上年持平略降，但单产有所提高，产量仍小幅增加。稻谷产量2.09亿吨，比上年减少2.0%；小麦产量1.38亿吨，增长0.6%；玉米产量2.77亿吨，增长1.7%。豆类产量2351万吨，比上年增长19.6%，主要是因为大豆扩种成效明显。大豆播种面积1.54亿亩（1027万公顷），比上年增长21.7%，是1958年以来最高

---

　①　本文粮食指谷物、薯类和豆类；粮食供给量指产量和净进口量之和，其中稻米进出口量按70%折算率换算稻谷量。
　②　CAMES粮食价格指数是根据稻谷、小麦、玉米、大豆集贸市场当年价格计算得来，以2011—2013年为基期。
　③　本文谷物指稻谷、小麦、玉米、谷子、高粱及其他谷物。

的年份；大豆产量 2029 万吨，增长 23.7%；大豆自给率提升了 3 个百分点。薯类[①]产量 2977.5 万吨，比上年减少 2.2%（图 2-1）。

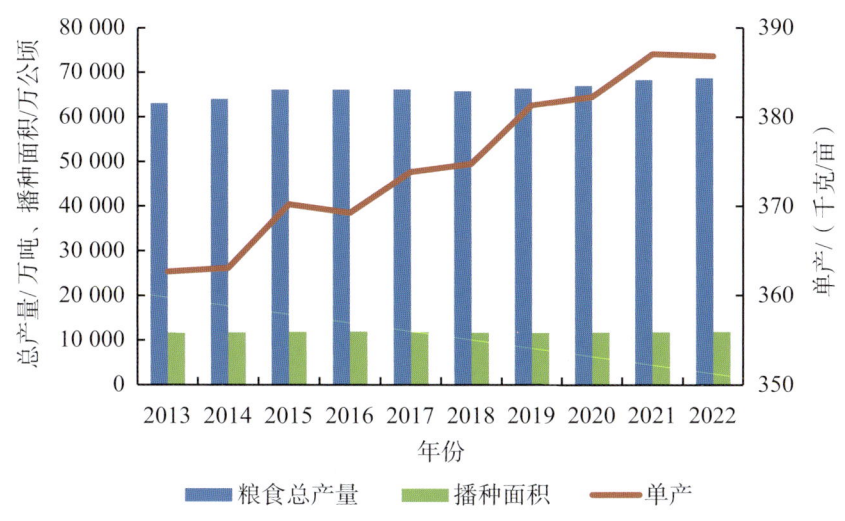

图 2-1　2013—2022 年中国粮食播种面积、总产量及单产

（数据来源：国家统计局）

1.2　粮食消费略有下降

粮食消费出现下降，小麦饲用需求下降是主要影响因素。2022 年，粮食消费量 7.98 亿吨，比上年减少 2.9%。其中，粮食食用消费量[②] 2.99 亿吨，比上年减少 1.7%；饲用消费量[③] 2.30 亿吨，减少 5.1%；压榨（大豆）消费量 9182 万吨，减少 2.5%；工业消费量 1.27 亿吨，减少 0.8%；其他消费量[④] 5123 万吨，减少 5.5%。粮食饲料需求整体偏弱，其中小麦饲用消费下降幅度最大，由上年的 3300 万吨大幅下降至 1700 万吨，比上年减少 48.5%。小麦与玉米的比价关系是决定小麦饲用水平的主要因素，2022 年小麦价格大幅上涨，小麦对玉米失去比价优势导致消费量明显减少。相比之下，玉米饲用需求虽有回升但增幅较小，玉米饲用消费量仅比上年增加 500 万吨。

1.3　粮食贸易仍处高位

粮食进口高位回落，出口延续下降态势。2022 年，受国际粮食价格大幅上涨及美元持续升值影响，粮食进口成本快速攀升，粮食进口均价比上年上涨 27.3%

---

① 本文薯类指甘薯和马铃薯，不包括芋头和木薯，按 5 千克鲜薯折 1 千克粮食计算；城市郊区作为蔬菜的薯类（如马铃薯等）按鲜品计算，并且不作粮食统计。
② 本文粮食食用消费量指谷物食用消费量、豆类食用消费量和薯类食用消费量。
③ 本文粮食饲用消费量指谷物、豆类（不包含大豆）、薯类用于饲料生产用途的消费量。
④ 本文其他消费量指谷物、豆类、薯类的种用消费量、产后损耗等。

（其中小麦、玉米、大豆进口均价分别上涨26.0%、23.8%、25.1%），加之国内饲料粮需求有所下降，导致中国粮食进口量出现回落，但仍处于高位。2022年粮食进口量1.47亿吨，比上年减少10.7%；粮食出口量433万吨，比上年减少1.4%。

分品种看，稻谷进口量增加幅度最大，由于进口大米价格优势明显且饲料加工行业对碎米需求增加，稻谷进口量885万吨，比上年增长24.8%。小麦进口量再创新高，为996万吨，增长1.9%。玉米进口量下降幅度最大，主要是受玉米进口成本大幅增加及饲料粮减量替代政策影响，玉米进口量2062万吨，比上年减少27.3%，连续3年突破配额水平。大豆进口量9108万吨，减少5.6%。大麦进口量大幅下降，全年进口量538万吨，减少56.9%，主要原因是大麦主要进口来源国受地缘政治、恶劣天气等影响，可供应出口量减少，加上进口大麦价格持续高于国产玉米价格，导致饲用大麦进口量下降。高粱进口量1014万吨，增长7.6%，进口高粱价格对国产玉米有一定比价优势，在玉米和大麦进口减少的情况下，高粱进口起到了重要补充作用。

1.4 粮食价格稳中有涨

粮食价格总体小幅上涨，不同品种间走势有所分化。2022年，粮食集贸市场平均价格[①]为2.79元/千克，比上年上涨4.6%，CAMES粮食价格指数为109.72，比上年提高4.7个百分点（图2-2）。其中，小麦价格涨幅最大，受国内市场供应偏紧、乌克兰危机扰动预期等影响，小麦价格大幅上涨创历史新高，集贸市场价格为2.83元/千克，上涨12.4%；玉米价格高位运行，为2.55元/千克，上涨4.3%；大豆价格总体上涨，为6.18元/千克，上涨8.7%；稻谷价格平稳略降，为2.74元/千克，减少2.2%（图2-2）。

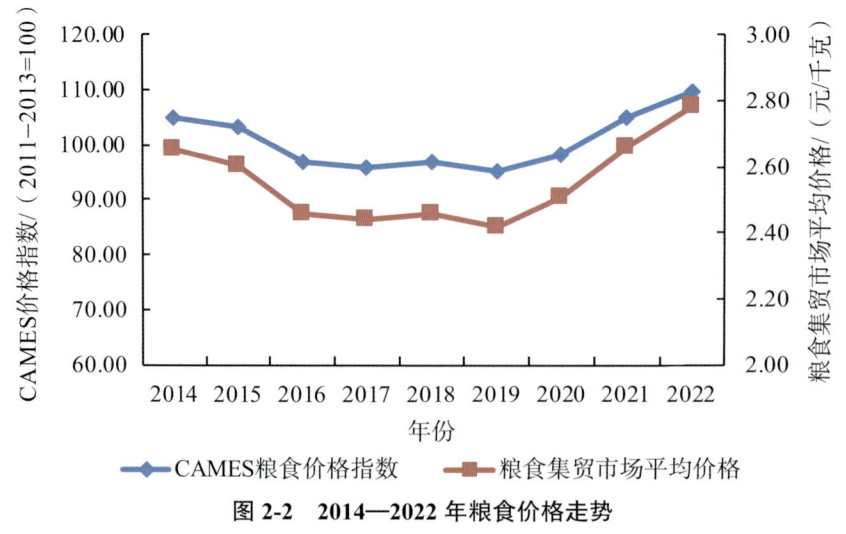

图2-2　2014—2022年粮食价格走势

---

① 粮食价格根据稻谷、小麦、玉米、大豆集贸市场价格按产量加权平均计算。

2 未来 10 年市场走势判断

未来 10 年，中国粮食综合生产能力不断提高，播种面积稳中略增，种植结构持续优化，粮食产能稳步提升。预计 2023 年粮食产量 6.94 亿吨，比上年增长 1.1%；2027 年为 7.29 亿吨，比基期增长 7.2%；2032 年为 7.67 亿吨，比基期增长 12.8%，年均增长 1.2%。粮食消费呈刚性增长。预计 2023 年，粮食消费量 8.10 亿吨，比上年增长 1.4%；2027 年为 8.39 亿吨，比基期增长 3.0%；2032 年为 8.67 亿吨，比基期增长 6.5%，年均增长 0.6%。粮食贸易规模总体下降，粮食进口呈多元化发展。2023 年粮食进口量 1.48 亿吨，比上年增长 1.0%；2027 年为 1.29 亿吨，比基期减少 14.8%；2032 年为 1.22 亿吨，比基期减少 19.7%，年均下降 2.2%。预计 2023 年粮食价格保持稳定，未来 10 年将呈波动上涨趋势。展望期间，粮食生产受制于人多地少水缺的资源硬约束和国内生产成本的持续攀升，稳产增产的难度越来越大，粮食供需紧平衡将成为长期态势，适度进口仍然是满足国内粮食需求的重要途径，但全球粮食供应链不稳定性、不确定性增强，保障粮食供给安全的形势依然复杂、严峻。

2.1 生产展望

粮食播种面积稳中有增。稳定粮食播种面积是确保粮食安全的基础和前提。国家不断加大耕地保护力度，严格耕地用途管控，确保 18 亿亩耕地红线，防止耕地"非农化"、基本农田"非粮化"，加强黑土地保护和坡耕地综合治理，推动南方省份发展多熟制粮食生产，鼓励有条件的地方发展再生稻，推进大豆玉米带状复合种植，展望期间粮食播种面积将保持稳定增长。预计 2023 年，粮食播种面积 17.82 亿亩（1.19 亿公顷），比上年增长 0.4%；2027 年为 18.00 亿亩（1.20 亿公顷），比基期增长 2.1%；2032 年为 18.13 亿亩（1.21 亿公顷），比基期增长 2.8%，年均增长 0.3%。

粮食单产稳步提高。巩固提升粮食综合生产能力是确保粮食安全的着力点和根本保障。预计 2023 年，粮食单产为 390 千克/亩（5850 千克/公顷），比上年增长 0.7%；2027 年为 405 千克/亩（6075 千克/公顷），比基期增长 5.0%；2032 年为 423 千克/亩（6345 千克/公顷），比基期增长 9.8%，年均增长 0.9%。粮食单产提升的有利条件主要有如下 4 点。一是粮食优良品种增产潜力增大。随着种业振兴行动的加快推进以及大豆玉米单产提升工程的实施，一大批高产稳产、多抗广适、品质优良的新品种将得到培育和推广，绿色优质粮食供应将不断增加。二是耕地质量不断提升。中低产田改造力度不断加大，永久基本农田将全部建成高标准农田，高效节水灌溉加快发展。三是农机装备水平提升。随着大中型、智能化、复合型农业机械的研发与应用，水稻、小麦、玉米耕种收将基本实现全程机械化，粮食机收损失率将降到3%以内。四是数字技术深度应用。随着卫星遥感技术、物联网技术、大数据技术、人工智能等新一代信息技术在耕地监测、田间管理、农机协作、防灾减灾、粮食贮存、全产业链信息监测预警等方面的加快应用，粮食精准化管理水平将得到明显提升。

粮食产量稳步增长。随着新一轮千亿斤粮食产能提升行动以及"藏粮于地、藏粮于技"战略的深入实施，粮食产量将稳步提升。预计2023年粮食产量6.94亿吨，比上年增长1.1%；2027年为7.29亿吨，比基期增长7.2%；2032年为7.67亿吨，比基期增长12.8%，年均增长1.2%（图2-3）。展望期末，粮食产量比基期增加8711万吨，其中玉米增加5855万吨，占粮食新增产量的67%；大豆、小麦分别比基期增加1799万吨和759万吨；稻谷产量减少118万吨。人均粮食占有量将从基期的481千克提高至2032年的551千克。未来10年，中国粮食自给率①稳步提高，将从基期的83.5%提高至2032年的88.4%。其中，大豆自给率逐年提高，到2032年将达到30.8%（图2-3）。

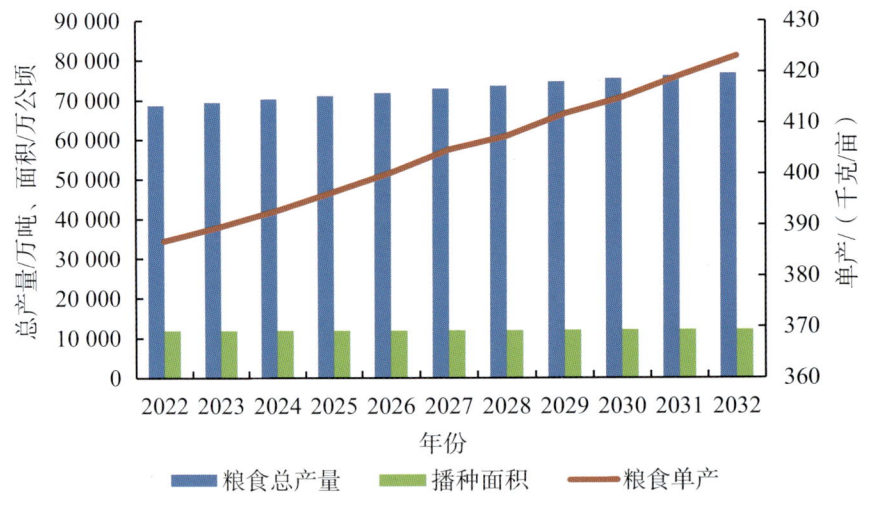

图2-3　2022—2032年中国粮食单产、总产量及播种面积变化趋势

（数据来源：2023—2032年数据为中国农业科学院农业信息研究所CAMES模型系统预测）

2.2　消费展望

粮食消费稳中略增。由于国内庞大的人口基数叠加消费结构不断升级，粮食需求将继续呈刚性增长。预计2023年，粮食消费量8.10亿吨，比上年增长1.4%；2027年为8.39亿吨，比基期增长3.0%；2032年为8.67亿吨，比基期增长6.5%，

---

① 本文粮食自给率通过粮食生产量除以粮食消费量计算得来。

年均增长0.6%。粮食供需将长期处于紧平衡状态,产需缺口逐年缩小,从基期的1.35亿吨回落至2032年的1.00亿吨(图2-4)。

食用消费平稳略降。随着人民生活水平的不断提高,居民食物消费方式向营养均衡多元化演进,加之人口年龄结构不断变化,居民饮食结构中主食的占比将继续呈下降趋势,展望期内,粮食食用消费量呈平稳略降趋势。预计2023年,食用消费量3.02亿吨,比上年增长1.3%;2027年为3.01亿吨,比基期减少0.3%;2032年为2.99亿吨,比基期减少1.1%,年均下降0.1%(图2-4)。其中,口粮[①]食用消费量小幅下降,从基期的2.51亿吨降至2032年的2.38亿吨,年均下降0.5%。展望期内,稻谷人均食用消费量将从基期的112千克降至2032年的104千克,小麦人均食用消费量将从基期的65千克增至2032年的67千克。

饲用消费继续增加。由于未来肉蛋奶等动物性食品消费将持续增加,能量饲料和蛋白饲料原料需求随之增长,粮食饲用消费量将继续呈上涨趋势,但增速放缓。预计2023年,饲用消费量2.34亿吨,比上年增长1.8%;2027年为2.50亿吨,比基期增长5.4%;2032年为2.69亿吨,比基期增长13.4%,年均增长1.3%,与过去10年年均4.0%的增幅相比,增速明显放缓(图2-4)。

压榨(大豆)消费平稳略增。随着中国人口出现负增长及豆粕减量替代行动的推进,加之国际市场大豆供应增长空间有限,压榨消费量增速将显著放缓。预计2023年压榨(大豆)消费量为9328万吨,比上年增长1.6%;2027为9438万吨,比基期减少0.6%;2032年为9621万吨,比基期增长1.3%,年均增长0.1%(图2-4)。

工业消费稳定增长。工业用粮主要包括酿酒、制作调味品、制剂和制药等。随着食品工业和发酵产业的不断发展,工业用粮需求将呈现小幅增长趋势。预计2023年,工业消费量1.28亿吨,比上年增长0.9%;2027年为1.39亿吨,比基期增长9.5%;2032年为1.53亿吨,比基期增长20.4%,年均增长1.9%(图2-4)。

其他消费[②]先增后降。展望期内粮食其他消费量呈先增后降趋势。其中,稻谷、小麦、玉米3种粮食作物种用消费量基本稳定,大豆种用消费增加;由于粮食企业库容增加、机械作业精准水平提高、高标准仓储设施建设稳步推进,粮食产后损耗年均减少0.9%。预计2023年粮食其他消费量为5186万吨,比上年增长1.2%;2027年为5444万吨,比基期增长2.0%;2032年为5049万吨,比基期减少5.4%,年均下降0.6%(图2-4)。

---

① 本文口粮指稻谷和小麦。
② 其他消费主要包括种用消费、产后损耗等。

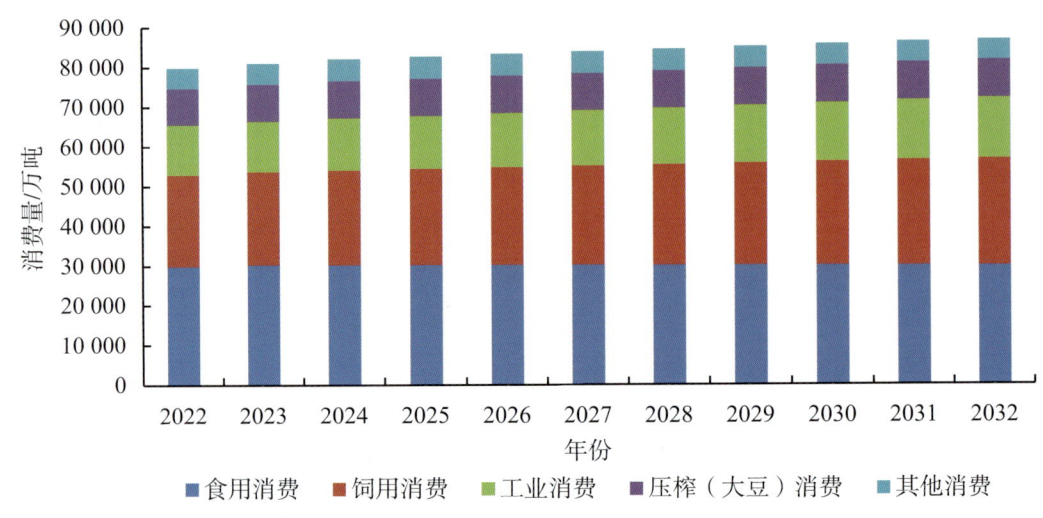

图 2-4　2022—2032 年中国粮食消费量变化趋势

（数据来源：2023—2032 年数据为中国农业科学院农业信息研究所 CAMES 模型系统预测）

2.3　贸易展望

粮食进口总体回落。未来 10 年，粮食进口在优化国内供给结构和调剂余缺方面发挥重要作用，贸易规模仍将维持高位，进口量呈平稳下降趋势。预计 2023 年，粮食进口量 1.48 亿吨，比上年增长 1.0%；2027 年为 1.29 亿吨，比基期减少 14.8%；2032 年为 1.22 亿吨，比基期减少 19.7%，年均下降 2.2%。分品种看，展望期间，稻谷进口需求小幅增加，小麦、玉米、大豆进口需求均有下降。

粮食出口增加。粮食出口量呈现增长趋势，预计 2023 年粮食出口量 460 万吨，比上年增长 6.3%；2027 年为 523 万吨，比基期增长 18.5%；2032 年为 576 万吨，比基期增长 30.5%，年均增长 2.7%。其中，稻谷出口增幅最大，2032 年稻谷出口量 411 万吨，比基期增长 24.0%，约占粮食新增出口量的 50% 以上，主要是因为随着中国优质稻产业的快速发展，大米国际竞争力不断提升。

粮食进口呈多元化发展。当前，中国粮食进出口的品种、市场、方式和时期都很集中，面对复杂多变的国际经贸形势，供应链中断风险高。未来中国将积极拓展多元化粮食进口渠道，加强与大豆、玉米等主产国的合作交流，精准把握粮食进口规模和节奏，粮食进口格局将逐步向多渠道、多区域、多品种方式转变，逐渐形成多元、高效、稳定的国际粮源供应体系，以确保粮食需求与供给在时间和空间上的合理匹配。

2.4　价格展望

粮食价格波动上涨。2023 年粮食价格预计保持稳定，CAMES 粮食价格指数维持在109左右。长期来看，虽然我国粮食供求关系相对稳定，但受农业生产资料、劳动力、土地等带来的粮食生产成本上升影响，粮食价格将呈波动上涨趋势。同时，全球经济增长前景、极端气候影响、能源价格上涨以及贸易和生物燃料政策等不确定性因素增加，都将对世界粮食市场产生长远影响，从而抬升我国粮食进口成本并强化国内市场涨价预期。为防止因国际粮价上涨可能带来的通胀风险，未来我国要利用充足的库存，做好粮价调控的预案和替代方案；疏通合理的运输渠道降低运输成本，降低国际价格剧烈波动对国内的冲击和影响；同时加强对市场的监测预警，提升对粮食市场的预判和调控能力。

第三章

稲　谷

稻谷是中国第一大口粮作物，稳定稻谷生产对保障口粮安全和促进经济社会平稳发展意义重大。2022年，稻谷播种面积44 175万亩（2945万公顷），与上年相比下降1.6%，单产472千克/亩（7080千克/公顷），下降0.5%，产量20 850万吨，下降2.0%；稻谷消费量21 250万吨，与上年相比下降1.4%，主要是食用消费、饲用消费及损耗减少；稻谷进口量885万吨（折大米619万吨，大米按稻谷70%出米率折算，下同），与上年相比增长24.8%，出口量316万吨（折大米221万吨），下降9.5%。稻谷平均收购价格保持稳定，但不同品种涨跌互现，早籼稻价格与上年相比有所上涨，中晚籼稻和粳稻价格略有下跌。

展望期内，预计稻谷播种面积稳中略减、产量总体稳定，国内产需基本平衡，进口将从近年来的高位逐步回落，出口稳定增长。预计2023年，稻谷播种面积43 925万亩（2928万公顷），与上年相比下降0.6%，产量21 026万吨，增长0.8%；消费量21 419万吨，增长0.8%；稻谷进口量798万吨（折大米559万吨），减少9.8%，出口量348万吨（折大米244万吨），增长10.1%；稻谷（米）价格稳中略涨，延续"稻强米弱"格局。预计2027年，稻谷播种面积42 877万亩（2858万公顷），产量21 042万吨，与基期（2020—2022年3年平均值，下同）相比，播种面积下降4.1%，产量基本稳定，消费量保持稳定，进、出口量有所增长。预计2032年，稻谷播种面积41 457万亩（2764万公顷），产量20 988万吨，与基期相比，播种面积下降7.3%、年均下降0.8%，产量基本稳定，消费量略有下降，进、出口量保持增长。

1 2022年市场形势回顾

1.1 面积产量均有所下降

2022年，受粮食种植结构调整、种稻效益持续偏低等因素影响，中国稻谷播种面积与上年相比有所下降。稻谷主产区大部分时段光、温、水匹配良好，病虫害偏轻发生，气象条件总体有利于水稻生长发育和产量形成，但夏季长江流域遭受严重高温干旱天气，对稻谷产量和质量造成一定影响。2022年，稻谷产量20 850万吨，与上年相比下降2.0%；播种面积44 175万亩（2945万公顷），下降1.6%；单产472千克/亩（7080千克/公顷），下降0.5%（图3-1）。

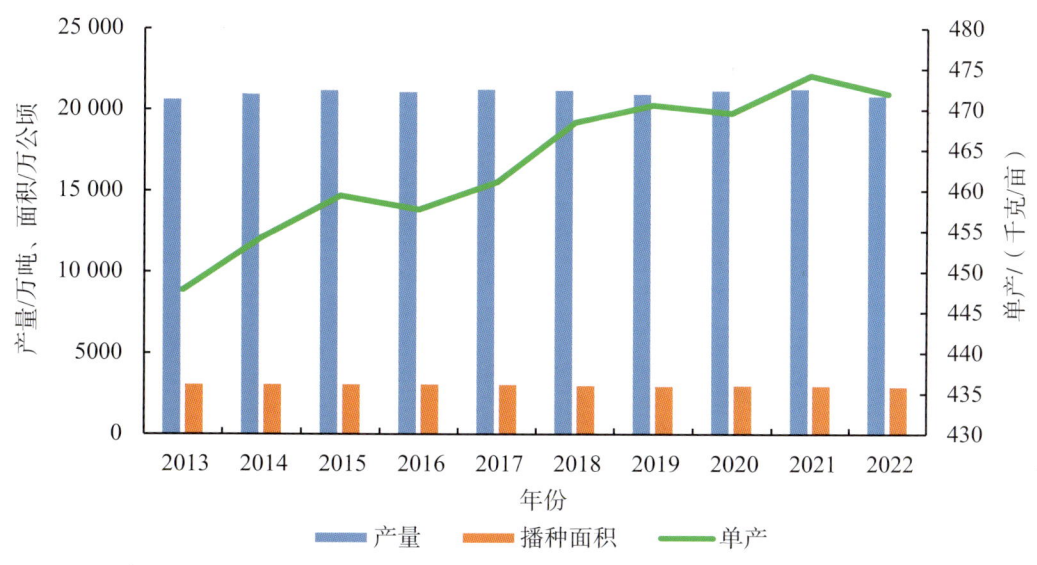

图 3-1　2013—2022 年中国稻谷产量、播种面积及单产

（数据来源：国家统计局）

1.2　食用消费和饲用消费略有减少，总消费小幅下降

受人民生活水平和城镇化水平不断提高、居民主食消费多样化、人口老龄化加剧等因素影响，人均口粮消费呈下降趋势，同时新冠疫情多点散发影响居民外出餐饮消费，以及人口首次出现负增长，2022 年稻谷食用消费量与上年相比有所下降。生猪市场持续低迷，饲料需求整体偏弱，2022 年稻谷饲用消费量与上年相比略有减少。随着生产与收获环节精细化作业水平提高、运输与仓储环节基础设施设备完善、加工环节由过度加工向适度加工转变，以及消费环节节粮意识不断强化，稻谷全产业链各环节的损失浪费情况均有所改善。2022 年，中国稻谷消费量 21 250 万吨，与上年相比下降 1.4%。其中，口粮消费量 15 680 万吨，下降 0.8%；饲用消费量 2573 万吨，下降 3.8%；工业消费量 1670 万吨，增长 0.5%；其他消费及损耗 1100 万吨，下降 6.9%。

1.3　进口突破关税配额数量，出口量减少

由于进口大米价格优势明显，国内、国际玉米、大豆和小麦价格高位运行，饲料加工行业对碎米需求增加，精米和碎米进口量均有所增长，特别是碎米进口量增幅明显。国际大米市场中，相对于印度、泰国等主要出口国，中国大米的市场竞争优势不明显，出口量有所下降。2022 年，中国稻谷进口量 885 万吨（折大米 619 万吨），与上年相比增长 24.8%；稻谷出口量 316 万吨（折大米 221 万吨），下降 9.5%（图 3-2）。从进口来源国看，排在前 5 位的国家分别是印度、巴基斯坦、越南、泰国和缅甸，分别进口 218.0 万吨、119.7 万吨、85.8 万吨、80.3 万吨和 79.9

万吨，占进口总量的 94%。从出口目的国看，排在前 5 位的国家分别是埃及、土耳其、韩国、塞拉利昂和巴布亚新几内亚，分别出口 48.1 万吨、22.6 万吨、19.7 万吨、19.6 万吨和 18.6 万吨，占出口总量的 58%（图 3-3）。

图 3-2　2013—2022 年中国稻谷进口量、出口量及进口量变化率

（数据来源：海关总署；大米按稻谷 70% 出米率折算）

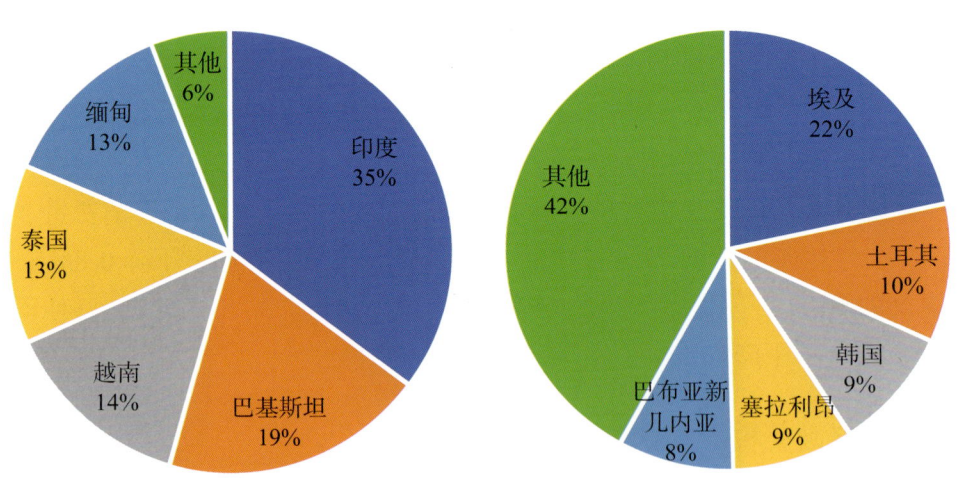

图 3-3　2022 年中国稻谷主要进口来源国（左图）和出口目的国（右图）

（数据来源：海关总署）

1.4　早籼稻价格上涨，中晚籼稻和粳稻价格下跌

2022 年，中国稻谷产量与上年相比小幅下降，但仍连续 12 年稳定在 2 亿吨以上，加之库存充足，市场供需总体宽松，稻谷价格平稳运行。受人均食用消费量

下降、新冠疫情多点散发等因素影响,终端需求偏弱,大米价格小幅下跌。分品种看,在最低收购价提高、种植成本上涨和收购进度加快等因素作用下,早籼稻(米)价格与上年相比有所上涨;因夏季长江流域高温干旱天气造成部分产区稻谷质量下降,新季中晚籼稻(米)上市初期价格偏弱运行,受托市政策支撑、优质粮源价格拉动等因素影响,中晚籼稻(米)价格逐渐回暖,但全年平均价格仍低于上年;受粳稻库存较高、东北圆粒粳稻(米)价格偏低等因素影响,粳稻(米)价格与上年相比略有下跌。2022年,稻谷平均收购价格为2.72元/千克,与上年持平。其中早籼稻2.68元/千克,与上年相比涨1.3%,中晚籼稻和粳稻分别为2.74元/千克和2.73元/千克,跌0.7%和1.1%。大米平均批发价格3.99元/千克,与上年相比跌1.7%。其中,早籼米3.83元/千克、涨0.5%,中晚籼米和粳米分别为4.04元/千克和4.08元/千克、跌3.7%和1.8%(图3-4)。

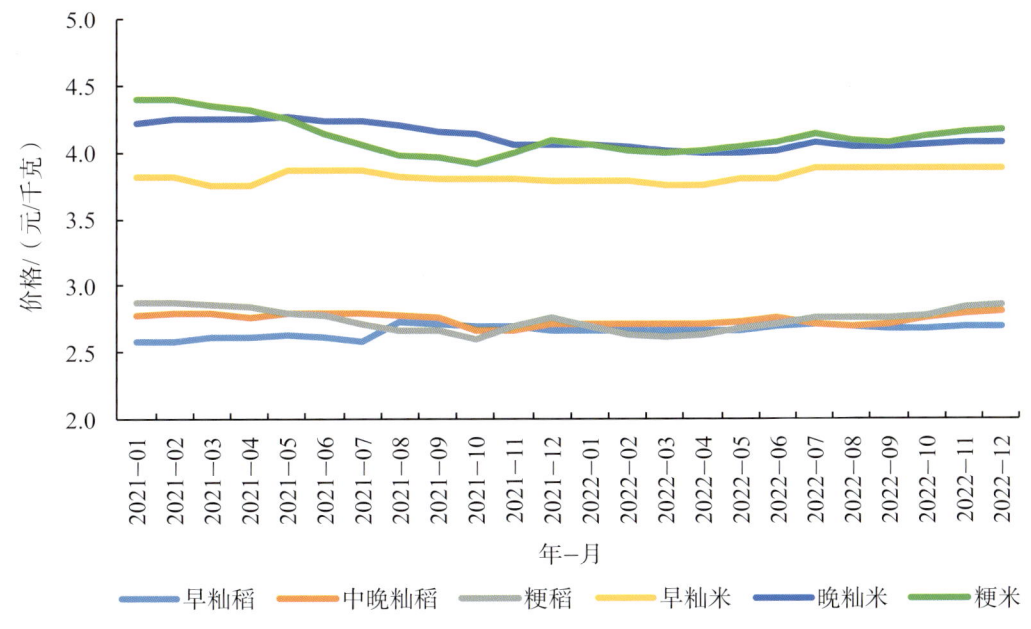

图3-4 2021—2022年中国稻谷(米)月度价格变化

(数据来源:农业农村部)

注:稻谷价格指收购价格,大米价格指批发价格

2 未来10年市场走势判断

2.1 总体判断

口粮安全是粮食安全的保障,在口粮绝对安全的国家粮食安全战略下,稻谷生产将保持总体稳定。预计2023年中国稻谷播种面积43 925万亩(2928万公顷),产量21 026万吨,与上年相比面积略有下降,产量稳中略增。2027年,稻谷播种

面积 42 877 万亩（2858 万公顷），产量 21 042 万吨，与基期相比分别下降 4.1% 和 0.3%。2032 年，稻谷播种面积 41 457 万亩（2764 万公顷），产量 20 988 万吨，与基期相比分别下降 7.3% 和 0.6%，年均下降 0.8% 和 0.1%。

稻谷消费量先增后降。其中，食用消费量稳中有降，饲用和工业消费量有所增加，种用消费量基本稳定，其他消费及损耗先增后减。预计 2023 年稻谷消费量为 21 419 万吨，与上年相比增长 0.8%，其中口粮消费量为 15 573 万吨，下降 0.7%，饲用消费量为 2720 万吨，增长 5.7%。2027 年，稻谷消费量 21 617 万吨，与基期相比增长 0.6%，其中口粮消费量 15 138 万吨，下降 4.2%。2032 年，稻谷消费量 21 076 万吨，与基期相比下降 1.9%，年均下降 0.2%，其中食用消费量 14 508 万吨，下降 8.2%，年均下降 0.9%。

稻谷国际贸易将保持净进口状态。预计 2023 年中国稻谷进、出口量分别为 798 万吨和 348 万吨（折大米 559 万吨和 244 万吨），与上年相比进口量下降 9.8%，出口量增长 10.1%。2027 年，稻谷进、出口量将分别为 760 万吨和 389 万吨（折大米 532 万吨和 272 万吨），与基期相比，进、出口量分别增长 13.2% 和 17.3%。2032 年，稻谷进、出口量将分别为 718 万吨和 411 万吨（折大米 503 万吨和 288 万吨），与基期相比，进、出口量分别增长 7.0% 和 24.0%，年均增长 0.7% 和 2.2%。

稻谷（米）价格将平稳上涨。稻谷作为中国最主要的口粮之一，市场供需将维持相对宽松格局。在供给充足、需求平稳、库存充裕的背景下，稻谷（米）价格将以稳为主，波幅有限。受生产成本上升及稻米优质化、品牌化持续发展等因素影响，稻谷（米）价格将有所上涨。

2.2 生产展望

播种面积稳中略减。受种稻效益偏低、农村劳动力持续转移等因素影响，中国稻谷播种面积将相对稳定，小幅减少。预计 2023 年，中国稻谷播种面积为 43 925 万亩（2928 万公顷），与上年相比下降 0.6%。2027 年，稻谷播种面积为 42 877 万亩（2858 万公顷），与基期相比下降 4.1%。2032 年，稻谷播种面积为 41 457 万亩（2764 万公顷），与基期相比下降 7.3%（图 3-5）。

单产稳步提高。高标准农田建设、耕地保护与质量提升行动、种业振兴行动、绿色高质高效行动等政策措施的持续推进，良种良法配套、农机农艺结合，稻谷单产将稳步提高。预计 2023 年，中国稻谷单产 479 千克/亩（7180 千克/公顷），与上年相比提高 1.4%。2027 年，稻谷单产 491 千克/亩（7361 千克/公顷），与基期相比提高 4.0%。2032 年，稻谷单产 506 千克/亩（7594 千克/公顷），与基期相比提高 7.3%，年均增长 0.7%（图 3-5）。

产量保持稳定。尽管稻谷种植面积略有下滑，但受益于单产稳步提高，稻谷总产量将保持稳定。预计 2023 年，中国稻谷产量为 21 026 万吨，与上年相比增长 0.8%。2027 年，稻谷产量为 21 042 万吨，与基期相比下降 0.3%。2032 年，稻谷产量为 20 988 万吨，与基期相比下降 0.6%（图 3-5）。

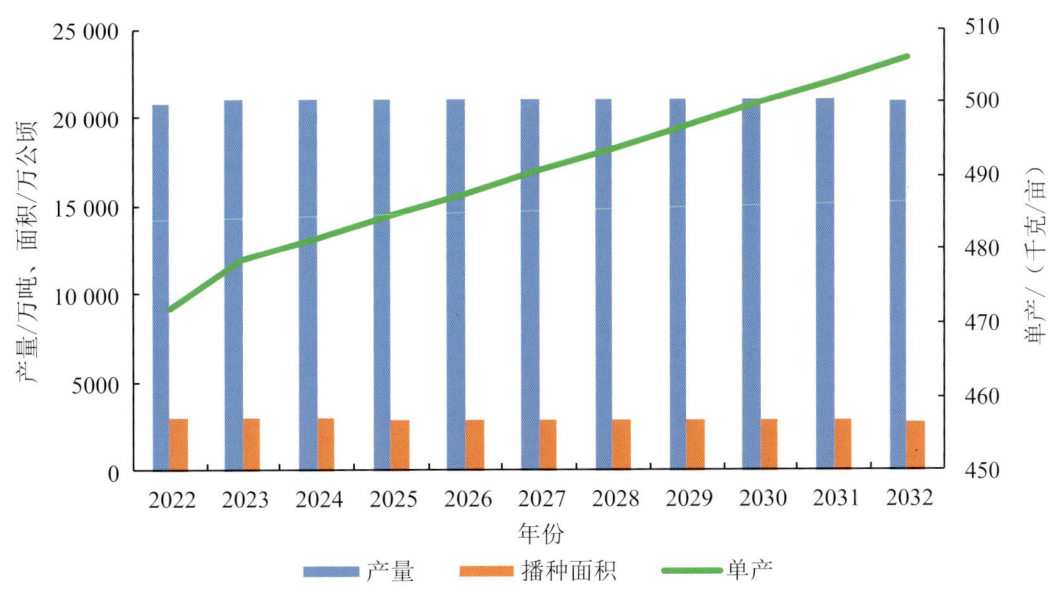

图 3-5　2022—2032 年中国稻谷产量、播种面积及单产变化

（数据来源：2023—2032 年数据为中国农业科学研究院农业信息研究所 CAMES 模型系统预测）

2.3　消费展望

未来 10 年，稻谷消费量呈先增后降趋势，其中食用消费量占比稳步下降。预计 2023 年中国稻谷消费量 21 419 万吨，与上年相比增长 0.8%。2027 年，稻谷消费量为 21 617 万吨，与基期相比增长 0.6%。2032 年，稻谷消费量为 21 076 万吨，与基期相比下降 1.9%，年均下降 0.2%。

食用消费逐步减少。受人民生活水平不断提高、消费结构日趋多元化、人口负增长和人口老龄化等因素影响，人均口粮消费量逐步减少，稻谷食用消费将稳中有降。预计 2023 年，稻谷口粮消费量 15 573 万吨，与上年相比下降 0.7%。2027 年，稻谷口粮消费量 15 138 万吨，与基期相比下降 4.2%。2032 年，稻谷食用消费量 14 508 万吨，与基期相比下降 8.2%，年均下降 0.9%（图 3-6）。

饲用消费有所增加。各类畜禽产品（肉蛋奶）和水产品消费刚性增长，玉米和大豆等饲料粮存在不同程度产需缺口，受稻谷供需总体宽松、饲料加工优势提升等因素影响，稻谷饲用消费量有所增加。预计 2023 年，稻谷饲用消费量 2720 万吨，与上年相比增长 5.7%。2027 年和 2032 年，稻谷饲用消费量将分别达到 3205 万吨和 3582 万吨（图 3-6）。

工业消费稳步增长。 米粉、方便速食米制品等食品加工，以及酿酒、酿醋等行业持续发展，稻谷工业消费量将稳步增长。预计2023年，稻谷工业消费量1683万吨，与上年相比增长0.8%。2027年，稻谷工业消费量1754万吨，与基期相比增长5.4%。2032年，稻谷工业消费量1889万吨，与基期相比增长13.5%，年均增长1.3%（图3-6）。

种用消费稳中略减。 在稻谷播种面积稳中略降的背景下，随着精准播种技术和机械设备的改进升级以及种植方式调整，稻谷生产用种量将更趋合理，种用消费量将稳中略减。预计2023年，稻谷种用消费量228万吨，与上年相比基本持平。2027年，稻谷种用消费量226万吨，与基期相比下降0.8%。2032年，稻谷种用消费量224万吨，与基期相比下降1.7%，年均下降0.2%（图3-6）。

其他消费及损耗先增后减。 一方面，受消费环境制约，居民在外餐饮的粮食浪费现象难以避免。随着经济逐步复苏，居民外出餐饮消费增长，粮食浪费短期可能会有所增加。另一方面，水稻生产、收获、流通、贮存、加工、销售等各个环节的先进技术和设备应用水平不断提高，居民爱粮节粮意识不断增强，稻谷损失浪费量将逐步下降。预计2023年，稻谷其他消费及损耗量1216万吨，与上年相比增长10.5%。2027年，稻谷其他消费及损耗量1294万吨，与基期相比增长9.3%。2032年，稻谷其他消费及损耗量873万吨，与基期相比下降26.3%，年均下降3.0%（图3-6）。

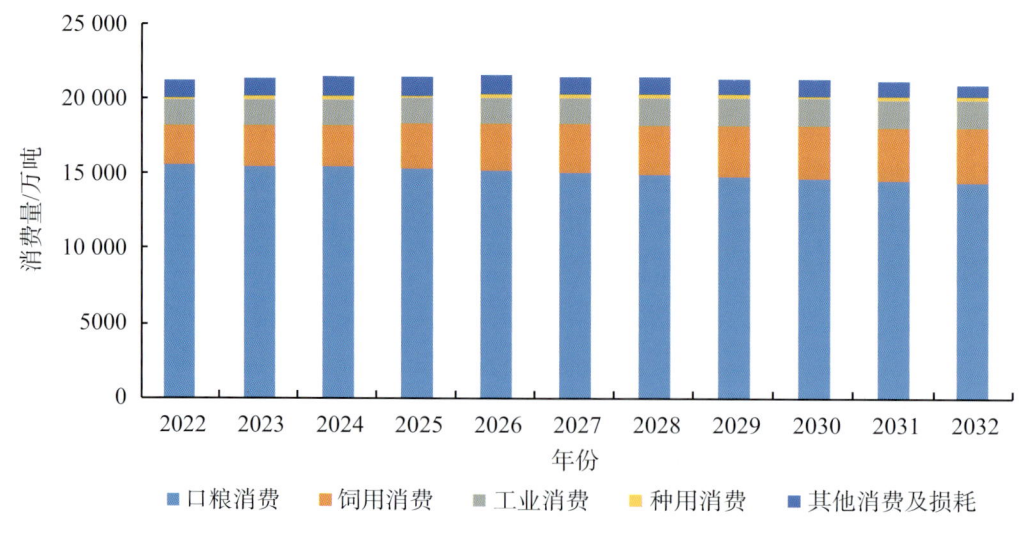

图3-6　2022—2032年中国稻谷消费量变化

（数据来源：2023—2032年数据为中国农业科学研究院农业信息研究所CAMES模型系统预测）

2.4　贸易展望

进口将从近年高位逐步回落。 在产量增长、国际米价偏强运行的预期下，预计

2023年中国稻谷进口量798万吨（折大米559万吨），与上年相比减少9.8%。展望后期，随着国内稻谷优质化率持续提高，用于品种调剂的精米进口将保持稳定，在饲料需求增加的情况下具有价格优势的碎米进口量将有所增加。2027年，稻谷进口量760万吨（折大米532万吨），与基期相比增长13.2%。2032年，稻谷进口量718万吨（折大米503万吨），与基期相比增长7.0%，年均增长0.7%。

出口量稳步增加。随着非洲人口快速增长、居民收入和生活水平的持续提高，稻谷消费量将刚性增长，同时中国优质稻产业快速发展，国产大米国际竞争力不断提升，出口量将稳步增长。预计2023年，中国稻谷出口量348万吨（折大米244万吨），与上年相比增长10.1%。2027年，稻谷出口量389万吨（折大米272万吨），与基期相比增长17.3%。2032年，稻谷出口量411万吨（折大米288万吨），与基期相比增长24.0%，年均增长2.2%。

2.5 价格展望

稻谷价格稳中上涨。稻谷最低收购价政策对市场形成底部支撑，同时受生产成本不断上涨、优质稻市场份额提高及其价格拉动作用的影响，稻谷平均收购价格将稳中有涨。预计2023年，中国稻谷市场平均价格在2.70~2.90元/千克波动。未来10年，受生产资料价格和人工成本上涨等因素影响，稻谷平均价格将稳中有涨。

大米价格小幅上涨。一方面，大米优质化、品牌化发展有利于大米产品增值和价格提高，稻谷价格上涨对大米价格也形成一定支撑。另一方面，受稻谷供需总体宽松、大米加工企业产能过剩、同质化严重等因素影响，大米价格上涨幅度有限，仍将表现出"稻强米弱"的特征。预计2023年大米市场平均价格将在4.00~4.50元/千克波动。中长期看，大米价格涨幅小于稻谷价格涨幅。

3 不确定性分析

3.1 极端天气事件

农业是对气候变化比较敏感的产业，极端气温（如高温热害、低温冷害）和极端降水是影响水稻生长最主要的极端天气事件，会导致水稻产量下降、质量降低。据国家气候中心研判，2023年中国气候年景总体偏差，极端天气事件呈现出多发强发态势，南方地区可能会出现一些阶段性的持续高温现象，对水稻的产量和质量带来不利影响。此外，美国国家海洋和大气管理局（NOAA）及日本、澳大利亚、英国等国家的气象部门均预测，2023年厄尔尼诺现象出现的可能性越来越大，全球范围的极端高温等极端天气事件发生的风险加大。中长期看，中国及全球范围的极端天气事件发生频率和强度呈增加趋势，加剧了中国稻谷生产和市场的不稳定性。联合国政府间气候变化专门委员会（IPCC）第六次评估报告（AR6）指出，自 1950 年以来，全球各类极端高温和极端降水事件的频率和强度均有所增加，而且在未来几十年里这一趋势将进一步增强。

3.2 国内政策影响

一方面，水稻产业支持政策的实施效果存在不确定性。随着人工成本、农资价格等不断上涨，稻谷和大米价格持续低迷，最低收购价等农业支持政策的效果逐步减弱，稳定稻谷种植面积的难度越来越大。近年来，中国政府出台了水稻完全成本保险政策并不断扩大试点范围，但政策实施对保障农户收益、稳定水稻生产的效果还有待继续观察。另一方面，种植结构调整将对水稻生产带来不确定性。2022 年，中国粮食种植结构进行重大调整，扩种大豆和油料成为种植结构调整的重要任务，东北地区开始实施水稻改种大豆试点，适当调减低产低质低效和地下水超采区的井灌区水稻种植。根据 2022 年中央经济工作会议、中央农村工作会议等会议精神，扩种大豆是未来一段时期中国种植结构调整的重点工作之一，水稻种植面积仍有可能继续调减。同时，转基因玉米在中国商业化种植的可能性加大，玉米种植比较优势将有所增强，在玉米大豆争地、政府加力扩种大豆的背景下，稳定稻谷生产的难度加大。

3.3 国际市场变化

当前，世界粮食供给呈现出生产和出口高度集中、区域间供需失衡问题突出、粮食贸易主动权掌握在少数大国手中等特点，全球经济缓慢复苏、单边主义和贸易保护主义势力不断抬头等因素，将进一步加剧全球粮食不安全形势。未来一段时期，中国大豆、玉米仍存在产需缺口，稻谷和小麦供需总体基本平衡，由于稻谷与大豆等农产品同样存在进口来源高度集中的问题，极易遭受国际市场冲击。受产品消费替代、市场价格联动等因素影响，一旦部分粮食主产国和贸易大国因地缘政治危机、极端天气事件等导致粮食减产，容易引发其他国家采取出口限制、"囤粮"等贸易保护措施以及市场投机行为，扰动国际粮食和稻谷市场稳定，进而冲击国内稻谷和大米市场。

参考文献

陈静，唐振闯，程广燕，2020. 我国稻谷口粮消费特征及其趋势预测［J］. 中国农业资源与区划，41（4）：108-116.

段居琦，袁佳双，徐新武，等，2022. 对IPCC AR6报告中有关农业系统结论的解读［J］. 气候变化研究进展，18（4）：422-432.

国家统计局. 国家统计局关于2022年粮食产量数据的公告［EB/OL］.（2023-01-11）http://www.stats.gov.cn/tjsj/zxfb/202212/t20221209_1890914.html.

国家粮油信息中心课题组，2021. 中长期我国主要粮食品种供需趋势预测［J］. 中国粮食经济（9）：54-58.

郭金花，刘晓洁，吴良，等，2018. 我国稻谷供给与消费平衡的时空格局［J］. 自然资源学报，33（6）：954-964.

黄季焜，解伟，盛誉，等，2022. 全球农业发展趋势及2050年中国农业发展展望［J］. 中国工程科学，24（1）：29-37.

徐春春，纪龙，陈中督，等，2022. 2021年我国水稻产业形势分析及2022年展望［J］. 中国稻米，28（2）：16-19.

熊学振，杨春，2021. 中国粮食安全再认识：饲料粮的供需状况、自给水平与保障策略［J］. 世界农业（8）：4-12，32，119.

王晓君，何亚萍，蒋和平，2020."十四五"时期的我国粮食安全：形势、问题与对策［J］. 改革（9）：27-39.

周慧，2022. 2021/2022年我国稻谷市场供需形势与展望［J］. 中国粮食经济（3）：38-39.

武拉平，2022. 我国粮食损失浪费现状与节粮减损潜力研究［J］. 农业经济问题（11）：34-41.

第四章

小　麦

中国是世界上最大的小麦生产国和消费国，小麦稳产保供对中国的粮食安全至关重要。2022年小麦播种面积基本稳定，达35 278万亩（2 351.9万公顷），产量13 773万吨，与上年相比增长0.6%；消费量13 193万吨，与上年相比下降11.2%；进口量996万吨，与上年相比增长1.9%；普通小麦年度价格3.10元/千克，与上年相比上涨19.9%。展望未来10年，小麦播种面积稳中略降，单产稳步提高，产量将保持增长，消费量稳中有增，进口量呈下降趋势。预计2023年，小麦产量13 851万吨，与上年相比增长0.6%；消费量13 280万吨，增长0.7%；进口量1 000万吨，增长0.4%。预计2027年，小麦产量14 151万吨，与基期（2020—2022年3年平均值，下同）相比增长3.8%；消费量13 626万吨，下降3.0%；进口量764万吨，下降18.5%；出口量18万吨，增长33.0%。2032年，预计小麦产量14 390万吨，与基期相比增长5.6%，年均增长0.5%；消费量基本保持稳定，达14 130万吨，与基期相比略增0.6%，年均增长0.1%；进口量为602万吨，与基期相比减少35.8%，年均下降4.3%。

1 2022年市场形势回顾

1.1 产量略有增长

2022年小麦播种面积基本保持稳定，产量继续增长。中国高度重视粮食生产，深入实施"藏粮于地、藏粮于技"战略，培育优良小麦品种，改善小麦生产条件，提升小麦单产水平，各地区、各部门持续加大对粮食生产的支持力度，有力

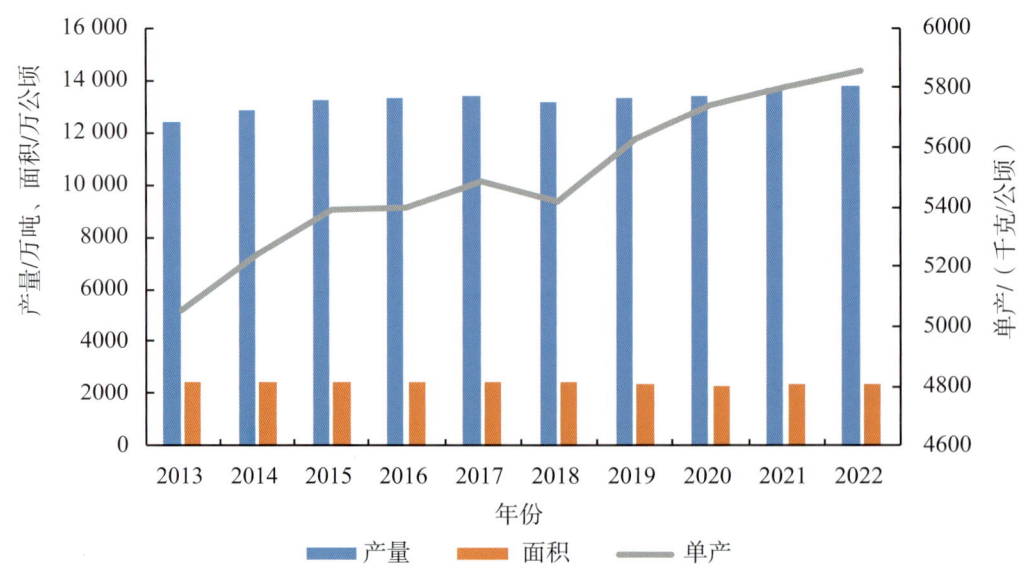

图4-1 2013—2022年中国小麦面积、单产和产量

（数据来源：国家统计局）

克服了罕见秋汛导致冬小麦晚播、局部发生新冠疫情等不利因素的影响。据国家统计局数据，2022年小麦播种面积35 278万亩（2 351.9万公顷），与上年相比下降0.2%；单产390千克/亩（5 850千克/公顷），增长0.8%；产量13 773万吨，增长0.6%（图4-1）。

1.2　消费有所下降

2022年，小麦饲用消费量变化是影响小麦消费总量最主要的因素。2022年小麦价格大幅上涨，小麦饲用替代优势下降，饲用消费量明显减少，消费总量有所下降。2022年中国小麦消费总量13 193万吨，与上年相比下降11.2%。其中，口粮消费为9126万吨，略减0.5%；饲用消费为1700万吨，大幅下降48.5%；工业消费基本保持稳定，为1220万吨，略增0.8%；随着小麦种子质量和播种技术水平的持续提升，种用消费量为579万吨，减少3.5%。

1.3　进口量再创新高

2020年以来，中国小麦进口量维持高位，原因在于中国面制品市场消费升级，对优质强筋、弱筋小麦消费需求增加，需通过进口调剂，以满足国内加工需要。海关总署统计数据显示，2022年进口小麦996万吨，再创新高，与上年相比增长1.9%；出口15万吨，增长82.5%。从进口来源看，中国小麦进口来源国前3位分别为澳大利亚、加拿大和法国。其中，澳大利亚小麦进口量大幅提升，与上年相比增长108.8%，占进口总量57.5%；加拿大小麦进口量减少29.5%，占进口总量18.0%；法国小麦进口量增长20.6%，占进口总量17.1%。

1.4　价格大幅上涨

2022年小麦价格整体呈上涨态势。上半年小麦价格快速上涨，尤其是在3月，受俄乌冲突影响，国际小麦价格大幅上涨，刺激国内小麦价格涨至历史高位，普通小麦市场收购价达3.24元/千克；4—6月，终端需求偏弱，且新麦陆续上市，制粉企业下调小麦收购价，小麦价格小幅回落至3.08元/千克。下半年小麦价格整体维持高位震荡态势。7月新麦集中上市后，小麦价格震荡上行，小麦和玉米价差扩大，小麦饲用替代优势减弱，9月小麦价格小幅回落。10—11月，受疫情多点散发影响，居民囤积面粉积极性提高，小麦市场购销活跃，小麦价格震荡上行。12月，面粉终端消费需求低迷，且部分制粉企业提前停止收购小麦，小麦价格再次下降。综合来看，1—12月，国内普通小麦平均收购价3.12元/千克，与上年相比涨19.6%；优质小麦平均收购价3.34元/千克，与上年相比涨14.4%（图4-2）。

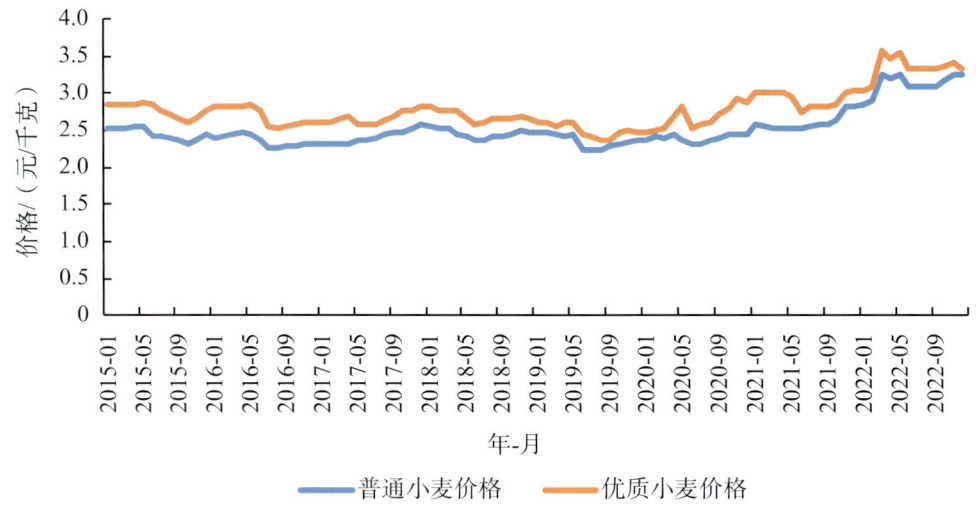

图 4-2　2015—2022 年国内小麦价格走势

（数据来源：中国郑州粮食批发市场）

2　未来 10 年市场走势判断

2.1　总体判断

产量逐年增长。小麦播种面积呈稳中略降趋势，单产稳步提高，产量保持增长。预计 2023 年，中国小麦播种面积为 35 278 万亩（2351.9 万公顷），与上年基本持平；产量增长至 13 851 万吨，与上年相比增长 0.6%。预计 2027 年，小麦播种面积 35 103 万亩（2340 万公顷），与基期相比略降 0.4%；产量 14 151 万吨，与基期相比增长 3.8%。预计 2032 年，小麦播种面积 35 082 万亩（2339 万公顷），与基期相比下降 0.4%；产量 14 390 万吨，与基期相比增长 5.6%，年均增长 0.5%。

消费量稳中略增。预计 2023 年，小麦消费量达 13 280 万吨，与上年相比增长 0.7%。由于小麦饲用消费持续回落，预计 2027 年小麦消费量为 13 626 万吨，与基期相比下降 3.0%。2032 年，随着小麦工业消费量的逐步增加，小麦消费量有望增加至 14 130 万吨，与基期相比增长 0.6%，年均增长 0.1%。

进口量逐年下降。随着小麦产业结构的不断优化以及优质小麦品种的培育和推广，对进口优质小麦依赖度下降，小麦进口量有望逐年回落。预计 2023 年小麦进口保持高位，接近 1000 万吨。到 2027 年，小麦进口量将减至 764 万吨，与基期相比下降 18.5%。2032 年，小麦进口量将进一步减至 602 万吨，与基期相比下降 35.8%，年均下降 4.3%。

价格以稳为主。预计 2023 年之后，小麦供需市场逐渐恢复稳定，从短期来看，小麦连年丰产，供应充足，小麦消费基本保持稳定，小麦市场整体供给量大于需求量，预计小麦价格弱势运行。从中长期来看，小麦最低收购价政策连续两年未启动，在全部市场化收购的情况下，小麦价格主要受供需基本面影响，突发因素对小麦市场影响力逐渐减弱，小麦市场价格波动空间变窄，预计小麦价格以稳为主。

2.2 生产展望

播种面积呈稳中略降趋势。随着中国城镇化、工业化、生态化水平不断提高，农业生产结构持续优化，小麦播种面积将呈逐年下降趋势，但小麦作为中国的主粮作物，基本以稳为主。预计2023年小麦播种面积为35 261万亩（2351万公顷），与上年相比基本持平。未来10年，小麦播种面积将稳定在35 000万亩（2333万公顷）以上，预计2027年小麦播种面积为35 103万亩（2340万公顷），与基期相比略降0.4%；2032年小麦播种面积保持基本稳定，为35 082万亩（2339万公顷）（图4-3）。

单产稳步提高。中国是人口大国，粮食需求旺盛，因此，小麦生产一直以高产、稳产作为主要目标，单产水平的高低成为衡量小麦生产技术的重要指标。随着生产技术不断改善，小麦单产水平稳步提升。中国因地制宜推广高产品种和先进栽培技术，根据各主产区的土壤和气候条件，进行精准化生产和管理，良种配套良法，共同提高小麦单产水平。预计2023年，中国小麦单产达393千克/亩（5 895千克/公顷），与上年相比略增0.6%；2027年，中国小麦单产水平将提升至403千克/亩（6 045千克/公顷），与基期相比增长4.2%；预计2032年，中国小麦单产水平可达410千克/亩（6 150千克/公顷），增长6.1%，年均增长0.6%。

产量逐年增长。中国小麦连年丰收是两方面共同作用的结果：一是通过政策引导，稳定小麦播种面积；二是通过生产技术水平的提高，提升小麦单产水平。近

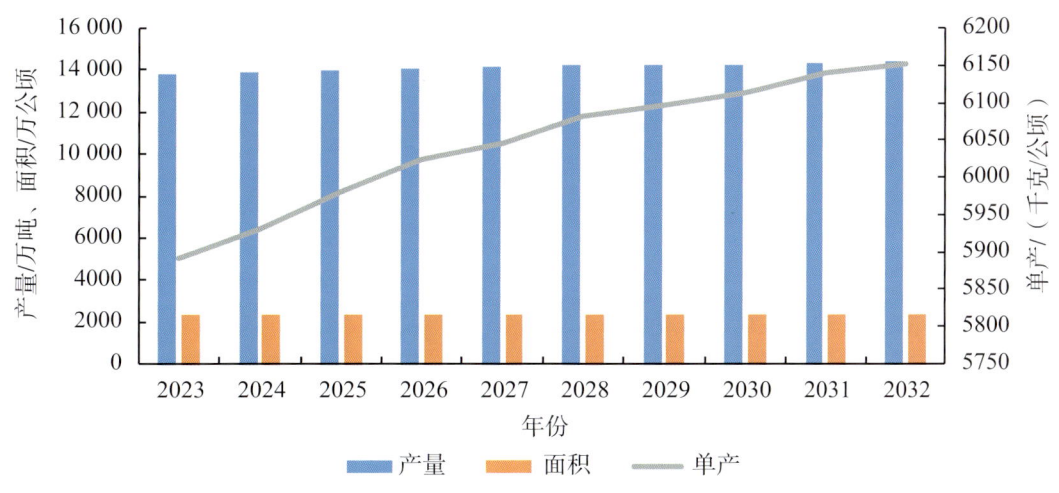

图4-3　2023—2032年中国小麦面积、单产和产量

（数据来源：2023—2032年数据为中国农业科学院农业信息研究所CAMES模型系统预测）

年来，国家政策对粮食生产的支持力度加大，例如，2022年，在面临疫情、灾情等诸多不确定性因素的情况下，中国仍能实现逆势丰收，主要得益于中央财政对粮食生产的大力支持，包括向实际种粮农民合计发放一次性补贴、安排专项资金支持夏粮促壮稳产等。2023年冬小麦播种顺利，生长期间气候和土壤墒情均适宜，苗情较好，小麦有望仍能实现连续丰产。预计未来10年中国小麦产量呈逐年增加态势。2023年小麦产量预计达13 851万吨，与上年相比增长0.6%；2027年预计增长至14 151万吨，与基期相比增长3.8%；2032年达14 390万吨，与基期相比增长5.6%，年均增长0.5%。

2.3 消费展望

口粮消费量基本稳定，在消费总量中占比略降。随着中国居民消费水平提升，饮食结构持续优化，烘焙休闲类面制食品消费增加，小麦口粮消费量略增，但在消费总量中占比略降。预计2023年口粮消费量为9199万吨，占小麦消费总量的69%，与上年相比略增0.8%；2027年将增至9 268万吨，占比68%，与基期相比增长1.4%；2032年增至9 327万吨，占比66%，与基期相比增长2.1%，年均增长0.2%（图4-4）。

工业消费增长显著。近年来，中国小麦深加工产业快速发展，小麦工业消费增长显著。未来10年，小麦用于加工淀粉、谷朊粉、白酒、啤酒和调味品等产品的数量预计会有所增长，尤其是谷朊粉已广泛地应用于火腿肠、植物肉等食品以及饲料、医药、制造等工业领域。预计2023年，小麦工业消费达1242万吨，与上年相比增长1.8%；2027年，将增至1556万吨，与基期相比增长28.9%；预计2032年，小麦工业消费达2041万吨，与基期相比增长69.2%，年均增长5.4%。

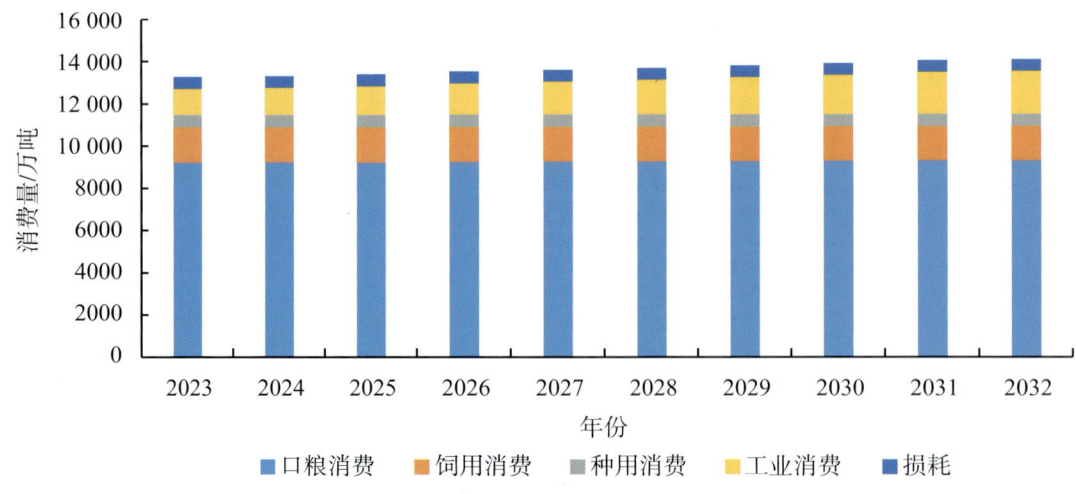

图4-4　2023—2032年中国小麦消费构成

（数据来源：2023—2032年数据为中国农业科学院农业信息研究所CAMES模型系统预测）

饲用消费持续回落。2020—2021年，基于养殖业恢复和玉米深加工扩产的带动，中国玉米供应偏紧，玉米价格持续上涨，小麦饲用替代优势明显，小麦饲用消费大幅增加。但随着小麦价格持续上涨，玉米价格回落，小麦玉米比价关系回归正常，2022年小麦饲用消费大幅下降。未来10年，预计小麦饲用消费仍将维持小幅回落趋势，在小麦消费总量中占比12%~13%。预计2023年小麦饲用消费为1689万吨，与上年相比小幅下降0.6%；预计2027年为1658万吨，与基期相比下降34.6%；预计2032年为1632万吨，与基期相比下降35.6%，年均下降4.3%。

种用消费下降。随着种子质量提高和播种面积下降，种用消费也将下降。预计2023年小麦种用消费583万吨，与上年相比略降0.6%；预计2027年，种用消费579万吨，与基期相比下降2.1%；预计2032年为571万吨，与基期相比下降3.4%，年均下降0.3%。

损耗量持续下降。随着中国小麦全产业链管理和技术水平的提升，小麦损耗将持续降低，预计2023年小麦损耗566万吨，与上年相比持平略减0.3%；预计2027年损耗566万吨，与基期相比下降1.5%；预计2032年为557万吨，与基期相比下降3.0%。

2.4 贸易展望

进口量呈下降趋势。2020—2022年中国小麦进口量处于历史高位，基本实现满配额进口，主要是因为国内优质专用小麦需求旺盛，同时国外小麦在价格方面具有优势。2023年之后，随着中国小麦产业结构的优化，优质小麦种植面积和产量的增加，专用品种小麦数量增多，预计小麦进口量总体呈下降趋势，但仍高于2020年之前的进口水平。预计2023年小麦进口量接近1000万吨，与上年基本持平；2027年进口量将减至764万吨，与基期相比下降18.5%；2032年将继续减至602万吨，与基期相比下降35.8%，年均下降4.3%。

2.5 价格展望

价格保持较高水平稳定运行。2022年小麦市场影响因素众多，但随着新冠疫情结束、地缘冲突影响减弱等，中国小麦市场行情将逐渐回归供需面，在小麦产量增加，消费水平基本保持稳定的情况下，预计2023年小麦价格弱势运行，但仍处于较高水平。从中长期看，小麦库存处于较高水平，供需格局宽松，小麦市场大幅波动可能性较小，预计维持高位稳定运行趋势。同时在市场收购价高于最低收购价的情况下，市场导向作用充分发挥，小麦生产结构将不断优化，优质优价特征愈加明显。

3 不确定性分析

3.1 气候因素

气候变化正在影响农业生态系统。气候变化既可以直接导致作物产量降低，也能通过影响作物病虫害等其他生物因素而间接影响作物产量。气候变化对小麦生产的影响主要体现在三方面：一是小麦生产不稳定性增加；二是影响小麦生产结构；三是改变小麦病虫害发生规律。如罕见三重拉尼娜现象，对中国农业生产造成的不利影响主要体现在两方面：一是北方暴雨洪涝灾害，不利于农作物的收获和播种；二是南方干旱灾害，影响农作物的生长。据国家气候中心预计，未来极端天气事件总体呈现多发、强发趋势，复合型极端事件发生概率和风险也将持续增加。未来10年，极端气候挑战仍是影响小麦生产的主要不确定性因素。

3.2 市场因素

一是资本炒作影响。近两年小麦价格持续上涨，市场主体普遍看好后市，在利益驱动下，资本进入小麦市场，资本的过度参与会助长市场炒作风气。二是粮食价格联动影响。2020年以来，小麦和玉米价格联动尤为明显，玉米价格波动对小麦的价格和消费结构造成较强的带动作用。三是国际市场影响。2022年3月，俄乌冲突暴发之后，即使黑海小麦出口受阻也并不影响中国小麦供给和贸易情况，但国际小麦价格上涨仍带动中国小麦价格涨至阶段性高位。未来10年，资本炒作、粮食价格联动及国际小麦市场价格等因素仍将影响中国小麦市场。

参考文献

国家统计局. 国家统计局关于2022年粮食产量数据的公告［EB/OL］.（2023-01-11）［2023-02-06］. http://www.stats.gov.cn/tjsj/zxfb/202212/t20221209_1890914.html.

唐毅青，2021. 农村居民食品消费结构的时变演化机制与区域特征［J］. 商业经济研究，814（3）：131-135.

曾国军，梁月和，徐雨晨，2022. 中国城乡居民食品消费结构变迁研究［J］. 数量经济研究，13（1）：54-72.

李圣军，2022. 新时期小麦保供稳市面临挑战及对策建议［J］. 粮食问题研究（3）：12-15.

刘锐，刘晶晶，李湘钰，等，2022. 我国小麦生产效益提升的产业化经营模式研究［J］. 食品科技，47（9）：151-155.

第五章

玉 米

1991年玉米产量首次超过小麦，2011年超过水稻，成为我国第一大粮食作物，是重要的饲料和工业原料。2022年，我国玉米播种面积64 605万亩（4307万公顷），较上年减少0.6%，单产429.1千克/亩，比上年增长2.3%，产量27 720万吨，比上年增长1.7%；消费量28 759万吨，比上年增加2.0%；进口量2062万吨，较上年减少27.3%；价格保持高位运行，主产区批发均价2703元/吨，较上年跌1.3%，主销区2943元/吨，跌1.2%。展望期内，预计播种面积稳中有增，单产提升，产量不断增加，消费量保持增长，增速放缓，进口量逐步回落后趋稳。预计2023年，玉米播种面积64 850万亩（4323万公顷），比上年增长0.4%，产量28 087万吨，比上年增长1.3%；消费量29 178万吨，比上年增长1.5%；进口量1950万吨，比上年下降5.4%；产区批发均价保持高位，在2.55~2.75元/千克区间内波动。2027年，播种面积将达到65 840万亩（4389万公顷），比基期（2020—2022年3年平均值，下同）增长3.2%，产量将达到30 352万吨，增长12.4%；消费量30 911万吨，增长8.1%；进口量850万吨，减少57.7%。2032年，播种面积将达到65 905万亩（4394万公顷），比基期增长3.3%，年均增长0.3%，产量32 869万吨，比基期增长21.7%，年均增长2.0%；消费量33 235万吨，比基期增长16.2%，年均增长1.5%；进口量685万吨，比基期减少65.9%。

1　2022年市场形势回顾

1.1　产量创历史新高

　　2022年国家开始实施大豆和油料产能提升工程，大力推行"稳口粮、稳玉米、扩大豆、扩油料"政策，在黄淮海、西北、西南地区推广大豆玉米带状复合种植，玉米播种面积基本保持稳定，单产增长，产量稳中略增，进口需求较上年明显降低。

　　各级地方政府党政同责，扩种大豆油料的同时，高度重视玉米生产，尽管南方遭受了历史罕见的高温热害干旱，但春播以来，大部分产区光、温、水条件良好，总体有利于玉米生长发育，尤其东北部分产区单产因降水充沛创历史新高。据国家统计局数据，2022年，中国玉米播种面积64 605万亩（4307万公顷），较上年减少0.6%；单产429.1千克/亩，比上年增长2.3%；产量27 720万吨，比上年增长1.7%（图5-1）。

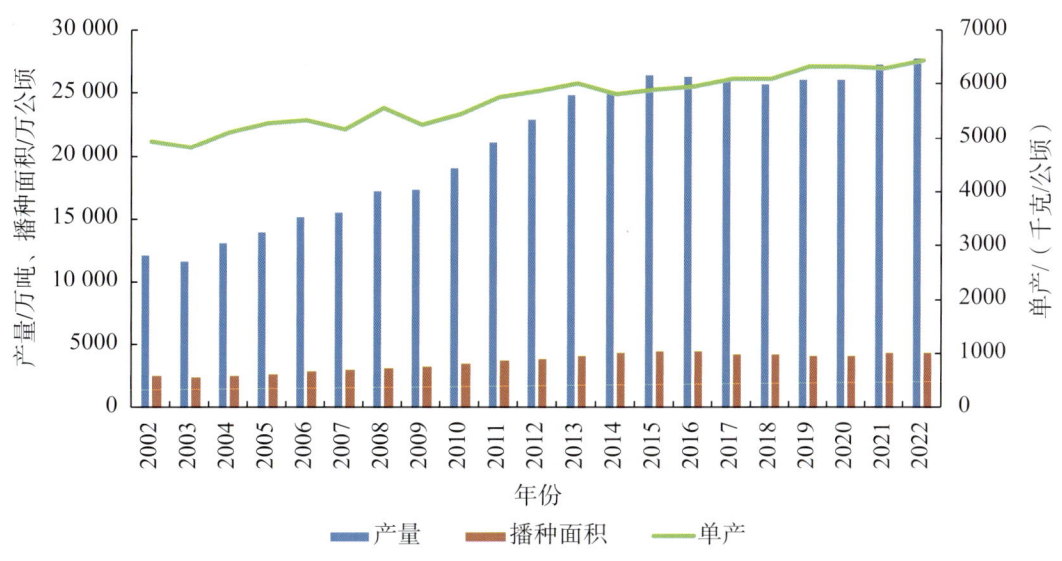

图 5-1　2002—2022 年中国玉米产量、播种面积和单产

（数据来源：国家统计局）

1.2　消费量小幅增加

饲用消费量小幅增加。2022年，全年生猪出栏量7.00亿头，比上年增长4.3%；12月能繁母猪存栏环比增长0.6%，同比增长1.4%，为正常保有量的107%。生猪产能保持高位，支撑了玉米饲用消费。据中国饲料工业协会数据，2022年，全国工业饲料产量累计共30 223万吨，创历史新高，较上年增长3.0%。2022年国内生猪价格低开高走，国内能繁母猪存栏自2022年5月后开始环比增长，下半年生猪养殖利润高企，养殖端补栏积极性不断提升。

近年来饲料价格不断上涨，终端畜牧养殖的饲料成本压力增加。农业农村部大力推进玉米豆粕减量替代后，小麦、糙米等能量饲料使用率明显提升，2022年由于小麦价高导致饲用消费替代大幅减少，2022年9月底定向稻谷停拍，替代品的供应有所减少。糙米与玉米价差相对平稳，替代品优势逐步削弱，玉米的饲用需求稳步回升。同时，2022年，中国进口大麦和高粱共1590万吨，较上年减少27.4%，玉米饲用性价比进一步突显。2022年，玉米饲用消费量18 500万吨，较上年增长2.8%。

工业消费量先增后减。近5年来，国内玉米深加工产能不断释放，在2019年达到阶段性消费高点。2022年上半年，国内深加工产品价格走势相对偏强。但下半年受新冠疫情、经济环境等因素影响，国内深加工淀粉、乙醇等终端消费表现较为疲软，下游走货始终不畅。2022年三季度，玉米淀粉生产利润跌至近5年低点，淀粉开工率降至3年同期最低。四季度，国内需求增长乏力，企业加工利润依旧低迷，开工率维持偏低水平。截至12月末，全国淀粉企业开工率57.9%，乙醇企业开工率57%。2022年，玉米工业消费量8100万吨，较上年增长1.3%。

1.3 进口量减额增

受全球粮价上涨削减玉米进口利润、饲料粮减量替代政策等因素影响，中国玉米进口量大幅减少但成本大增。据海关总署数据，2022年，中国进口玉米2062万吨，较上年减少27.3%，进口单价344美元/吨，较上年上涨22.0%。从玉米进口来源国看，2022年，中国进口美国玉米占总进口量的72.1%，比上年下降2.2个百分点，受乌克兰危机冲击，进口乌克兰玉米占我国玉米进口份额降至25.5%，比上年下降3.5个百分点（图5-2）。

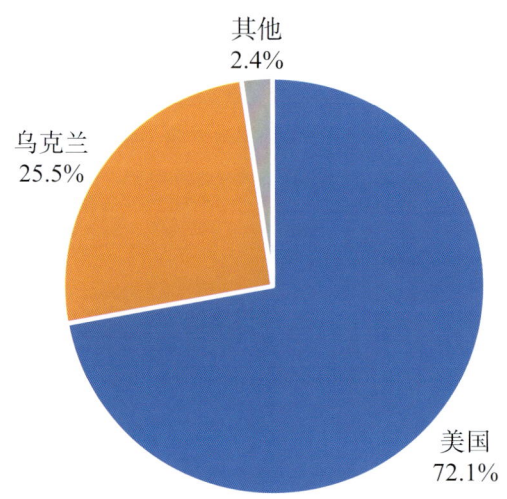

图 5-2　2022年中国玉米进口主要来源地及份额

（数据来源：海关总署）

1.4 价格保持高位运行

2022年，玉米主产区、主销区批发均价分别为2.70元/千克、2.94元/千克，分别较上年下跌1.3%、1.2%。大商所玉米期货主力合约收盘价4月冲至年内高点，达3.03元/千克，比1月上涨9.4%，同比上涨10.6%；12月为2.82元/千克，比4月下跌6.8%，同比上涨5.5%（图5-3）。

1—4月，玉米在售粮节奏平稳的情况下，因宏观市场对原材料预期看涨及乌克兰危机冲击农产品供应链等因素驱动，价格快速上行。5—7月，国内市场由于前期价格上涨过快，玉米提货不畅、库存累积，巴西玉米输华协议落地进一步提高了供应增加预期，叠加养殖利润减少、国际主要经济体开始加息，玉米价格连续下行。8—10月，东北部分地区洪涝灾害和华中地区干旱增加了市场减产预期，加之黑龙江早熟品种减少、当地地租和农资成本提升，新粮价格高开。11—12月，新冠疫情封控、农户惜售和天气原因推迟新粮上市节奏，玉米价格有所上涨，但后期在物流恢复、天气降温利于脱粒、养殖行业利润萎缩、工业需求依然偏弱等因素作用下，价格再度小幅下行（图 5-3）。

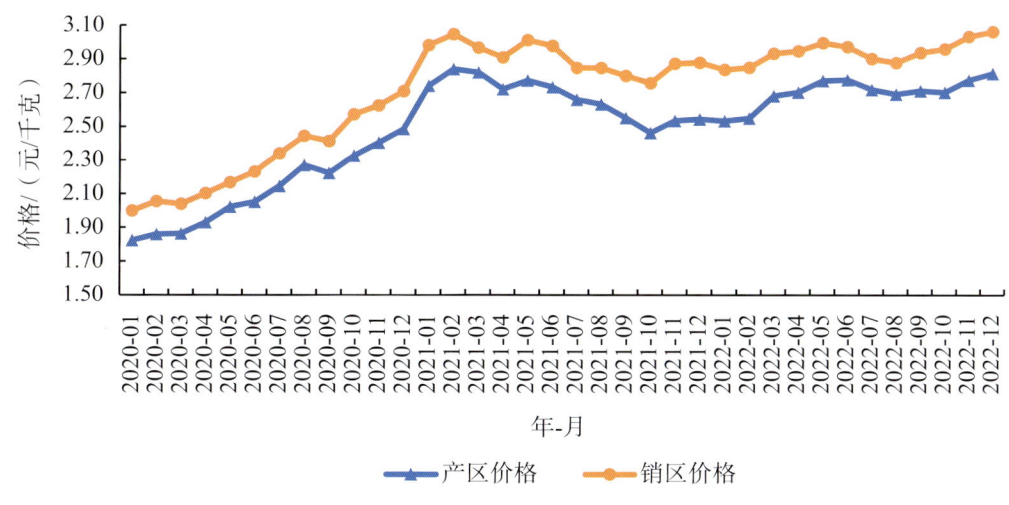

图 5-3　2020—2022 年中国玉米产销区平均批发价格

（数据来源：根据国家粮油信息中心、中华粮网、中国玉米市场网等数据整理）

2　未来 10 年市场走势判断

2.1　总体判断

短期来看，农民种植玉米的积极性较高，预计玉米播种面积增加，单产水平小幅提升，产量将继续增长；饲料和深加工需求保持增长势头，玉米消费总体将小幅增长，国内玉米市场供需维持偏紧状态；进口量将有所减少。预计 2023 年玉米播种面积 64 850 万亩（4 323 万公顷），比上年增长 0.4%，产量 28 087 万吨，比上年增长 1.3%；消费量 29 178 万吨，比上年增长 1.5%；进口量 1950 万吨，比上年下降 5.4%；玉米产区批发均价保持高位运行，在 2.55~2.75 元 / 千克区间内波动。

长期来看，随着玉米单产提升工程实施，生物育种技术不断提高，玉米产量有望在保持面积稳定的情况下继续增长。玉米饲用消费需求稳定增长，工业消费有所增加，但玉米消费总体慢于产量增长，玉米产需缺口逐步缩小，进口量将持续回落。预计 2027 年玉米播种面积将达到 65 840 万亩（4389 万公顷），比基期增长 3.2%，产量将达到 30 352 万吨，增长 12.4%；消费量 30 911 万吨，增长 8.1%；进口量 850 万吨，减少 57.7%。2032 年，玉米播种面积将达到 65 905 万亩（4394 万公顷），比基期增长 3.3%，年均增长 0.3%，产量 32 869 万吨，比基期增长 21.7%，年均增长 2.0%；消费量 33 235 万吨，比基期增长 16.2%，年均增长 1.5%；进口量 685 万吨，降至配额水平以下，比基期减少 65.9%。

2.2 生产展望

播种面积稳中有增。2023年我国继续高度重视粮食生产，全力以赴再夺粮食丰收，细化粮食生产目标任务，分品种压实种植面积，以大豆、玉米为重点启动主要粮油作物单产提升工程，健全防灾减灾机制，充分调动农民和新型农业经营主体的种粮积极性，确保全年粮食产量保持在1.3万亿斤（6.5亿吨）以上。市场方面，玉米种植收益较好，农户续种积极性较高，玉米面积有望稳中有增。预计2023年，玉米播种面积64 850万亩（4323万公顷），比上年略增0.4%，2027年达到65 840万亩（4389万公顷），较基期增长3.2%，2032年达到6 5905万亩（4394万公顷），较基期增长3.3%，年均增长0.3%（图5-4）。

单产水平继续提高。2023年中央一号文件提出，"实施玉米单产提升工程""加快玉米大豆生物育种产业化步伐，有序扩大试点范围，规范种植管理"，随着高标准农田建设持续推进，良种种植面积增加，玉米种植密度、出苗整齐度和籽粒成熟度提升，单产水平将继续提高。2023年，玉米单产433千克/亩（6495千克/公顷），比上年增长0.9%，2027年达到461千克/亩（6915千克/公顷），较基期增长8.9%，2032年达到499千克/亩（7485千克/公顷），较基期增长17.8%，年均增长1.7%（图5-4）。

产量不断增加。因玉米播种面积稳中有增、单产稳步提高，产量保持增长。2023年，玉米产量28 087万吨，比上年增长1.3%，2027年达到3 0352万吨，较基期增长12.4%，2032年达到3 2869万吨，较基期增长21.7%，年均增长2.0%（图5-4）。

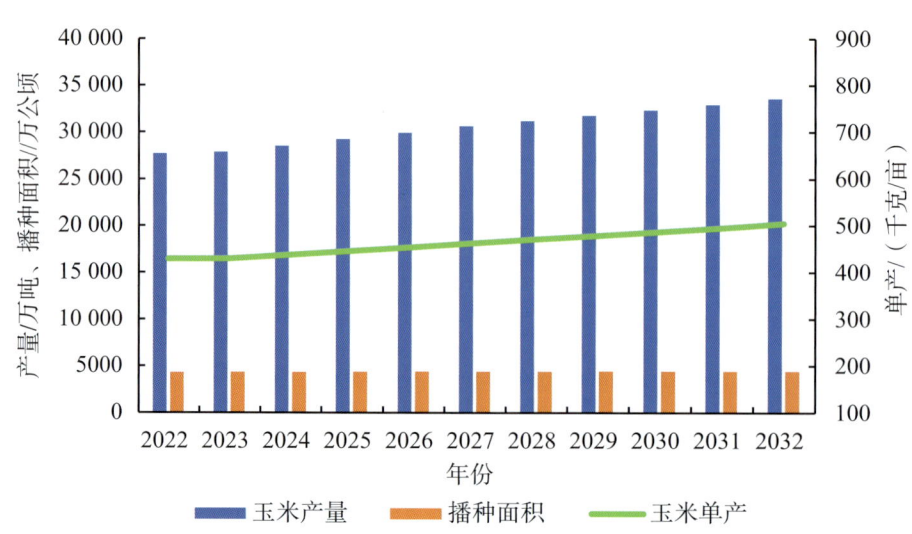

图5-4 2022—2032年中国玉米产量、播种面积和单产变化

（数据来源：2023—2032年数据为中国农业科学研究院农业信息研究所CAMES模型系统预测）

2.3 消费展望

未来10年，玉米消费量稳步增加。预计2023年玉米消费量29 178万吨，较上年增长1.5%。2027年为30 911万吨，较基期增长8.1%，2032年为33 235万吨，较基期增长16.2%，年均增长1.5%，产需关系持续转宽松（图5-5）。

口粮消费稳步增加。随着消费者健康意识的不断增强，膳食纤维含量高、热量低、易饱腹的鲜食玉米将成为消费者日常主食和代餐的选择之一，推动鲜食玉米产业稳步发展。预计2023年，中国玉米口粮消费量991万吨，较上年增长1.1%。2027年为1060万吨，较基期增长9.8%。2032年达到1153万吨，较基期增长19.5%，年均增长1.8%（图5-5）。

饲用消费有所增加。生猪存栏处于高位，蛋禽存栏水平也将提升，而目前华南地区玉米库存处于近3年低位，随着规模养殖比例加大，配合饲料耗用量将保持刚性增长，预计玉米饲用消费量保持增长，但随着饲料中玉米豆粕减量替代工作方案持续推进，饲用消费增长将有所减速。预计2023年，国内玉米饲用消费量将达到18 778万吨，比上年增长1.5%。2027年进一步增加到19 930万吨，比基期增长8.5%。2032年将达到21 470万吨，比基期增长16.9%，年均增长1.6%（图5-5）。

深加工消费稳步增长。玉米深加工行业集中度将进一步提高，格局也将进一步调整优化。受下游需求恢复增长和消费升级影响，个性化、场景化、差异化的专用玉米加工产品市场需求将增大，功能型高端食品添加剂产品的优势将显现，玉米深加工整体消费需求将稳步增长。预计2023年，玉米工业消费量将达到8238万吨，比上年增长1.7%。2027年将增加到8778万吨，比基期增长9.0%。2032年将达到9503万吨，比基期增长18.0%，年均增长1.7%（图5-5）。

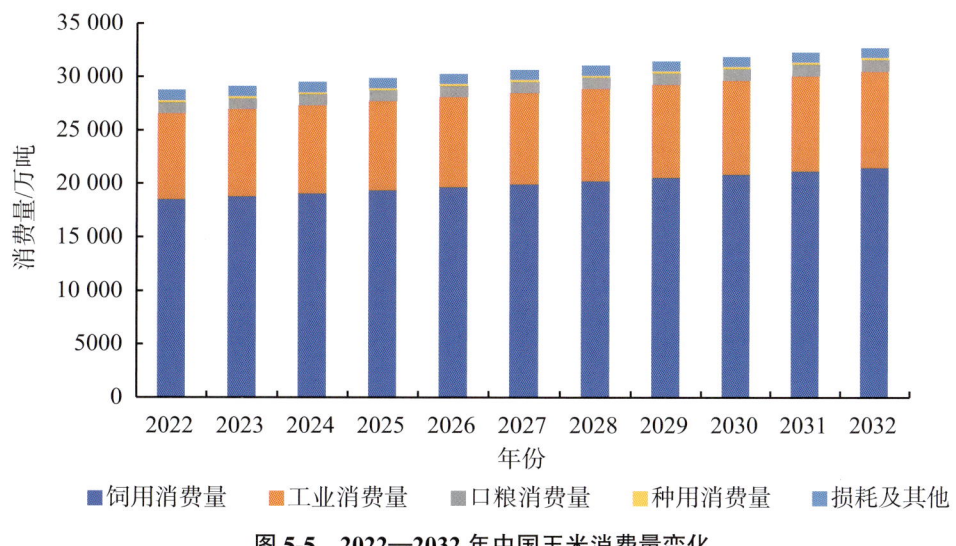

图5-5　2022—2032年中国玉米消费量变化

（数据来源：2023—2032年数据为中国农业科学研究院农业信息研究所CAMES模型系统预测）

2.4 贸易展望

进口总体呈减少趋势。美玉米进口成本较高，占中国进口总量比重将进一步下降，玉米进口来源国结构将继续优化。1—2月，进口配额外65%关税的美国玉米运抵中国南方港口到岸税后价格平均为4.49元/千克，比国内玉米到港价高1.48元/千克，导致饲料企业普遍选择减少买船数量，转向其他谷物。欧盟玉米减产较多，巴西玉米输华面临欧洲进口竞争，自乌克兰玉米采购不确定性较大，总体看国内玉米进口量将有所下降。预计2023年，玉米进口量1950万吨，比上年下降5.4%。展望期内，中国玉米产需关系由偏紧转向基本平衡，进口量将持续减少。2027年下降到850万吨，较基期下降57.7%。2032年为685万吨，比基期下降65.9%，玉米自给率将达到96.9%。

2.5 价格展望

2023年玉米价格高位震荡运行。上半年，国内玉米市场仍存在一定产销缺口，价格预计平稳运行。下半年，随着深加工、饲料养殖终端消费回暖有望带动玉米消费增加，由于产不足需，玉米价格总体将震荡上行。2023年，玉米产区批发均价将保持高位，在2.55~2.75元/千克区间内波动。但中长期看，展望期内玉米产需关系持续转宽松，考虑到通货膨胀的因素，玉米价格将高位震荡下行。

3 不确定性分析

3.1 气候因素

据中国气象局预测，2023年全国气候年景总体偏差，极端天气事件仍然呈现出多发、强发态势。长期看，国家气候中心认为未来我国气候变化持续存在，极端天气事件将会更加频繁、更加严重，降水更趋于极端化。未来中国平均集中降雨呈现期也会从目前的50年一遇变为20年一遇，极端干旱事件将从目前50年一遇变为32年一遇，也将严重冲击玉米贮藏。全球范围内，高纬度地区，冰层和冰盖的变化加剧了极地气候变化，从而增强了2023年全球气候的不确定性；中纬度地区，在北极极地漩涡冷热变化的剧烈作用下，极地气流南下，形成寒潮天气，美国大部分地区和欧洲平均气温比正常情况下更冷，美国东部和欧洲大部分地区的降水量比平均水平更高，尤其美国从得克萨斯州到缅因州都会迎来大范围雨雪天气。低纬度区域，将大概率发生拉尼娜到厄尔尼诺的转向，对全球气候格局产生重大影响。

3.2 国际环境因素

全球粮食供需总体保持平衡，但极端天气导致品种间分化明显，玉米产需关系偏紧。美欧持续大幅加息后，世界经济衰退风险加大，可能导致金融危机再现，引发粮食等大宗商品价格暴跌。乌克兰危机仍在持续发酵，《黑海港口农产品外运协议》执行存在变数，印度等国出口限制政策不时掀起波澜，全球农产品贸易秩序动荡频发，给国际粮食市场带来较大不确定性、不稳定性。一旦这些影响同向叠加，后期国际粮食价格既有继续高位攀升的可能，又存在断崖式下跌的风险。

参考文献

国家统计局. 国家统计局关于2022年粮食产量数据的公告［EB/OL］.（2023-01-11）［2023-02-06］. http://www.stats.gov.cn/tjsj/zxfb/202212/t20221209_1890914.html.

唐毅青, 2021. 农村居民食品消费结构的时变演化机制与区域特征［J］. 商业经济研究, 814（3）: 131-135.

国家粮油信息中心课题组, 2021. 中长期我国主要粮食品种供需趋势预测［J］. 中国粮食经济（9）: 54-58.

黄季焜, 解伟, 盛誉, 等, 2022. 全球农业发展趋势及2050年中国农业发展展望［J］. 中国工程科学, 24（1）: 29-37.

中共中央 国务院. 中共中央 国务院关于做好2022年全面推进乡村振兴重点工作的意见［EB/OL］.（2022-02-22）［2023-02-20］. http://www.news.cn/politics/zywj/2022-02-22/c_1128406721.htm.

第六章

大豆及油脂油料

1 大豆

大豆是中国重要的粮食和油脂兼用作物之一，也是最主要的动物蛋白饲料原料，是关系国计民生的基础性、战略性农产品。2022年大豆播种面积15 366万亩（1024万公顷），平均单产132千克/亩（1980千克/公顷），产量2029万吨；消费量10 855万吨；进口量9108万吨。预计在各项政策支持下，2023年大豆种植面积15 850万亩（1057万公顷），比上年增长484万亩（32万公顷），产量2171万吨，增长142吨；消费量11 168万吨，增长313万吨；进口量9302万吨，增长194万吨；国产大豆价格预计稳中偏弱。展望未来10年，国内大豆种植面积将逐年扩大，单产和品质持续提升，产量呈增加趋势，消费需求保持增加，进口量略有下降。预计2027年大豆种植面积和产量分别达到17 564万亩（1171万公顷）和2793万吨，与基期（2020—2022年3年平均值，下同）相比分别增长23.1%和48.9%；消费量11 540万吨，与基期相比增长2.9%；进口量8653万吨，与基期相比减少9.8%。2032年大豆种植面积和产量分别达到20 084万亩（1339万公顷）和3675万吨，与基期相比分别增长40.7%和95.9%，年均增长率分别为3.5%和7.0%；消费量11 947万吨，与基期相比增长6.5%，年均增长率0.6%；进口量8356万吨，与基期相比减少12.9%，年均降速1.4%。大豆自给率稳步提高，食用大豆完全能够自给，大豆市场价格长期稳中略升。

1.1 2022年市场形势回顾

1.1.1 产量大幅增加

中国大豆产量在2017年之后波动性增长，至2020年达到1900万吨以上，2021年下降至1640万吨。受大豆种植效益提升和各项政策的驱动，东北地区积极扩种大豆，推行大豆玉米合理轮作，在黑龙江部分地下水超采区、寒地井灌区推进水改旱、稻改豆试点，黄淮海、西北、西南地区推广大豆玉米带状复合种植，2022年大豆种植面积增加较多。因产区大部分气象条件总体利于大豆生长发育和产量形成，尽管东北部分地区出现降水偏多、土壤渍涝现象，华北、黄淮部分地区出现高温少雨情况，但对大豆产量形成影响有限，2022年大豆单产与上年相比有所增长。由于大豆种植面积和单产均增长，产量也随之大幅增加。其中，黑龙江产区各地单产不同程度增加，但其大部分地区受气候影响大豆蛋白含量多数为38%~39%，较往年整体下滑2个百分点左右；而黄淮海及南方产区除湖北中熟豆受夏季高温干旱影响有所减产外，鲁、豫、皖、苏等地基本实现丰产，大豆蛋白含量普遍为42%~44%，颗粒度饱满，整体单产、品质均优于2021年水平。据国家统计局数据，2022年全国大豆种植面积15 366万亩（1024万公顷），与上年相比增长21.7%；平均单产132千克/亩（1980千克/公顷），增长1.6%，产量2 029万吨，增长23.7%（图6-1）。2022年国产大豆产量增加，中国大豆自给率提高了3个百分点。

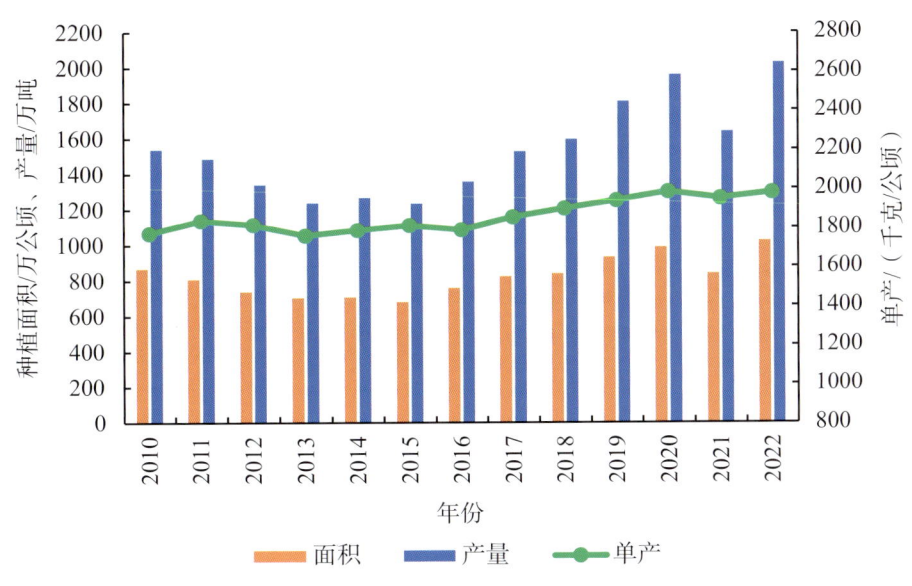

图6-1　2010—2022年中国大豆种植面积、单产及产量

（数据来源：国家统计局）

1.1.2　消费量下降

多年来，中国大豆消费形成了压榨需求和食用需求两个主要的应用方向，进口大豆主要用于压榨领域，国产大豆主要用于豆制品加工等食用领域。随着中国人口的增加和收入水平的提高，对于油脂和肉蛋奶的需求也在不断增加，因此大豆压榨消费增加较快，2018—2022年均占大豆消费量的85%左右。制作各种豆制品、酿造酱油和提取蛋白质等大豆食用消费属刚性需求，消费量通常较稳定。种用等其他消费以及损耗占比较小。2022年中国大豆消费量连续第二年下降，主要体现在压榨和食用消费量下降。2022年中国大豆消费量1.09亿吨，与上年相比减少2.1%。压榨消费方面，由于国内生猪养殖效益不佳且养殖行业推广低蛋白饲料，豆粕需求下降，加上进口大豆成本上升，国内压榨企业加工利润不理想，压榨消费量下滑。大豆压榨消费9 182万吨，与上年相比减少2.5%。食用消费方面，受新冠疫情影响，国内餐饮及旅游行业受冲击较为明显，生鲜豆制品及休闲豆制品消费减少，而国产大豆价格总体偏高使得豆制品加工企业利润空间收窄，叠加部分区域中小企业受环保政策影响长时间停产，下游行业整体开工率不高，国内食用大豆消费减少。大豆食用消费1 300万吨，与上年相比减少0.9%。种用消费84万吨，与上年相比略增。其他消费及损耗量289万吨，与上年相比增长7.0%（图6-2）。

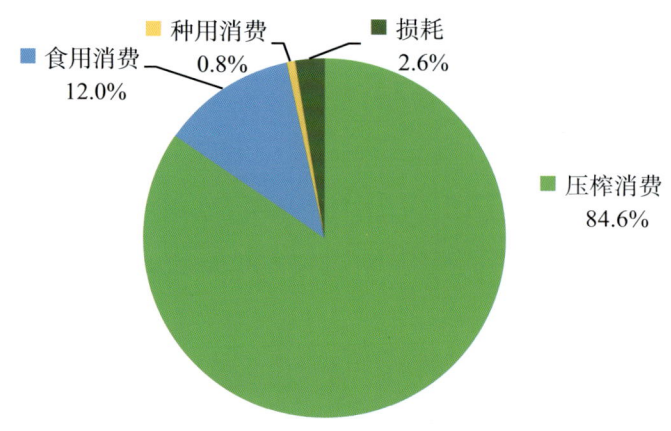

图 6-2　2022 年中国大豆消费结构

（数据来源：国家农业科学数据中心）

1.1.3　进口量下降

中国是养殖业大国，饲用豆粕生产原料主要依赖国际市场，这也是中国大豆进口量较大的主要原因，2020 年中国大豆进口量曾超过 1 亿吨。2022 年，受国际大豆价格攀升，养殖行业积极推行"低蛋白日粮"饲料技术，以及国内通过"扩大豆、扩油料"等政策增加供给等因素的影响，大豆进口量由 2020 年高峰时的 1 亿吨下降至 9000 多万吨。据海关总署统计，2022 年中国大豆进口量 9108 万吨，与上年相比减少 5.6%（图 6-3），这也是中国大豆进口量连续第二年下降；进口额 612.5 亿美元，增长 14.4%。从进口来源国排名看，2022 年中国进口大豆前 5 国家的名次没有变化，自巴西、美国进口量占比减少，自阿根廷、乌拉圭、加拿大、俄罗斯进口量占比均有增加。进口巴西大豆占比由上年的 60.3% 下降至 59.7%，下降 0.6 个百分点；进口美国大豆占比由上年的 33.5% 下降至 32.4%，下降 1 个百

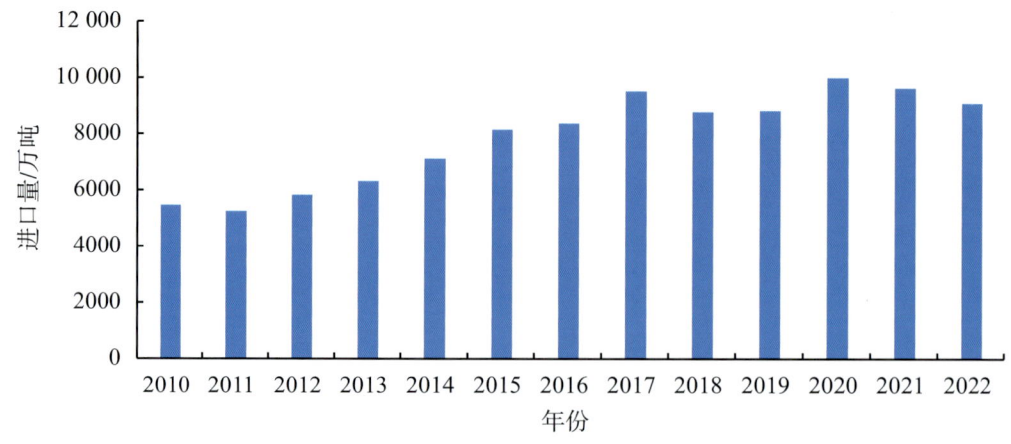

图 6-3　2010—2022 年中国大豆进口量

（数据来源：海关总署）

分点；自阿根廷、乌拉圭、俄罗斯、加拿大进口的大豆数量占比略有增加。2022年大豆出口量12万吨，与上年相比增加4万吨，结束了连续3年下滑的趋势；出口额1.42亿美元，主要出口到韩国、日本、朝鲜、土耳其等国家。

1.1.4 价格总体上涨

2022年国产大豆价格总体较上年上涨，大部分时间高位运行。其中，黑龙江产区国产大豆全年均价6.03元/千克，同比涨4.2%；山东销区大豆全年入厂均价6.46元/千克，同比涨4.7%。年内价格变化分为两个阶段，呈现先涨后跌走势。第一阶段是1—9月价格上涨并保持高位，因上一季大豆产量大幅减少，豆农惜售心理较强，市场总体供应不足，加上物流运输不畅，支撑国产大豆价格上涨，且保持高位运行态势。第二阶段是10月新季大豆上市至年底价格下跌，随着新豆集中上市且产量大幅增长，供应压力激增，再加上东北大部分地区大豆蛋白含量较常年降低，市场收购主体入市谨慎，价格持续下跌，且跌幅超过往年同期水平（图6-4）。

2022年国际大豆期货价格整体上涨，美国芝加哥期货交易所（CBOT）大豆期货主力合约收盘均价每蒲式耳1514美分（556美元/吨），同比涨11.1%。2022年初在巴西、阿根廷等南美主产国大豆减产预期影响下，国际大豆价格开始上涨。上半年受部分国家限制植物油出口、地缘冲突等外部因素影响，国际原油、棕榈油、小麦、玉米等价格都达到了近10年以来的高点，6月国际大豆价格也创下10年来

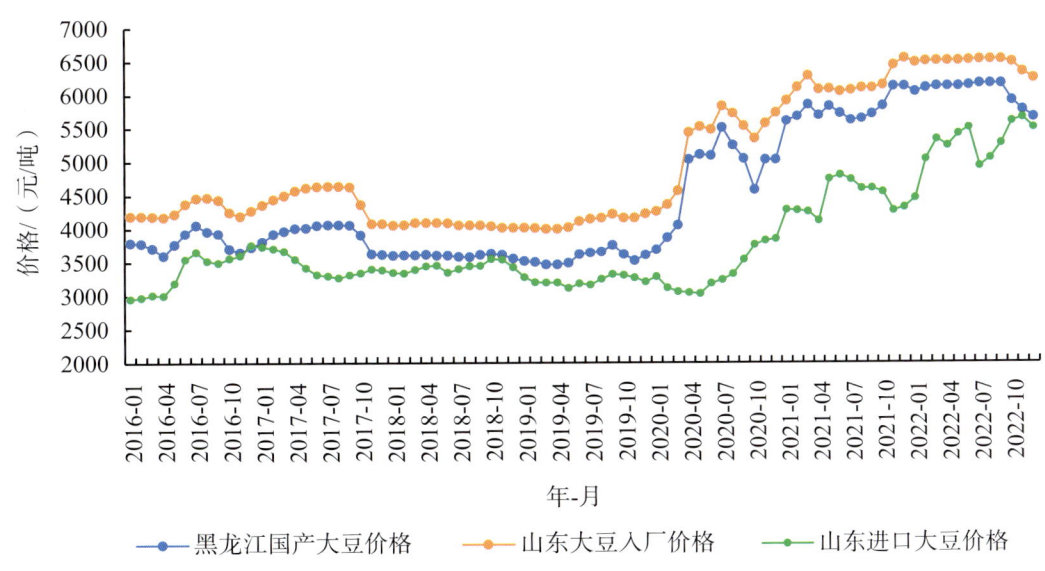

图6-4　2016—2022年国产大豆和进口大豆价格对比

（数据来源：国家农业科学数据中心）

注：山东进口大豆价格为山东日照港口的进口大豆到岸税后价。

的新高。7月开始，美国消费者价格指数（CPI）持续攀升引发市场对于通货膨胀的担忧，美联储连续加息后，大宗商品市场投资热度下降，国际大豆价格显著下跌。11月，阿根廷干旱导致其新季大豆减产的趋势逐渐明朗，国际大豆价格小幅上涨。受国际大豆价格涨势影响，中国大豆进口成本（山东日照港口进口大豆到岸税后价）5250元/吨（5.25元/千克），同比涨17.7%。

1.2 未来10年市场走势判断

1.2.1 总体判断

未来10年，中国大豆生产规模扩大，消费量稳步增加，进口量略降。生产方面，展望期内大豆种植面积将不断增加，单产和品质将得到提升，产量呈增加趋势，消费量稳步增加，进口量呈下降趋势。预计2023年大豆种植面积和产量分别为15 850万亩（1057万公顷）和2171万吨，与上年相比增长3.2%和7.0%；消费量11 168万吨，与上年相比增长2.9%；进口量9302万吨，与上年相比增长2.1%；出口量15万吨，与上年相比持平。预计2027年大豆种植面积和产量分别达到17 564万亩（1171万公顷）和2793万吨，与基期相比分别增长23.1%和48.9%；消费量11 540万吨，增长2.9%；进口量8653万吨，减少9.8%。预计2032年大豆种植面积和产量分别达到20 084万亩（1339万公顷）和3675万吨，与基期相比分别增长40.7%和95.9%，年均增速分别为3.5%和7.0%；消费量11 947万吨，与基期相比增长6.5%，年均增速为0.6%；进口量8356万吨，减少12.9%，年均降速为1.4%；出口量42万吨，与基期相比增长3.7倍。受国内市场供需关系、种植成本变化趋势以及国际价格影响，预计2023年国内大豆价格平稳运行，未来10年稳中略升。

1.2.2 生产展望

种植面积稳步增加。考虑到政策的连续性及外部环境的不确定性，预计2023年中国大豆种植面积将继续稳定增长。2023年中央一号文件提出：加力扩种大豆油料；深入推进大豆和油料产能提升工程；扎实推进大豆玉米带状复合种植，支持东北、黄淮海地区开展粮豆轮作，稳步开发利用盐碱地种植大豆；完善玉米大豆生产者补贴，实施好大豆完全成本保险和种植收入保险试点。3月初，中储粮集团在黑龙江、内蒙古两个大豆主产区启动新增2022年产国产大豆储备收购。3月16日，中央农办协调推动农业农村部、国家发展改革委、财政部、国家粮食和物资储备局等部门，出台一揽子稳定大豆生产支持政策措施，释放明确信号。3月22日，黑龙江省发布消息称，2023年原则上大豆生产者补贴每亩达到350元以上。这较黑龙江省2022年大豆补贴标准大幅增长。预计2023年大豆种植面积将达15 850万亩（1057万公顷），与上年相比增长3.2%。随着大豆和油料产能提升工程的稳步推进，预计 2027 年大豆种植面积 17 564 万亩（1171 万公顷），与基期相比增长 23.1%；2032 年大豆种植面积 20 084 万亩（1339 万公顷），与基期相比增长 40.7%，年均增长 3.5%（图 6-5）。

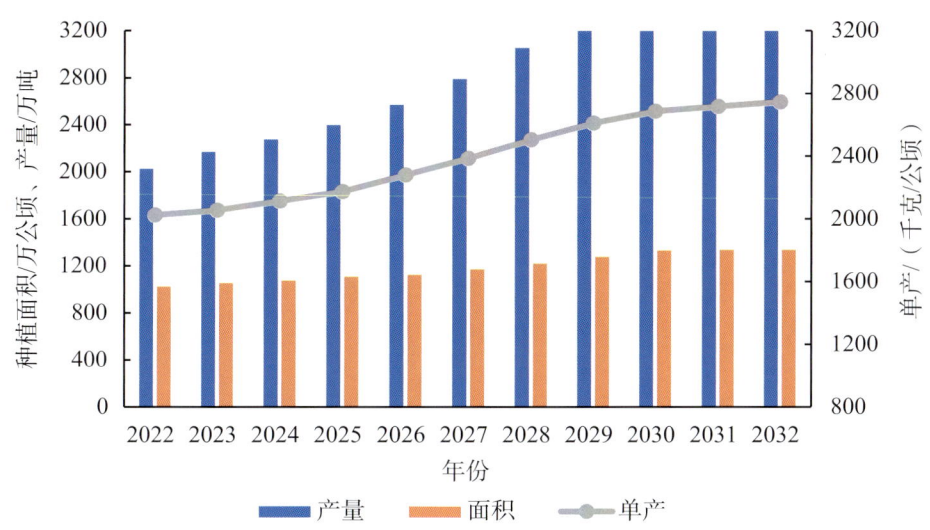

图 6-5　2022—2032 年中国大豆种植面积、单产及产量

（数据来源：2023—2032 年数据为中国农业科学院农业信息研究所 CAMES 模型系统预测）

单产提高明显。展望期内，国家高度重视生物育种及其产业化应用，大豆良种繁育技术不断发展进步，优质品种在大田的推广应用将获得较快发展，高标准农田建设和东北黑土地保护工程的实施也将惠及大豆生产，规模化种植有利于提升大豆田间管理水平，进而提升大豆单产和品质。预计 2023 年中国大豆单产 137 千克/亩（2055 千克/公顷），与上年相比增长 3.8%。随着大豆生产技术进步和新品种推广应用成效的进一步显现，大豆单产提升的速度将加快，预计 2027 年中国大豆单产 159 千克/亩（2385 千克/公顷），与基期相比增长 21.0%；2032 年中国大豆单产 183 千克/亩（2745 千克/公顷），与基期相比增长 39.3%，年均增速 3.4%（图 6-5）。

产量大幅增长。随着大豆种植面积逐年增长，以及单产水平的提高，未来 10 年中国大豆产量将大幅提高。预计 2023 年中国大豆产量为 2171 万吨，与上年相比增长 7.0%。预计 2027 年中国大豆产量 2793 万吨，与基期相比增长 48.9%；2032 年中国大豆产量 3675 万吨，与基期相比增长 95.9%，年均增速 7.0%（图 6-5）。随着国产大豆产量增加，展望期末中国大豆自给率将达到 30% 左右。

1.2.3　消费展望

消费量止降回升。展望期内，因国内养殖行业饲料原料需求及大豆食用需求逐渐增加，中国大豆消费量将止降回升，稳步增加。预计2023年中国大豆消费量11 168万吨，与上年相比增长2.9%；预计2027年中国大豆消费量11 540万吨，与基期相比增长2.9%；2032年中国大豆消费量11 947万吨，与基期相比增长6.5%，年均增速0.6%（图6-6）。

压榨消费平稳略增。大豆压榨消费量取决于豆油和豆粕等产品的消费变化情况。展望期内，新冠疫情防控政策优化后，餐饮和国内旅游业将恢复发展，豆油等食用植物油消费预计增长。随着国家对生猪产能的持续调控，整体存栏水平预计在未来3年进入稳定发展阶段；畜禽养殖产业集中度提高也促进豆粕这一优质蛋白饲料消费量的增加。但伴随着中国"豆粕减量替代"方案的不断推进，再加上全球大豆种植面积和国际市场大豆供给增长空间有限，对中国大豆压榨消费将产生影响。未来10年大豆压榨量总体仍呈增长趋势，但增速与过去10年相比放缓。预计2023年，中国大豆压榨消费量9328万吨，与上年相比增长1.6%。预计2027年大豆压榨消费量9438万吨，与基期相比基本持平；2032年大豆压榨消费量9621万吨，与基期相比增长1.3%，年均增速0.1%。

食用消费稳步增加。展望期内，随着城镇化进程加快、居民可支配收入提高、消费能力提升，以及国民健康意识的增强，鲜食类和休闲类豆制品等大豆食用消费仍有较大增长潜力。随着技术的发展，蛋白类、功能食品类、精细化工类等大豆精深加工产品消费量将逐渐扩大。预计2023年，中国大豆食用消费量1420万吨，与上年相比增长9.2%。预计2027年食用消费量1645万吨，与基期相比增长21.9%；2032年食用消费量1818万吨，与基期相比增长34.8%，年均增速3.0%。

种用消费和其他消费基本平稳。展望期内，大豆种植面积稳定增长，但是随着

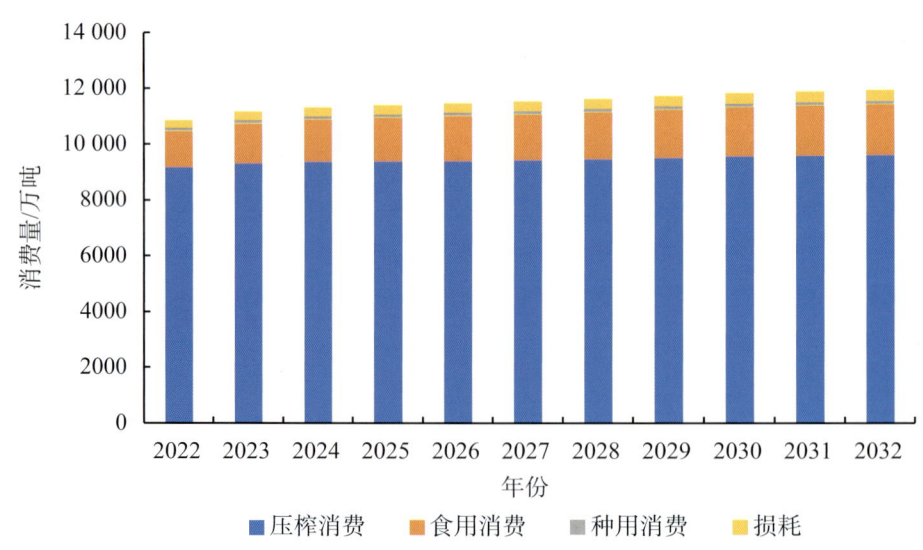

图6-6 2022—2032年中国大豆消费量及消费结构

（数据来源：2023—2032年数据为中国农业科学院农业信息研究所CAMES模型系统预测）

大豆品种的改良，种用消费不会大幅增加，保持在100万吨以内，呈平稳略增后逐渐稳定的趋势。大豆膨化加工等其他消费及损耗用量总体有限，呈现平稳略增趋势。展望期内，预计2023年大豆其他消费及损耗用量将达到336万吨，与上年相比增长16.3%，到展望期末为408万吨。

1.2.4 贸易展望

进口量呈下降趋势，出口量小幅增加。展望期内，进口大豆仍是大豆压榨的主要原料，巴西、美国等仍将是中国大豆进口的主要来源国。2023年，随着生猪存栏量的增加和养殖利润的改善，大豆饲用消费量将较上年增加，国际大豆价格趋弱后进口大豆成本优势显现，预计中国大豆进口量9302万吨，与上年相比增加2.1%。此后，随着中国大豆种植面积增加，栽培和良种繁育技术的不断进步，大豆产量将不断增加，中国大豆自给率不断提高，大豆进口量将下降。预计2027年中国大豆进口量8653万吨，与基期相比下降9.8%；2032年中国大豆进口量8 356万吨，与基期相比下降12.9%，年均降速1.4%（图6-7）。展望期内，大豆出口量将随着产量的增加而小幅增加。预计2023年中国大豆出口量15万吨，2027年和2032年分别为23万吨和42万吨。

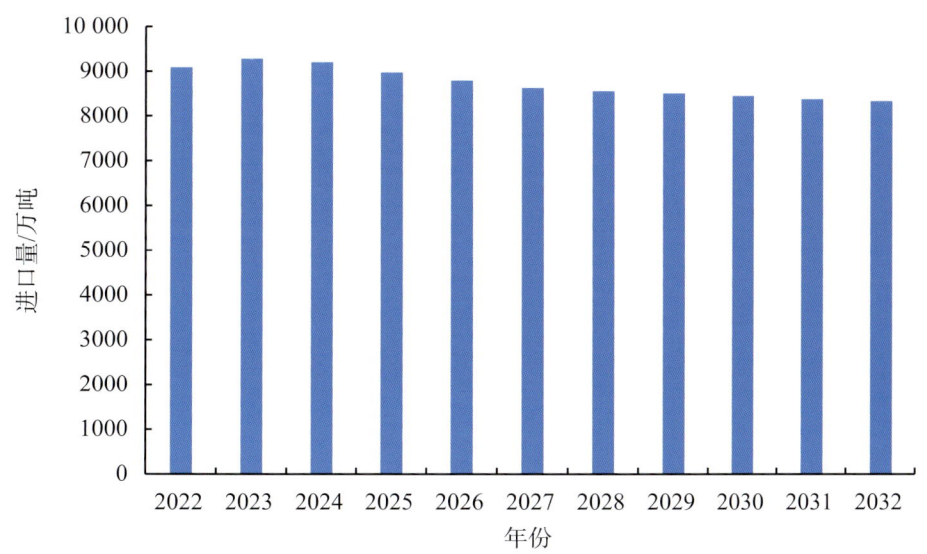

图 6-7　2022—2032 年中国大豆进口量

（数据来源：2023—2032 年数据为中国农业科学院农业信息研究所 CAMES 模型系统预测）

1.2.5 价格展望

国产大豆价格长期稳中略涨。2023年，国产大豆市场整体供应充裕，与上年相比，大豆价格走势将更加平稳。2—3月受销区补库需求和国储增加收储拉动，主产区大豆价格略有回升；随着收储结束，预计价格将在市场供需作用下小幅波动；2023年新季大豆上市前价格预计总体将稳定运行。未来10年，随着国产大豆产量持续增加，储备调控措施进一步完善，预计市场价格波动幅度将缩小。但在土地、农资等种植成本持续增加的推动下，国内大豆价格长期将稳中略涨。此外，国产大豆产量增加后，消费场景将进一步趋于多元，优质优价的特征将进一步突显。

国际大豆价格震荡偏弱。近年全球大豆产量受气候影响变化较大，而需求量基本呈稳定增长趋势，大豆价格涨幅明显，波动性增大。2023年，随着巴西等主产国大豆产量增加，全球大豆供需将趋于宽松。此外，全球宏观因素也在促使粮食价格下降，国际货币基金组织等多家机构预测2023年全球经济增速将进一步放缓，美联储的加息政策也将美元指数推高至20年来的高点，预计全球大豆价格将小幅回落。展望未来10年，随着发展中国家经济增长和民众生活水平的改善，全球大豆需求仍将增加，而受资源约束和环保限制，全球大豆种植面积和产量增速较过去10年显著放慢，预计全球大豆市场价格难以大幅下跌，保持震荡偏弱走势。

1.3 不确定性分析

1.3.1 自然因素

气候对大豆生产影响较大。干旱、洪水、低温、霜冻、冰雹等灾害都会影响大豆播种、生长或收获。有气象组织表示，已持续3年的拉尼娜现象将于2023年3月结束，下半年晚些时候很可能进入厄尔尼诺模式，2023年的全球气温将高于2022年。不过，由于厄尔尼诺现象的加热效应需要数月才能感受到，这意味着2024年更有可能创下新的全球最高气温纪录。厄尔尼诺现象可能引起全球气候异常，全球一部分地区会发生几十年甚至几百年不遇的严重旱灾，而另一部分地区却会遭受多年未遇的暴雨和洪水。台风、冰雹、雪灾、冻害、龙卷风等灾害也会在全球各地发生，如果对大豆的生产造成损害，也将造成全球大豆市场的不稳定。

1.3.2 国内支持政策效果

中国大豆和玉米种植区域重合度较高，大豆单产不及玉米，综合收益也低于玉米。2022年农业农村部提出扩大豆、扩油料，2023年再扩种1 000万亩以上，确保大豆油料面积稳定在3.5亿亩（2333万公顷）以上，力争再扩大。展望期内，预计中国将强化大豆生产支持政策，提高各类经营主体种植大豆的意愿，促进大豆扩种。但具体政策效果还将受到补贴方式、支持力度、收储政策、消费需求、市场价格及种植比较效益的影响。展望期内仍需要持续跟踪和评估其对大豆生产的影响。

1.3.3 国际宏观经济环境

大豆作为一种金融属性较强的商品，除供需变化因素外，还极易受到国际局势和各国货币政策及汇率变动的影响。世界银行2022年底发布报告称，随着一些主要央行相继提高利率应对高通胀，2023年世界可能走向全球性经济衰退，全球经济预计仅增长1.9%，新兴市场和发展中经济体可能发生一系列足以造成持久伤害的金融危机。国际货币基金组织预计，2023年全球经济进一步放缓的可能性增大，全球经济增速将放缓至2.7%。大豆是全球贸易量较大的农产品，也是国际资本热衷追逐的农产品，容易引发投机资本伺机炒作。中国是大豆进口量最大的国家，国际经济和贸易环境的变化，增加了中国进口大豆的不确定性。

1.3.4 生物质能源政策

展望期内，可再生能源需求可能增长。美国《国家能源政策法案》包括制定税收鼓励政策，提倡提高能源使用效率，呼吁重视使用清洁煤炭、核能、可再生能源和乙醇等。巴西能源部发布的《生物燃料法案》也有相关的政策促进可再生能源产量的增加。同时其他大豆及油脂主产国也不断出台政策，鼓励可再生能源及相关产业发展。此外，更高效的生物柴油加工、使用技术的研发和应用，都可能增加未来大豆用于生物柴油的数量，从而刺激大豆市场需求增加。这些都给未来国际大豆市场供需和价格带来不确定性。

2 食用油籽和食用植物油[①]

我国是食用植物油消费大国，也是食用油籽进口大国。2022年，中国油料[②]种植面积19 951万亩（1 330万公顷），比上年增长1.5%，单产稳中微减，产量为3653万吨，增长1.1%。受新冠疫情多发和国际油籽、油脂高价位影响，食用油籽消费量[③]、进口量不同程度减少。未来10年，中国油料产量将持续增加。预计2023年，油料产量3840万吨，比上年增长5.1%；预计2027年，油料产量4202万吨，比基期（2020—2022年3年平均值，下同）增长16.2%；预计2032年，油料产量4668万吨，比基期增长29.0%，年均增长率为2.6%。

2022年，受疫情多发和油籽压榨量减少影响，食用植物油产量2686万吨，比

---

① 本文不包含木本油籽、木本油脂。
② 未含大豆和木本油料，与统计部门口径相同，下同。
③ 食用油籽消费量为食用消费、榨油消费的数量总和。包含大豆，未含木本油籽，下同。

上年减少 5.9%；消费量①3425 万吨，减少 6.5%；进口量 636 万吨（不含棕榈硬脂，下同），减少 38.8%。未来 10 年，中国食用植物油消费量继续增长，但增长率放缓。预计 2023 年，产量、消费量和进口量分别为 2763 万吨、3598 万吨和 788 万吨，比上年增长 2.9%、5.1% 和 23.9%；预计 2027 年，产量、消费量和进口量分别 2935 万吨、3678 万吨和 748 万吨，比基期增长 3.8%、3.6% 和减少 18.5%；预计 2032 年，产量、消费量和进口量分别为 3170 万吨、3756 万吨和 657 万吨，比基期增长 12.1%、5.8% 和减少 28.4%，年均增长率为 1.2%、0.6% 和 -3.3%。

2.1　2022 年市场形势回顾

2.1.1　油料种植面积、产量双增长

面积稳中有增。2022 年油料种植面积为 19 951 万亩（1330 万公顷），比上年增长 1.5%。其中，油菜籽种植面积为 10 902 万亩（727 万公顷），增长 4.0%，连续第 4 年恢复性增加；花生种植面积估计为 7099 万亩（473 万公顷），减少 1.5%。

单产稳中微降。2022 年油料平均单产为 183 千克/亩（2745 千克/公顷），比上年减少 0.4%。其中，油菜籽单产估计为 143 千克/亩（2145 千克/公顷），花生单产估计为 252 千克/亩（3780 千克/公顷）。

产量略微增加。2022 年油料产量为 3653 万吨，比上年增长 1.1%（图 6-8）。其中，油菜籽产量为 1553 万吨，增长 5.5%；花生产量估计为 1789 万吨，减少 2.3%。

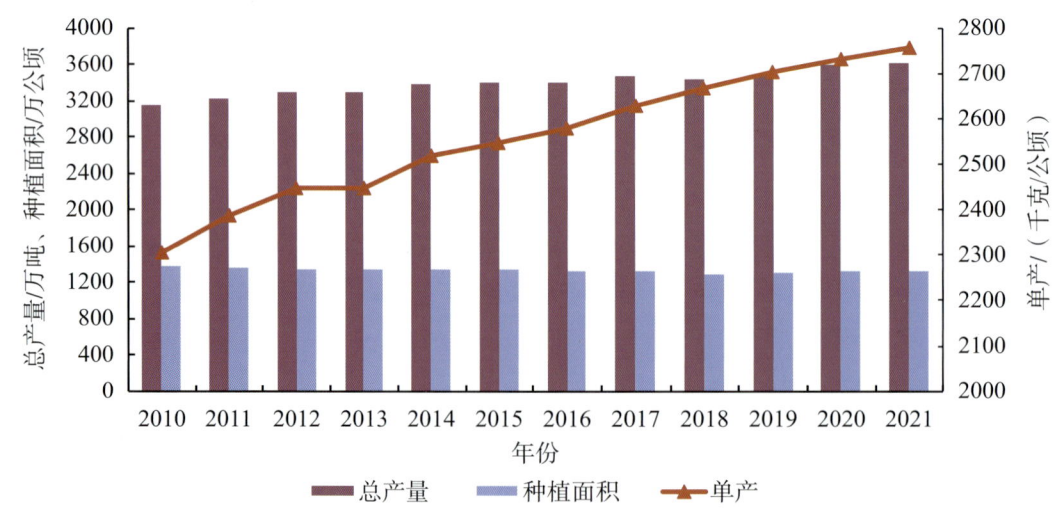

图 6-8　2012—2022 年中国油料种植面积、总产量和单产

（数据来源：《2022 年中国统计年鉴》；2022 年数据为估计数）

---

① 本文中的食用植物油消费量为表观消费量，包括居民食用消费、饲料掺兑用油、工业用油、损耗或浪费等，不同于食用植物油摄入消费量。

2.1.2 食用植物油自给率提高

食用植物油供给有所下降。2022年中国国产食用油籽压榨加工量3707万吨，产油1051万吨，比上年减少7.0%；进口大豆、油菜籽、油葵籽、白芝麻等食用油籽压榨产油1636万吨，减少5.1%，占2022年食用植物油供给总量的49.2%，占比增加5个百分点。

食用植物油自给率小幅提高。2022年达到30.7%，比上年提高1.6个百分点。食用植物油供给中，豆油占46.9%，提高0.7个百分点；菜籽油占17.8%，下降2.6个百分点；花生油占10.7%，提高0.9个百分点。三类食用植物油供给占食用植物油总量比重合计达75.5%，与上年相比下降2.2个百分点。

2.1.3 食用植物油消费量减少，消费结构有所优化

2022年，受新冠疫情多点散发、国内经济增长率放缓以及消费节约影响，中国食用植物油消费量小幅减少，降至3425万吨，比上年减少6.5%。其中，居民食用消费食用植物油3275万吨，减少3.8%；人均消费量23.20千克，减少3.8%。2022年，中国食用植物油消费中，豆油、菜籽油和花生油分别占48.5%、20.8%和10.2%，比上年分别提高2.3个、0.5个和0.4个百分点；棕榈油占10.4%，比上年下降1.5个百分点。四大类食用植物油占总消费量的比重合计为89.9%，比上年提高1.7个百分点。

2.1.4 食用油籽进口量减额增，植物油进口量、额均减

食用油籽进口量减少。2022年，中国进口食用油籽9611.5万吨，比上年减少5.8%，进口额659.3亿美元，增长22.5%。其中，进口油菜籽196.1万吨，减少25.9%；进口花生66.4万吨，减少31.9%。进口量减少主要原因是国际油籽价格大幅上涨，加之中国出台饲料替代技术指导方案，减少了进口需求。特色油籽消费需求旺盛带动进口总体增加，进口亚麻籽、葵花籽、芝麻分别为61.6万吨、19.6万吨、107.1万吨，比上年分别增长45.4%、78.2%和减少8.8%。

食用植物油进口量大幅减少。2022年，中国进口食用植物油636.3万吨，比上年减少38.8%，接近2018年进口规模，减少原因主要是国际食用植物油价格居历史高位以及主要国家出口限制。进口额87.7亿美元，与上年相比减少19.7%。其中，食用棕榈油占进口总量的比重最高，全年进口量340.7万吨，减少26.8%。其他植物油进口量不同程度减少。豆油、菜籽油和花生油进口量为34.4万吨、106.1万吨和23.1万吨，分别减少69.3%、47.9%和17.8%；葵花籽油和初榨的亚麻籽油进口量为60.5万吨和2.7万吨，分别减少52.8%和44.2%。

2.1.5　油料价格走势分化，食用植物油价格大幅上涨

油料市场价格走势分化。2022年，国产油菜籽价格受国际价格拉动，大幅上涨；花生价格年内降至相对低位后恢复性上涨，但均价不及上年。据农业农村部监测数据，全年油菜籽入厂均价为6.6元/千克，比上年上涨6.6%；花生入厂均价为8.5元/千克，下跌1.4%。

食用植物油价格总体延续上涨趋势。受国际原油和植物油价格波动影响，国内食用植物油价格多数上半年上涨下半年下跌，总体大幅上涨。从具有代表性的食用植物油品种看，2022年，三级菜籽油[①]、三级豆油[②]出厂价和24度棕榈油到港价[③]比上年分别上涨16.7%、13.1%和26.9%。受原料价格走势影响，一级花生油[④]出厂价年内呈上涨趋势，全年均价比上年下跌5.9%。

2.2　未来10年市场走势判断

2.2.1　总体判断

油料生产持续增长。预计2023年中国油料达到3840万吨，比上年增长5.1%。其中，油菜种植面积和产量继续增加，花生种植面积和产量恢复性增加，特色油料种植规模稳中有增。展望未来10年，品种改良将带动单产增长，加之土壤、水资源有效利用率提升及农技农机农艺等技术集成应用，预计中国油料种植面积将明显增加，产量大幅提高。预计2027年，油料产量4202万吨，比基期（2020—2022年3年平均值，下同）增长16.2%；预计2032年，油料产量4668万吨，比基期增长29.0%，年均增长率为2.6%。

消费增速进一步放缓。未来10年，人口总量减少、经济增长和城镇化速度趋缓、人均食用植物油消费量接近饱和，中国居民食用植物油消费量增长将继续放缓。预计2023年食用植物油国内消费量为3598万吨，比上年增长5.1%；预计2027年，消费量3678万吨，比基期增长3.6%；预计2032年，消费量3756万吨，比基期增长5.8%。未来10年预计国内食用植物油消费量年均增长率为0.6%，低于过去10年1.3%的年均增长率。

进口量减少。未来10年，中国将继续利用国际市场来满足和优化国内食用植物油供应，但同时通过持续提升国内油料产能，逐步提高自给率。预计2027

---

① 湖北三级菜籽油指湖北省菜籽油厂生产的国标三级菜籽油，等级制定根据精炼程度划分，具体参见《菜籽油国家质量标准》。
② 山东三级豆油指山东省豆油厂生产的国标三级豆油，等级制定根据精炼程度划分，具体参见《大豆油国家标准》。
③ 天津24度棕榈油到港价是指到达天津港口的、24度以上融化不沉淀结冻的毛棕榈油。
④ 山东一级花生油指山东省花生油厂生产的国标一级花生油，等级制定根据精炼程度划分，具体参见《花生油国家标准》。

年和 2032 年食用油籽进口量为 9194 万吨和 8931 万吨，进口量逐年减少，其中大豆进口量明显减少；同期，食用植物油进口量分别降至 748 万吨和 657 万吨。展望末期，食用植物油的自给率预计将达到 43.8% 左右，较基期提高 14.3 个百分点。

2.2.2 生产展望

油料播种面积大幅增加。未来一段时间，中国将继续积极扩种油料作物，通过开发利用南方冬闲田扩种冬油菜，在西北地区因地制宜发展春油菜，在黄淮海、北方农牧交错带、西北地区积极发展花生，因地制宜发展胡麻、芝麻、油葵等特色油料等，油料播种面积将大幅增加。2023 年油料播种面积将继续增加，其中，受秋冬播时期天气条件较好、上一年种植利润较高等因素影响，油菜播种面积明显增加，预计将达到 11 702 万亩（780 万公顷），比上年增长 7.3%；花生播种面积 7200 万亩（480 万公顷），增长 1.4%。展望中后期，中国油料播种面积将继续增加。预计 2027 年油菜和花生种植面积将分别为 12 400 万亩（827 万公顷）和 7468 万亩（498 万公顷），比基期分别增长 18.0% 和 4.7%；预计 2032 年分别为 13 050 万亩（870 万公顷）和 7802 万亩（520 万公顷），比基期分别增长 24.1% 和 9.4%，年均增长 2.2% 和 0.9%。

单产稳步增长。未来 10 年，高标准农田建设稳步推进，丘陵山区农机装备研发和宜机化高产高油品种改良取得重大突破，轻简高效绿色生产模式和病虫害综合防控技术集成推广应用，有助于推进油料单产提升到更高水平。预计 2023 年油菜籽和花生单产分别达到 145 千克/亩（2175 千克/公顷）和 253 千克/亩（3795 千克/公顷）；2027 年分别达到 156 千克/亩（2340 千克/公顷）和 258 千克/亩（3870 千克/公顷）；2032 年分别达到 172 千克/亩（2580 千克/公顷）和 265 千克/亩（3975 千克/公顷），比基期分别增长 22.7% 和 4.7%，年均增长率分别为 2.1% 和 0.5%。

产量大幅增加。受益于种植面积、单产水平持续稳定提升，以及农业生产抗风险能力明显增强，预计 2023 年中国油料产量达到 3840 万吨，其中，油菜籽和花生产量将分别为 1697 万吨和 1823 万吨，比上年增长 9.3% 和 1.9%；预计 2027 年，中国油料产量为 4203 万吨左右，其中，油菜籽、花生产量将分别为 1935 万吨和 1929 万吨；预计 2032 年，中国油料产量为 4668 万吨，比基期增长 29.0%，其中，油菜籽、花生产量将分别达到 2249 万吨和 2067 万吨，比基期分别增长 52.3% 和 14.4%，年均增长 4.3% 和 1.4%。

2.2.3 消费展望

未来10年，在经济结构逐步优化以及倡导健康消费的背景下，中国油籽消费增速放缓。预计2023年，中国食用油籽消费量为1.65亿吨，与上年相比增长1.8%，其中，大豆、油菜籽和花生的消费量与上年相比分别增长1.8%、8.5%和2.6%；预计2027年，食用油籽消费量1.71亿吨，比基期增长3.2%；预计2032年，食用油籽消费量1.82亿吨，比基期增长9.7%，年均增长0.9%。未来10年，油菜籽、花生消费量年均增长率分别为3.6%、1.4%（图6-9）。2032年，国产油籽占食用油籽消费总量的比重预计为45.9%。

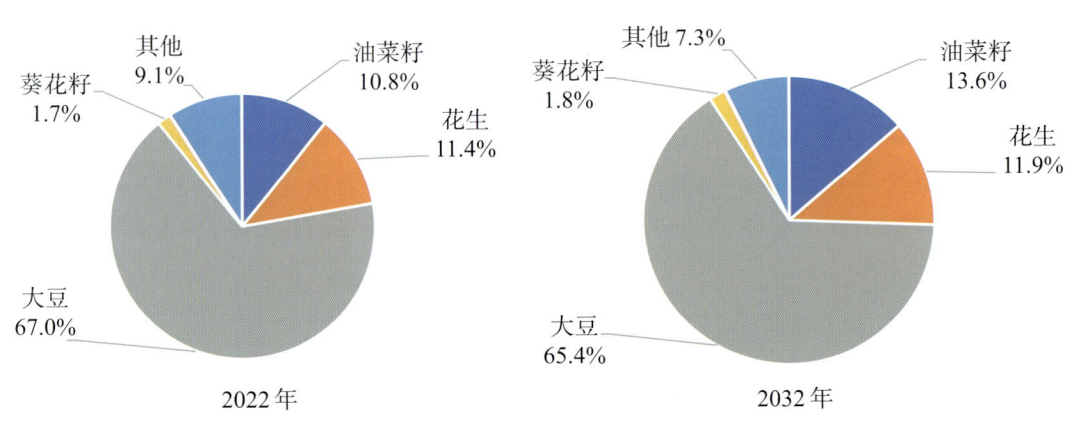

图6-9　2022年和2032年食用油籽消费结构

食用植物油消费增长率进一步放缓。未来10年，随着食品供给种类日益丰富、居民膳食营养更加均衡，食用植物油消费量年均增长率进一步放缓。预计2023年，随着经济社会逐步恢复正常，国内食用植物油消费需求恢复性增长，食用植物油消费量3598万吨，比上年增长5.1%；预计2027年，食用植物油消费量3678万吨，比基期增长3.6%；预计2032年，食用植物油消费量3756万吨，比基期增长5.8%，年均增长0.6%。从消费来源上看，食用植物油的自给率水平将有明显提升，预计2032年将达到43.8%。从消费品种看，菜籽油和花生油占食用植物油消费比重比基期分别增加2.3个百分点和1.0个百分点，豆油、棕榈油比重分别下降1.9个百分点和1个百分点，其他小品类植物油增加0.3个百分点。

2.2.4 贸易展望

未来10年，中国将继续利用国际市场资源，满足国内结构性以及差异化消费需求。预计油料进口规模稳中有减、进口来源日益多元，保供能力继续增强。2023年，受国内油籽产量增加影响，食用油籽进口量9580万吨。其中，油菜籽进口量

200万吨，与上年相比持平略增；花生进口量80万吨，与上年相比增加20.5%；其他特色油籽进口量210万吨。食用植物油进口788万吨，棕榈油、葵花籽油进口预计恢复性增加。预计2027年食用油籽进口量9200万吨左右，食用植物油进口量降至748万吨；预计2032年食用油籽进口量约8930万吨，食用植物油进口量为657万吨。

2.2.5 价格展望

受全球经济增速放缓、通胀居高不下、地缘政治经济冲突、化肥农资价格上涨等因素的综合影响，2023年，国内油料油脂价格总体预计高位运行。未来10年，国内市场与国际市场仍然保持较强的联动性，随着国产油籽和食用植物油的自给率水平逐步提高、期现货市场功能不断完善，预计价格受国内成本和供需形势影响越来越大，总体从2022年高位回落后趋于稳定。

油菜籽。2023年国内价格有所回落。国际上，加拿大油菜籽产量预计大幅增加，将影响全球油菜籽价格下行，预计后期国内油菜籽价格有所回落。未来10年，鉴于油菜籽生产规模和生产效率快速提升、加工工艺和原料用途差异明显以及菜籽油消费市场稳中有增，油菜籽和菜籽油的自给率将大幅提升，预计到2032年，65%的菜籽油瓶子里有望装国产油，国产油菜籽价格受生产成本支撑，稳中走高。

花生。花生是中国自给率水平最高的油料品种，受2022年种植面积下降影响，2023年花生价格预计稳中有增。未来10年，多用途开发、生产效益提升预计是花生产业发展的两大特征，预计花生市场价格波动幅度收窄。

特色油料。2023年，芝麻、胡麻籽受国际市场供需形势和价格波动影响较大，预计价格略有下跌。食用葵花籽价格受气候、产量和品质影响较大，预计高位波动；油用葵花籽价格受油脂供给增加影响，弱势运行。未来10年，特色油料价格受国内外供需形势和贸易规模影响，保持小幅波动。

2.3 不确定性分析

未来10年，国际和国内的不确定因素，如气候因素、国际环境因素和生物质能源产业发展等，将对中国食用油籽和植物油供需及价格走势造成不确定影响。

2.3.1 气候因素

全球极端天气频发对多数油料油脂产品生产具有较大影响。如厄尔尼诺现象易造成东南亚棕榈油减产，拉尼娜现象带来的持续干旱天气影响美洲地区大豆和油菜籽产出。极端气候的发生存在较大的不确定性，是影响全球油料生产的最重要不确定因素。

2.3.2 国际环境因素

一方面，全球主要国家、区域间地缘政治冲突对主要油料油脂产品供需形势、价格走势以及供应链影响较大。2022年2月以来，乌克兰危机引发全球原油市场波动、黑海地区港口停运，推动原油价格和油脂大幅走高、油脂供应链阶段性中断。另一方面，主要国家为保障国内农产品供给安全，频繁调整贸易政策。如2022年印度尼西亚政府相继实施了棕榈油出口许可证制度、出口商实施DMO（国内市场义务）规定、毛棕榈油出口征收价格累加税以及禁止出口所有食用油及其原料等政策，对棕榈油贸易和价格产生较大影响。未来国际环境面临较大的不确定性，将继续对全球油料油脂市场造成影响。

2.3.3 生物质能源产业发展

生物质能源是仅次于煤炭、石油和天然气的主要能源，在整个能源系统中占有重要地位。以植物油脂制成的生物柴油是目前全球产量最大的生物柴油，占全球生物柴油总产量的80%。可用于生物柴油的植物油主要包括菜籽油、大豆油、棕榈油。未来受原油价格、植物油价格、生产加工技术、各国政策支持等多方面因素影响，生物柴油加工规模及对全球植物油供需形势和价格的影响存在不确定性。

参考文献

栾健，张斌，胡钰，2022.中国大豆产业的发展态势、政策演进与趋势展望［J］.农业展望，18（8）：35-41.

佚名，2021.加快推广低蛋白日粮 减少豆粕用量降低饲料成本［J］.北方牧业，12（6）：11.

中共中央 国务院.中共中央 国务院关于做好2022年全面推进乡村振兴重点工作的意见［EB/OL］.（2022-02-22）［2023-02-20］.http://www.news.cn/politics/zywj/2022/02/22/c_1128406721.htm.

正点财经.科学家预测厄尔尼诺即将到来,2024或成"史上最热年份"［EB/OL］.（2023-01-08）［2023-02-20］.http://m.app.cctv.com/video/detail/b81b280ae2544a67898276354331e735/index.shtml#0.

The World Bank.Sharp, Long-lasting Slowdown to Hit Developing Countries Hard［EB/OL］.（2023-01-10）［2023-02-20］.http://www.worldbank.org/en/news/press-release/2023/01/10/global-economic-prospects.

International Monetary Fund.2022. World Economic Outlook［R/OL］.（2022-10）［2023-02-20］.http://www.imf.org/en/publications/weo.

第七章

棉　花

中国是世界上主要的棉花生产国、消费国和贸易国，棉花产业在国民经济和社会发展中占有重要地位。2022年棉花种植面积4500.4万亩（300万公顷），与上年相比下降0.9%，产量597.7万吨，增长4.3%；受国际地缘政治冲突和国内新冠疫情多发、散发等因素相互交织影响，棉花消费需求明显下降，2022年棉花消费量为760万吨，下降5.0%；进口量192.9万吨，下降10.0%。展望期内，预计棉花种植面积继续下降，产量稳中略降，品质持续改善，消费量先增后降，进口呈下降趋势。预计2023年，棉花种植面积4342万亩（289万公顷），与上年相比下降3.5%，产量578万吨，下降3.2%；消费量772万吨，增长1.6%；进口量185万吨，下降4.1%。2027年，预计棉花种植面积4310万亩（287万公顷），与基期相比（2020—2022年3年平均值，下同）下降6.3%，产量580万吨，下降1.3%；消费量760万吨，下降0.9%；进口量177万吨，下降14.8%。2032年，预计棉花种植面积4280万亩（285万公顷），与基期相比下降6.9%，年均下降0.7%，产量579万吨，下降1.4%，年均下降0.1%；消费量745万吨，下降2.8%，年均下降0.3%；进口量170万吨，下降18.1%，年均下降2.0%。

1 2022年市场形势回顾

1.1 产量小幅增加

种植面积稳中略降。2022年中国棉花种植面积4500.4万亩（300万公顷），与上年相比降幅0.9%（图7-1）。其中，新疆部分次宜棉区改种玉米、大豆等粮食作物，棉花种植面积略有下降。2022年新疆棉花种植面积为3745.3万亩（249.7万公顷），降幅0.4%；黄河流域和长江流域棉区受种植效益下降和种植结构调整等因素影响，种植面积继续下降至755.1万亩（50.3万公顷），降幅3.6%。

单产明显提升。2022年棉花单产为132.8千克/亩（1992.2千克/公顷），与上年相比增长5.3%，创历史最高水平。分区域看，新疆地区气候条件总体适宜，热量充足，降水适宜，棉花长势较好，单产达143.9千克/亩（2158.5千克/公顷），增长5.5%；黄河流域棉区水热条件基本正常，单产为82.6千克/亩（1239千克/公顷），增长3.3%；长江流域在棉花生长期间出现持续高温干旱天气，对棉花开花结铃期产生不利影响，单产为67.8千克/亩（1017千克/公顷），下降3.0%。

产量小幅增加。2022年全国棉花产量597.7万吨，与上年相比增长4.3%。其中，新疆地区棉花产量539.1万吨，增长5.1%，占全国产量的90.2%，与上年相比提高0.7个百分点；黄河流域棉区产量30.1万吨，下降5.6%；长江流域棉区产量23.9万吨，下降2.0%（图7-1）。

图 7-1 2010—2022 年中国棉花种植面积、产量和单产

（数据来源：国家统计局）

1.2 消费需求下滑

受国际地缘政治冲突和国内新冠疫情多发、散发等因素相互交织影响，中国纺织行业面临的发展环境复杂、严峻，棉花消费需求明显下降。2022 年，棉花消费量为 760 万吨，与上年相比减少 5.0%。内需方面，受新冠疫情影响，纺织品服装产业链供应链明显受阻，居民外出购物、社交活动减少，服装内销市场受到一定冲击，行业综合景气持续承压。根据国家统计局数据，2022 年全国限额以上单位服装鞋帽、针纺织品零售额 13 003.4 亿元，与上年相比下降 6.5%。纺纱量明显下降，全年累计纺纱量 2719.1 万吨，与上年相比减少 6.6%。棉纱进口量下滑明显，全年累计进口 118 万吨，与上年相比减少 44.5%。出口方面，2022 年以来，在国际市场需求恢复、成本上涨推高出口价格等因素的驱动下，中国纺织品服装出口额保持增长，创历史新高。据海关总署统计数据，2022 年纺织品服装出口 3233.4 亿美元，与上年相比增长 2.6%。但自 2022 年 9 月开始，由于全球经济特别是欧元区衰退风险加大，叠加海外供应链恢复以及美国"涉疆法案"生效等多重因素的影响，纺织品服装出口连续 4 个月出现负增长，出口下行压力明显加剧，9—12 月累计出口 1027.6 亿美元，与上年同期相比下降 12.1%。

1.3 进口下降

2022 年中国棉花进口量 192.9 万吨，与上年相比减少 10.0%（图 7-2）。全年国家共发放棉花进口滑准税配额 40 万吨，发放数量与上年相比减少 30 万吨，且全部限定用于加工贸易方式进口。同时，受国内棉花消费需求下滑、内外棉价格持续倒挂等综合因素影响，棉花进口量明显下降。从进口来源国看，主要来自美国和巴西，进口量分别为113.2万吨和57.5万吨，分别占中国棉花进口量的58.7%和29.9%。进口方式以一般贸易为主，进口量123.1万吨，占比63.8%，与上年相比提高25.5个百分点（图7-2）。

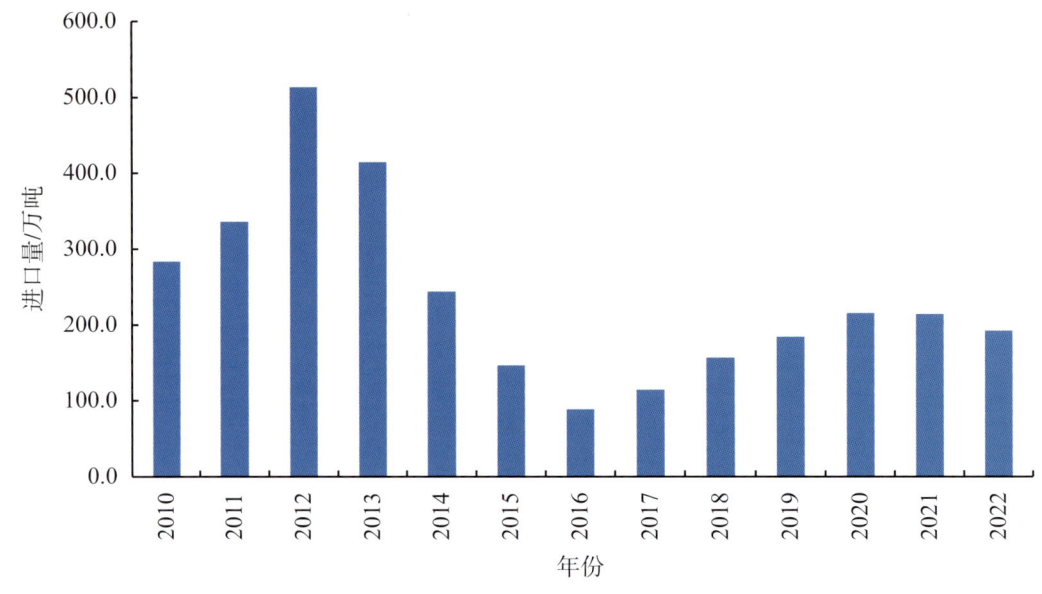

图7-2　2010—2022年中国棉花进口量

（数据来源：海关总署）

1.4　价格高位回落

2022年中国棉花价格高位回落，价格波动明显。1—12月，国内3128B级棉花月均价格从22 530元/吨下降至14 970元/吨，降幅达33.6%（图7-3）。但全年均价为18 955元/吨，与上年相比仍上涨6.4%。分月看，1—2月，国内纺织企业原料库存普遍偏低，棉花采购意愿强，推动国内棉花价格上涨。3月开始，纺织品服装订单不足，棉花下游消费持续疲软，国内棉花销售明显慢于往年，棉花价格快速下跌。据国家棉花市场监测系统数据，截至8月25日，全国皮棉销售率为68.8%，与上年同期相比下降31个百分点，接近200万吨棉花结转至新年度。9月新棉上市以后，下游消费低迷态势未见明显好转，加上棉花增产预期明显增强，供给充足，棉花价格继续下跌。

从内外棉价差看，2022年4月以来，国内3128B级棉花月均价始终低于1%关税下进口棉（FC Index M）折到岸价，内外棉价格持续倒挂，走势明显分化。6月和8月，国内价格比1%关税税率下折到岸价每吨均价低5221元。9月以后，随着国际棉花价格回落，内外棉价差有所缩小，12月国内3128B级棉月均价比1%关税税率下折到岸价每吨低2547元（图7-3）。

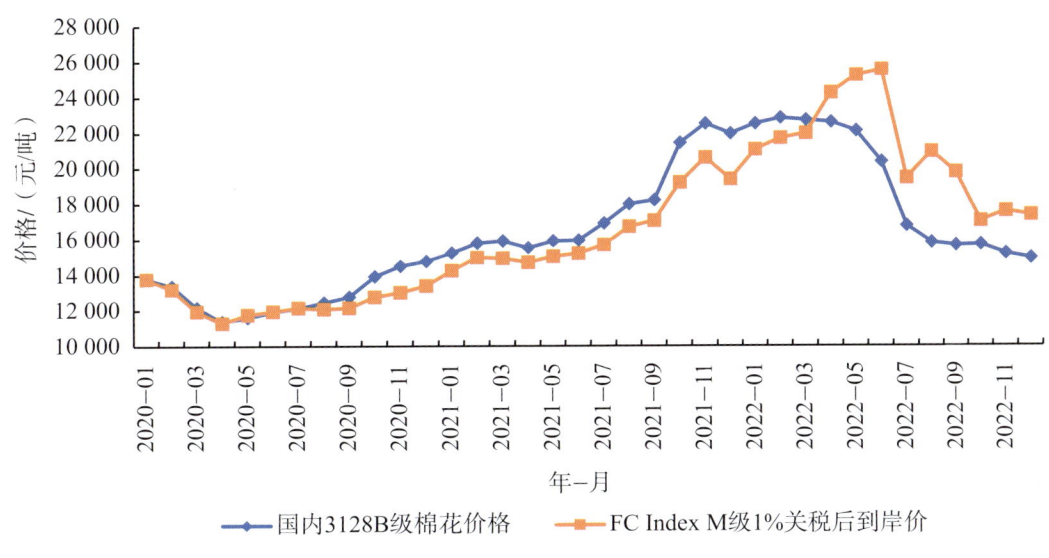

图 7-3　2020 年以来国内外棉花价格走势

（数据来源：中国棉花信息网）

2　未来 10 年市场走势判断

2.1　总体判断

棉花产量稳中略降。预计 2023 年棉花产量为 578 万吨，与上年相比降幅 3.2%；2027 年为 580 万吨，与基期相比下降 1.3%；2032 年为 579 万吨，与基期相比下降 1.4%，年均降幅 0.1%。展望期内，受劳动力和土地成本持续上升、水土资源条件约束趋紧、植棉比较效益低等多重因素影响，农户植棉积极性下降，棉花种植面积继续下滑。棉花品质适应纺织转型升级需要，单产稳步提升，品质持续改善。

棉花消费量先增后降。预计 2023 年棉花消费量为 772 万吨，与上年相比增长 1.6%；2027 年为 760 万吨，与基期相比下降 0.9%；2032 年为 745 万吨，与基期相比下降 2.8%，年均降幅 0.3%。展望初期，中国新冠疫情防控政策优化调整后，终端纺织品服装消费需求预期增长，但全球经济增速放缓、地缘冲突、贸易保护等多重因素相互叠加导致中国纺织品服装出口受阻。中长期内，全球贸易保护主义加剧、产业转移、化纤替代等将压减中国棉花消费规模，棉花消费量呈下降趋势。

棉花贸易将保持净进口格局，进口总量呈下降趋势。预计 2023 年棉花进口量为 185 万吨，与上年相比下降 4.1%；2027 年为 177 万吨，与基期相比下降 14.8%；2032 年为 170 万吨，与基期相比下降 18.1%，年均下降 2.0%。展望期内，中国棉花产量基本稳定，棉花消费需求呈下降趋势，进口量将相应减少。棉花进口会增加中高端棉部分以满足国内纺织行业转型升级需求。

2.2 生产展望

棉花种植面积将继续下降。预计2023年棉花种植面积为4342万亩（289万公顷），与上年相比下降3.5%；2027年为4310万亩（287万公顷），与基期相比下降6.3%；2032年为4280万亩（285万公顷），与基期相比下降6.9%，年均降幅0.7%（图7-4）。2022年国内新棉上市以后，籽棉收购价格较上年大幅下降，加上土地租金和农资价格上涨，植棉成本明显增加，棉农收益受到较大影响，2023年农户植棉积极性将有所下降。中长期看，受劳动力和土地成本持续上升、水土资源条件约束趋紧、植棉比较效益低等因素影响，棉花种植面积继续下降。

棉花单产稳步提升，品质持续改善。预计2023年棉花单产为133.2千克/亩（1998.0千克/公顷），与上年相比提高0.3%；2027年为134.5千克/亩（2017.5千克/公顷），与基期相比提高5.3%；2032年为135.3千克/亩（2029.5千克/公顷），与基期相比提高5.9%，年均增幅0.6%。展望期内，中国将继续推进内地低产棉区和新疆次宜棉区退出，调整优化棉花生产区域结构；以高标准农田建设为抓手，通过土壤平整改良、推广节水灌溉设施等措施改善棉田基础设施条件，增强棉田综合生产能力；棉花育种、栽培、采收、加工等环节科技水平预计将取得突破性进展，单产稳步提升。棉花产业发展以高质量为导向，着力打造"中国棉花"品牌形象，开展高品质棉花种植带建设，棉花生产和加工标准体系逐步完善，棉花品质预计将持续改善。

棉花产量稳中略降。预计2023年中国棉花产量为578万吨，与上年相比下降

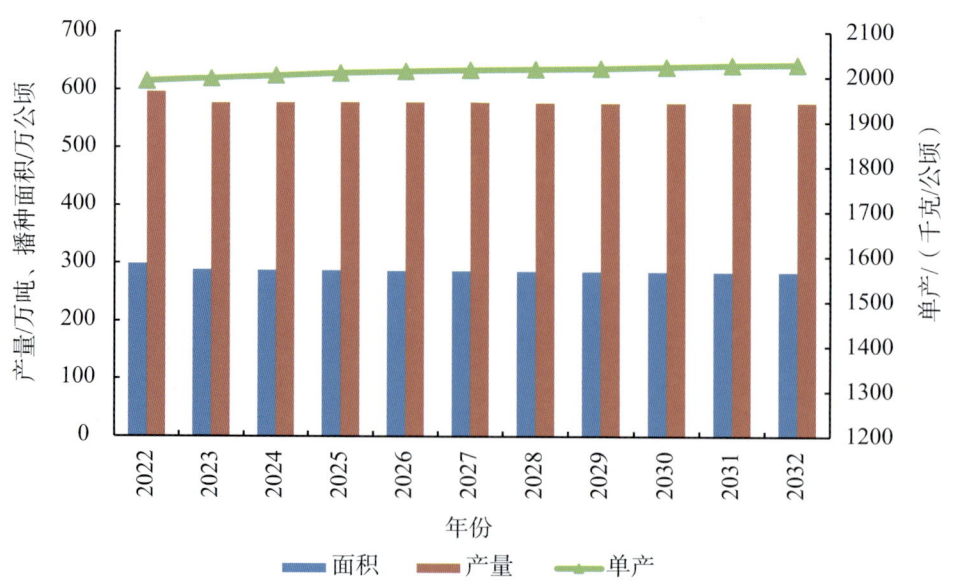

图7-4　2022—2032年中国棉花种植面积和产量

（数据来源：2023—2032年数据为中国农业科学院农业信息研究所CAMES模型系统预测）

3.3%；2027年为580万吨，与基期相比下降1.3%；2032年为579万吨，与基期相比下降1.4%，年均降幅0.1%。

2.3 消费展望

棉花消费量先增后降。预计2023年中国棉花消费量为772万吨，与上年相比增长1.6%；2027年为760万吨，与基期相比下降0.9%；2032年为745万吨，与基期相比下降2.8%，年均降幅0.3%（图7-5）。展望2023年，全球经济将延续低增长态势，地缘冲突、贸易保护等多重因素相互叠加，国际纺织品服装需求大幅下滑，中国纺织品服装出口受阻局面难有起色。中国新冠疫情防控政策调整后，社会生活逐步恢复正常，国内纺织品服装消费将出现明显复苏。中长期看，随着国内劳动力成本上升、国际贸易保护主义加剧等多重因素影响，中国纺织品服装出口竞争力面临下滑局面，棉花产业向海外转移的步伐明显加快；随着纺织技术进步，非棉纤维的低成本优势和功能化特性不断强化，在棉纺织行业的应用数量和种类持续扩大，对原棉消费形成明显替代；进口棉纱价格优势明显，替代部分国内棉花需求。上述因素决定了中长期中国棉花消费将呈下降态势。但由于中国拥有全世界最为完备的纺织服装制造产业体系和超大规模市场优势，海外供应链无论在产能规模、产品结构还是产业链完整程度上，短期内均无法对中国形成根本性挑战。展望期内，中国有望继续保持全球最大棉花消费国和纺织品服装出口国地位。

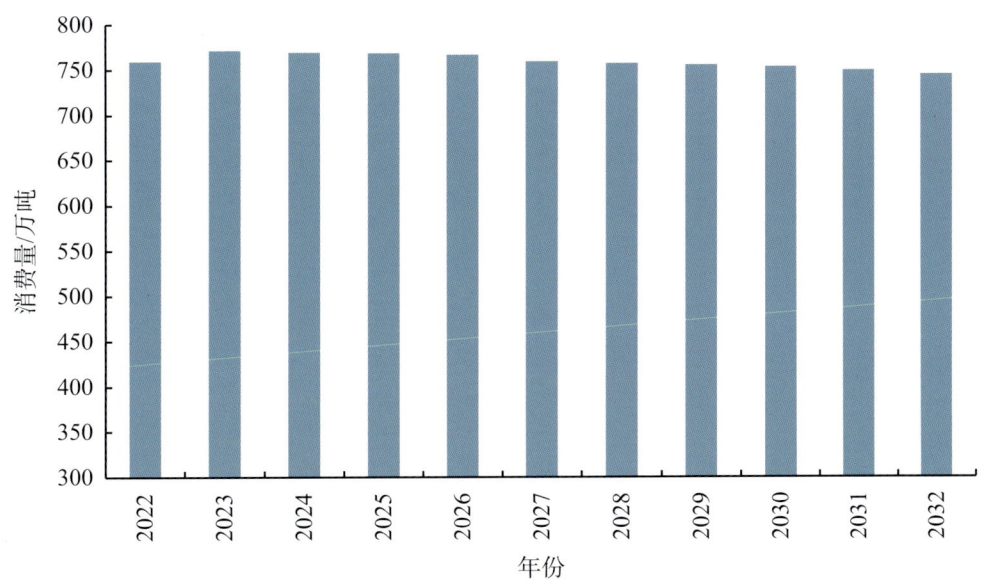

图7-5 2022—2032年中国棉花消费量

（数据来源：2023—2032年数据为中国农业科学院农业信息研究所CAMES模型系统预测）

2.4 贸易展望

棉花贸易保持净进口格局，进口量呈下降趋势。预计2023年棉花进口量为185万吨，与上年相比下降4.1%；2027年为177万吨，与基期相比下降14.8%；2032年为170万吨，与基期相比下降18.1%，年均下降2.0%（图7-6）。中国棉花供给主要由国内生产、进口和储备三部分构成，在国内棉花产不足需、中央储备棉库存保持低位形势下，进口棉仍是棉花供需缺口的主要补充。展望期内，中国棉花产量基本稳定，消费需求呈下降趋势，进口量将相应减少。随着纺织行业转型升级，高等级棉花仍然是进口的重点。从进口来源国看，短期内美国、巴西、澳大利亚仍将是中国最重要的贸易伙伴。中长期内，中国将持续拓展亚非等国棉花进口渠道，以增强供应链的稳定性及可靠性，棉花进口将呈多元化格局。棉花出口规模不会有明显变化，出口市场仍以亚洲周边国家和地区为主。

图7-6　2022—2032年中国棉花进口量

（数据来源：2023—2032年数据为中国农业科学院农业信息研究所CAMES模型系统预测）

2.5 价格展望

棉花国内外市场价格联结度可能弱化。2014年中国实施棉花目标价格补贴政策以来，以供需为基础的棉花市场价格机制迅速形成，国内外棉花市场一体化特征明显。但2022年"涉疆法案"持续发酵以来，内外棉价出现了严重倒挂和分化，国内外棉花市场的联结度明显下降。中短期内，随着国内国际双循环新格局的形成，中国棉花价格将更多地受国内市场需求影响，国内外棉花市场可能呈现两个市场、两种走势格局。2023年中国棉花生产有所下滑，纺织品服装出口订单复苏乏力，棉花价格大幅上涨空间有限。长期看，棉花价格主要由市场供求基本面决定，但由于棉花具有较强的金融属性，国际经济、贸易以及资本炒作可能加大棉花价格的阶段性波动风险。

3 不确定性分析

3.1 气候因素

棉花作为生长周期较长的大田作物，不同生长阶段对光照、温度和降水量都较为敏感。近年来，受全球气候变暖影响，我国极端天气事件明显增多，洪涝与干旱灾害的突发性、异常性、不可预见性日益突出，局部地区强暴雨、极端高温干旱以及超强台风等自然灾害呈突发、多发、并发趋势，异常天气引发自然灾害的风险增大，将会给棉花生产带来较大不确定性。特别是在中国棉花生产高度集中于新疆的情况下，如果生长关键期主产区遭受不利气候条件，将对中国棉花生产供应和市场稳定产生超出预期的影响。

3.2 技术因素

展望期内，中国将继续引导科技资源集中研发适宜轻简化栽培和适宜机采的棉花新品种，推动良种良法配套、农机农艺融合，但农业科技进步是长期趋势，对棉花单产、品质的促进作用，存在一定的不确定性；中国化纤工业在科技创新领域新成果新技术不断涌现，行业技术创新方向呈现高性能化、智能化和可持续化发展趋势，化纤技术的进步使得非棉纤维的低成本优势和功能化特性不断强化。新一代数字化技术与纺织行业深度融合，带来业态更新与价值延伸。但未来能源价格走势、功能性纤维的研发及消费习惯的改变仍存在明显的不确定性，这将对棉花需求产生重大影响。

3.3 宏观经济和贸易环境因素

中国棉花产业外向型特征明显，即大量进口棉花和大量出口纺织品，国际经贸环境的不确定性将是影响中国棉花供求关系和价格走向的重要因素。2019年以来，美国政府针对中国新疆地区棉花和棉纺织企业出台了一系列限制措施，将对中国棉纺织生产和贸易秩序产生明显影响。这一问题也成为欧盟、东南亚等国家的重要关注，并可能对其贸易政策制定产生明显影响。中国棉花产业在国际产业格局调整与贸易竞争中面临复杂考验，存在较高的不确定性。

参考文献

陈佳，王燕，白玉兰，2022. 我国棉花产业现状和产出效率分析及对策［J］. 棉花科学，44（5）：3-10.

邓金剑，2021. 美国限制进口新疆棉花：供应链与产业链之争［J］. 国际经济合作（5）：79-89.

翟雪玲，原瑞玲，2019. 近30年全球棉花产业格局变迁及对中国棉花产业的影响［J］. 世界农业（8）：71-78.

翟雪玲，原瑞玲．2022. 中国棉花产业发展与主要政策分析［M］. 北京：中国农业出版社．

翟雪玲，原瑞玲，许国栋，2017. 供给侧改革背景下中国棉花生产成本收益分析及国际比较［J］. 中国棉花，44（11）：1-7.

钱静斐，宋玉兰，原瑞玲，等，2020. 开放条件下我国棉花产业安全问题及发展策略［J］. 中国农业资源与区划，41（5）：140-145.

第八章

糖　　料

糖料作物是为制糖工业提供原料的大宗经济作物，食糖是国家战略储备物资，其产业发展事关国家战略安全。2022年[①]，中国糖料作物种植面积2205万亩（147万公顷），与上年相比增长0.8%；食糖产量956万吨，减少10.4%；消费量1540万吨，减少0.6%；进口量533万吨，减少15.9%；国内糖价上涨6.1%，国际糖价上涨17.4%，内外价差进一步缩小。展望未来10年，国内食糖产量总体趋增，消费增速放缓，但产不足需仍将持续，进口规模稳中有增，国内糖价高位平稳运行，国际糖价震荡上涨。2023年，预计中国食糖产量933万吨，与上年相比减少2.4%；消费量1560万吨，增长1.3%；进口量500万吨，减少6.2%。2027年，预计中国食糖产量、消费量和进口量分别为1067万吨、1607万吨和539万吨，比基期（2020—2022年3年平均值，下同）分别增长4.4%、5.0%和4.6%。2032年，预计中国食糖产量、消费量和进口量分别为1104万吨、1644万吨和587万吨，比基期分别增长8.0%、7.5%和3.9%，年均增速分别为0.8%、0.7%和0.4%。

1 2022年市场形势回顾

1.1 糖料种植面积持平略增，食糖产量减少

国家统计局数据显示，2022年中国糖料种植面积2205万亩（147万公顷），与上年相比增长0.8%。其中，甘蔗种植面积估计1926万亩（128万公顷），减少2.4%；甜菜种植面积估计279万亩（19万公顷），增长31.6%。从地区分布看，广西、云南和内蒙古的糖料种植面积位列全国前三。

2022年，中国甘蔗单产4.6吨/亩（69.0吨/公顷），与上年相比增长1.1%，平均糖分含量13.8%，下降0.6个百分点；甜菜单产3.4吨/亩（51.0吨/公顷），下降3.4%，平均糖分含量15.0%，提高0.01个百分点。

2022年，中国食糖产量大幅减少。据中国糖业协会统计，中国食糖产量956万吨，与上年相比减少10.4%。其中，甘蔗糖产量870万吨，减少4.7%，占食糖产量的91.0%；甜菜糖产量86万吨，减少44.2%，占食糖产量的9.0%。从地区分布来看，广西、云南和广东的食糖产量位居全国前三。产量下降的主要原因包括3点。一是天气因素。广西和云南甘蔗产区降水量高于平均水平且出现霜冻天气，导致甘蔗糖分含量下降；新疆甜菜产区榨季初期的寒冷天气影响了甜菜产量。二是甘蔗种植比较效益下降。柑橘、香蕉、火龙果、百香果等替代作物竞争加剧，导致甘蔗种植面积减少。三是种植成本上升。用工成本和土地租金不断上涨对糖料生产

---

① 文中，按市场年度展开分析，2022年指"2021/2022榨季"，即2021年10月至2022年9月；2023年指"2022/2023榨季"，即2022年10月至2023年9月。以此类推。

造成下行压力。此外，缅甸、老挝因新冠疫情防控实施的边境管制限制了中国进口甘蔗也是重要原因之一。

1.2 食糖消费量持平略降，居民消费占比持平略升

从总量看，由于国内经济增长低于预期、人口负增长、代糖市场规模扩大以及京沪等地新冠疫情局部反复等因素抑制了食糖消费，2022年中国食糖消费量1540万吨，与上年相比减少0.6%。从结构上看，中国食糖消费呈现"以工业消费为主、居民消费为辅"的格局未发生改变。据中国糖业协会统计，食糖消费总量中工业消费占比53.4%，居民消费占比46.6%，与上年相比分别减少0.3个百分点和增加0.3个百分点。

1.3 食糖进口仍居高位，出口有所增加

据海关总署统计，2022年中国食糖进口533万吨，与上年相比减少15.9%；另据中国糖业协会统计，前三大进口来源国依序是巴西（占比79.2%）、印度（占比5.2%）和泰国（占比5.1%），主要贸易方式分别是一般贸易、保税监管场所进出境货物以及进料加工贸易，主要进口省份依序是北京（128万吨）、广东（101万吨）和山东（100万吨）。食糖进口减少的主要原因是国内外食糖价差大幅缩小，食糖进口配额外到岸税后价过高，进口糖利润空间不大；同时，国内食糖消费的刚性需求下降，加工糖厂的生产采购积极性随之减弱。同期，由于国外食糖需求走强且价格攀升，中国食糖出口量有所增加，达16万吨，与上年相比增长18.8%，主要出口目的地是印度尼西亚、中国香港、新加坡等国家和地区。

1.4 国内糖价有所上涨，国际糖价大幅上涨

国内糖价有所上涨。2022年国内食糖年度均价为5705元/吨，与上年相比增长6.1%。2021年10—12月，国内糖价先涨后跌，呈倒"V"形走势，即先从10月的5573元/吨涨至11月的5723元/吨，涨幅2.7%，再跌至12月的5642元/吨，降幅1.4%。2022年2—4月，广西大部分地区低温寡照、降雨偏多，影响了甘蔗糖分积累和糖厂生产进度，加之北方甜菜种植面积大幅下降，新疆、内蒙古等地连续遭受天气灾害，致使食糖产量下降，国内糖价从5604元/吨涨至5829元/吨，涨幅4.0%。2022年6—9月，国内基本面利空持续消化，云南、广西产区销糖呈"旺季不旺"特征，市场处于去库存阶段，消费疲弱使价格疲软下跌，致使国内糖价从5916元/吨跌至5563元/吨，降幅6.3%。

国际糖价大幅上涨。2022年，国际食糖年度均价为4954元/吨，与上年相比增长17.4%。2021年10—12月，国际糖价先跌后涨，呈"V"形走势，即先从10月的4857元/吨跌至11月的4738元/吨，降幅2.5%，再涨至12月的4789元/

吨，涨幅 1.1%。2022 年 1—4 月，受乌克兰危机推高原油价格影响，国际糖价从 4641 元/吨涨至 5382 元/吨，涨幅 16.0%。2022 年 5—8 月，受美联储收紧货币政策和巴西主产区开榨增加供应的影响，国际糖价从 5216 元/吨跌至 4886 元/吨，降幅 6.3%。至 2022 年 9 月，国际糖价回升至 5099 元/吨，与上年同期相比增长 4.0%。2022 年，国内外食糖平均价差与上年相比缩小 409 元/吨（图 8-1）。

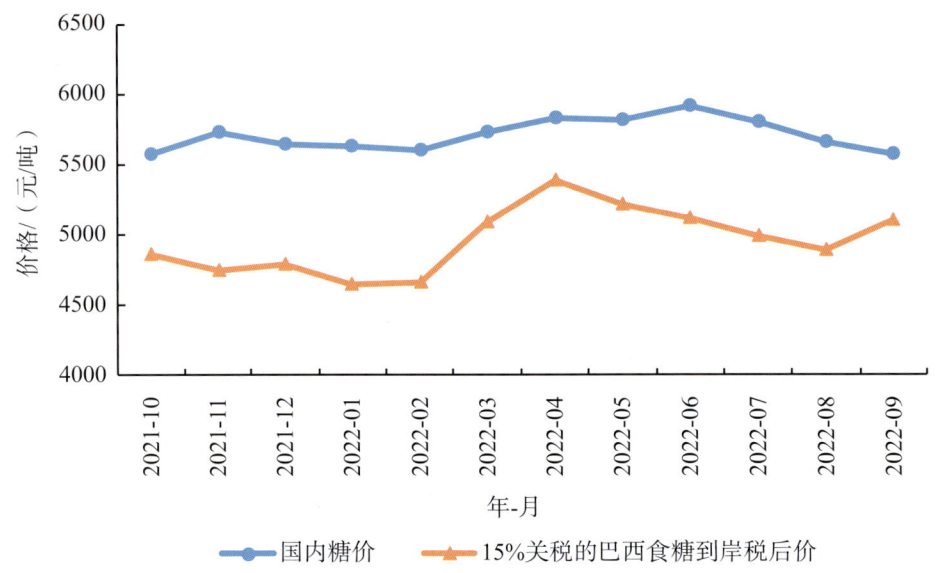

图 8-1　2022 年（2021/2022 榨季）国内外食糖价格走势

（数据来源：农业农村部农产品供需分析系统）

2　未来 10 年市场走势判断

2.1　总体判断

产量总体趋增。预计 2023 年中国食糖产量 933 万吨，与上年相比减少 2.4%；预计 2027 年全国食糖产量 1067 万吨，比基期增长 4.4%，预计 2032 年 1104 万吨，比基期增长 8.0%，年均增长 0.8%。

消费增速放缓。预计 2023 年食糖消费量 1560 万吨，与上年相比增长 1.3%；预计 2027 年全国食糖消费量 1607 万吨，比基期增长 5.0%；预计 2032 年 1644 万吨，比基期增长 7.5%，年均增长 0.7%。

进口稳中有增。预计 2023 年食糖进口 500 万吨，与上年相比减少 6.2%；预计 2027 年全国食糖进口 539 万吨，比基期增长 4.6%；预计 2032 年进口 587 万吨，比基期增长 3.9%，年均增长 0.4%。

国内外糖价高位震荡。国内糖价中长期以高位窄幅震荡为主，国际糖价长期稳中有涨但涨幅有限，两者价差有望逐步缩小。

2.2 生产展望

糖料种植面积稳中有降。为建立糖料蔗生产保护区动态平衡机制，推动糖料蔗种植面积稳定增长，中国南方糖料作物产区把稳定糖料蔗种植面积作为重点，如广西组织开展"桉退蔗进"专项行动，云南重点建设国家糖料蔗生产保护区和糖料蔗核心基地县。但是，由于甘蔗收购价不稳定，化肥农药、人工、地租等成本不断攀升，造成种蔗效益持续下降，严重影响了农民种蔗积极性。北方甜菜因与玉米、大豆等作物存在竞争性，受作物之间比较效益的影响，其种植面积波动较大。预计2023年中国糖料种植面积2128万亩（142万公顷），与上年相比减少3.5%；预计2032年中国糖料种植面积2214万亩（148万公顷），比基期减少1.5%，年均减少0.2%。

糖料单产持续提升。提升糖料单产的关键在于推广良种良法技术、推动生产全程机械化以及加强精细化生产管理。广西、云南两大糖料蔗主产区均制定了提升蔗糖单产的相关政策，如《广西糖料蔗良种良法技术推广工作实施方案》提出，到2023年亩产提高20%以上，《云南省关于推进蔗糖产业高质量发展的实施意见》要求，到2023年带动500万亩（33万公顷）蔗区单产达5吨以上。预计2023年中国糖料单产3.8吨/亩，其中甘蔗单产4吨/亩，甜菜单产约3.7吨/亩。展望期内，国家将以甘蔗生产保护区为重点，加快蔗田宜机化改造，选育"双高"抗逆品种，提高脱毒健康种苗覆盖率，推进全程机械化，同时推广先进技术模式，而这将为进一步提高糖料单产奠定坚实基础。

食糖产量总体趋增。2023年，主产区广西前期受不利天气影响，甘蔗单产降幅高于预期，预计全国食糖产量为933万吨，与上年相比减少2.4%。其中，蔗糖产量825万吨，与上年相比减少5.2%，占食糖总产量的88.4%；甜菜糖产量108万吨，与上年相比增长25.6%，占食糖总产量的11.6%。展望期内食糖生产稳步增长，预计2027年食糖产量1067万吨，较基期增长4.4%；预计2032年为1104万吨，较基期增长8.0%，年均增长0.8%（图8-2）。

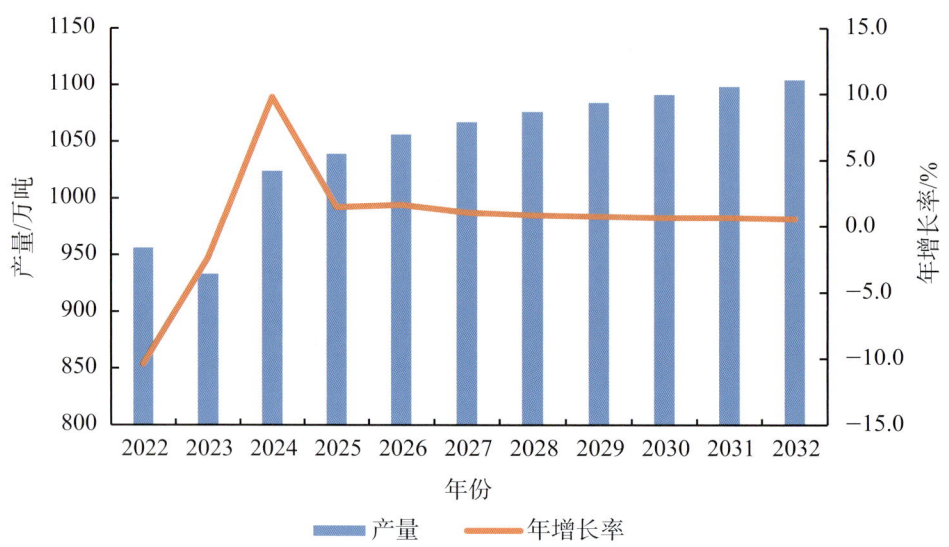

图 8-2　2022—2032 年中国食糖产量变化趋势

（数据来源：2023—2032 年数据为中国农业科学院农业信息研究所 CAMES 模型系统预测）

2.3　消费展望

食糖消费增速放缓。随着中国经济实现整体性好转，经济增速大概率会达到正常水平，居民食糖消费也会随之逐步修复，预计 2023 年中国食糖消费量 1560 万吨，与上年相比增长 1.3%。展望期内，中国人口进入负增长时代，人口老龄化程度持续加深，科学消费食糖理念渐入人心，中国食糖消费增速放缓。预计 2027

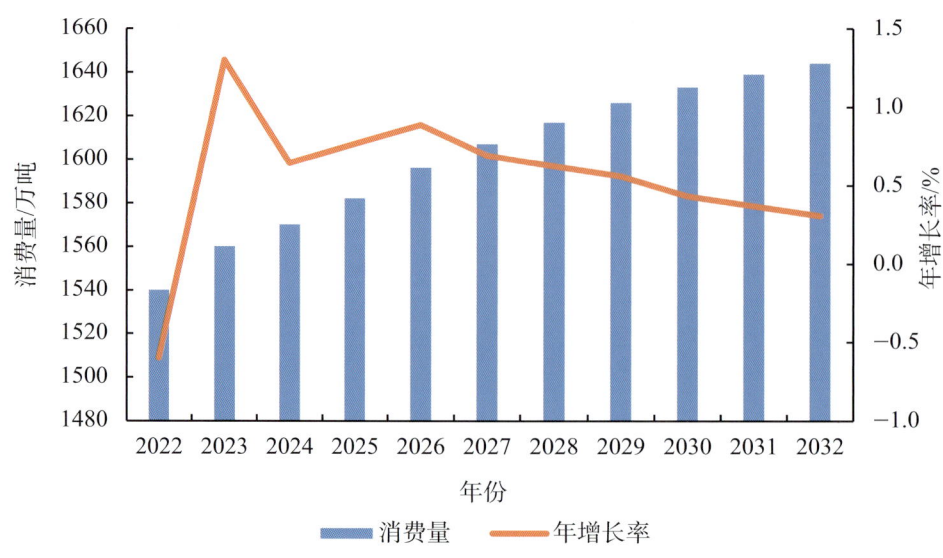

图 8-3　2022—2032 年中国食糖消费量变化趋势

（数据来源：2023—2032 年数据为中国农业科学院农业信息研究所 CAMES 模型系统预测）

年食糖消费量 1607 万吨，较基期增长 5.0%；预计 2032 年食糖消费量 1644 万吨，较基期增长 7.5%，年均增长 0.7%（图 8-3）。

2.4 贸易展望

进口稳中有增。中国虽在国际糖价呈上涨趋势下仍需进口食糖以填补国内产需缺口，但受国际糖价居高不下、精炼糖厂利润下滑等因素的影响，预计 2023 年中国食糖进口有望回落至 500 万吨，与上年相比减少 6.2%。展望期内，为稳定市场供给、保障国内糖业健康发展，中国食糖进口将延续现行关税配额管理、关税税率等食糖进口政策，在国内产糖增长潜力有限、农村食糖消费持续增加以及食品、饮料工业快速发展等因素综合作用下，未来食糖进口稳中有增。预计 2027 年中国食糖进口 539 万吨，较基期增长 4.6%；预计 2032 年进口 587 万吨，较基期增长 3.9%，年均增长 0.4%（图 8-4）。

图 8-4　2022—2032 年中国食糖进口量变化趋势

（数据来源：2023—2032 年数据为中国农业科学院农业信息研究所 CAMES 模型系统预测）

2.5 价格展望

国内糖价高位平稳运行。由于国内糖市新增供应偏紧，且市场需求逐渐转好，加之受国际糖价带动，预计 2023 年中国食糖均价在 5950~6550 元 / 吨区间震荡。展望期内，进口糖成本上升将推动国内糖源综合成本上升，进而对国内糖价形成有效支撑，同时无配额限制且利润高企的进口糖浆会挤占国产糖市场，进而抑制糖价涨幅。因此预计国内糖价未来一个时期将在高位平稳运行，难有大起大落现象。

国际糖价震荡上涨。展望期内，受美联储利率政策、主产国生产加工水平、进口国贸易情况和生物质能源政策等多种因素的叠加影响，国际糖价呈现震荡上行，15%关税的巴西食糖到岸税后价维持在4700~5600元/吨区间。

3 不确定性分析

3.1 自然灾害因素

同其他农作物一样，糖料作物也会受到冰冻、霜冻、风害、洪涝、干旱等极端自然灾害影响，而影响效果、持续时间则视糖料受灾情况而定。从不同自然灾害的异质性影响看，低温霜冻、冰冻对糖料生长尤其是甘蔗生产的影响最大，如影响甘蔗的当期产量与糖分、种苗数量与质量以及次年宿根蔗；风害即热带气旋危害对沿海地区的蔗区影响最大，主要造成甘蔗折断或倒伏，使甘蔗产量和糖分减少；洪涝则易造成蔗田土壤缺氧、有机酸增高，使蔗根与蔗茎生长不良而减产。相较而言，冰冻、霜冻等自然灾害的影响时间较长，使当期和随后几个榨季的糖价剧烈波动；风害、洪涝等自然灾害的影响时间相对较短，一般只影响当前榨季糖价。

3.2 甘蔗机械化收割因素

甘蔗收割机械化率低是当前制约我国甘蔗及蔗糖生产的主要瓶颈之一。甘蔗机械化收割是甘蔗在种植后收割过程中的关键步骤，不仅可提高工作效率、降低生产成本，还会因蔗头留茬低而提高甘蔗产量。目前，甘蔗收割"有机可用"问题基本解决，但甘蔗宜机化品种、种植模式推广不足，糖企工艺改造滞后，收割机收蔗积极性不高，加之地形地块宜机性差、甘蔗砍收仍以人工为主，机械化收割程度较低。未来，农机农艺农田匹配程度，糖企对机收蔗的态度和适宜机收的甘蔗新品种的研发推广进度，事关甘蔗收割效率升、成本降、产量增等多重目标的实现。

3.3 国际政策因素

目前世界食糖主要生产和出口国是巴西、印度、泰国、澳大利亚以及古巴，主要消费和进口国包括欧盟、俄罗斯、中国、印度尼西亚以及巴基斯坦等，这些国家的食糖进出口政策、关税政策、生产支持政策等对全球食糖供需及价格均有重要影响。例如，美国对食糖实施进口配额管理，按照配额以高于国际市场价从指定国家进口食糖；巴西、古巴、欧盟通过控制种植面积的方法有计划地控制产糖量；印度、菲律宾、泰国则根据国内市场情况随时调整政策以控制出口量。正因各国对食糖生产、消费和贸易的干预，致使食糖市场成为世界上最受政策扭曲的市场之一，引发诸多不确定性。

参考文献

邓丹丹，沈力，李美，等，2022. 2021/22年榨季世界糖业市场概述［J］.甘蔗糖业，51（3）：91-99.

李辉尚，刘芷妍，宋建堂，等，2022.国际食糖出口限制政策对我国食糖市场影响与启示［J］.中国食物与营养，28（9）：41-45.

刘晓雪，邬志军，周靖昀，2022.2021/22年榨季国内外食糖市场回顾与2022/23年榨季展望［J］.甘蔗糖业，51（4）：54-65.

刘晓雪，周靖昀，2022.全球食糖消费时空变化特点与影响因素研究［J］.甘蔗糖业，51（1）：67-80.

刘泽琦，司伟，2022.老龄化抑制了中国居民食糖消费吗？［J］.中国农业大学学报，27（9）：272-282.

刘芷妍，罗丽平，2022.2021年中国食糖进口形势分析与"十四五"视角下2022年展望［J］.甘蔗糖业，51（2）：85-91.

农业农村部市场预警专家委员会，2021.中国农业展望报告（2021—2030）［M］.北京：中国农业科学技术出版社.

农业农村部市场预警专家委员会，2022.中国农业展望报告（2022—2031）［M］.北京：中国农业科学技术出版社.

魏冰，蓝艳华，王琳，2021.科学认识食糖、合理消费食糖［J］.甘蔗糖业（6）：74-79.

赵长和，钟钰，2017.中国食糖进口贸易的大国效应分析——兼论当前中国食糖进口激增的影响［J］.世界农业（7）：102-108.

第九章

蔬　菜

中国是世界上最大的蔬菜生产国，蔬菜是重要的"菜篮子"产品，也是重要的贸易顺差农产品。当前，中国蔬菜产业处于稳定发展期，供给充足，消费活跃，品种结构趋优，质量安全可靠，长期保持净出口和贸易顺差。2022年，蔬菜供给总体宽松，面积和产量均稳中有增，产量7.91亿吨，比上年增长2.0%，其中商品产量5.93亿吨；消费逐步恢复，消费量5.81亿吨，增长0.2%；出口量1183万吨，增长6.5%，出口额172.2亿美元，增长9.2%，进口有所下降，进口量33.7万吨，减少30.2%，进口额9.6亿美元，减少19.0%；价格稳中有降，批发均价4.92元/千克，略降0.6%，比近3年平均水平高6.4%。预计2023年，蔬菜产量7.93亿吨，比上年微涨0.3%，消费量5.88亿吨，增长1.2%；出口量1191万吨，增长0.7%，进口量40万吨，增长17.6%；价格稳中有涨，涨幅在5%以内。预计2027年，产量7.96亿吨，比基期（2020—2022年3年平均值，下同）增长3.1%；消费量6.03亿吨，比基期增长5.2%；出口量1338万吨，比基期增长15.0%，进口量50万吨，比基期增长16.3%；价格较基期小幅上涨。预计2032年，产量7.99亿吨，比基期增长3.5%，10年年均增速0.3%；消费量6.09亿吨，比基期增长6.2%，年均增速0.6%；贸易保持"大出小进"格局，出口量1409万吨，比基期增长21.0%，年均增速1.9%，进口量56万吨，比基期增长30.2%，年均增速2.7%；受土地、劳动力、生产资料等成本因素影响，蔬菜价格可能稳中有涨。

1 蔬菜

1.1 2022年市场形势回顾

1.1.1 产量小幅增长

2022年，蔬菜生产克服了不利天气和新冠疫情防控等诸多因素影响，面积、产量均稳中有增，播种面积约3.3亿亩（2233.7万公顷），比上年增长1.6%，产量约7.91亿吨，增长2.0%，受夏季高温干旱和第三季度阶段性流通不畅影响，商品化过程损失较往年略有增加，商品产量[①]5.93亿吨，比上年略减0.2%。从年内变化看，蔬菜生产供应呈"两紧一松"特点：2月南方持续阴雨雪寡照和7月以后全国大范围高温及南方干旱，影响了当季蔬菜单产和后续茬口衔接，导致这两个时间段南方部分产区供应偏紧；而秋季蔬菜受上年四季度菜价偏高影响，扩种意愿较强，11月上旬全国在田蔬菜面积9079.9万亩（605.3万公顷），同比增加了163.1万亩（10.9万公顷），加之天气有利，冷凉蔬菜和各地地产蔬菜上市量增长较快，供给十分宽松，但尤其是云南、河南、内蒙古等部分产区受新冠疫情临时管控，市

---

① 商品产量是指经过运输、贮藏、批发、零售等诸多环节中的一个或多个环节后，可由消费者购买的蔬菜量。

场流通阶段性不畅，蔬菜采收和外运受阻，地头价持续低迷，个别地区甚至出现了滞销卖难。到12月，随着国家发布新冠疫情防控"新十条"，蔬菜产地采收外运及跨区流通不畅问题得到了有效缓解，蔬菜生产进入冬季蔬菜供应模式，基本恢复了常年同期上市节奏。

1.1.2 消费需求恢复性增长

2022年，中国蔬菜消费继续恢复向好，蔬菜消费量5.81亿吨，比上年增长0.2%。新冠疫情防控形势复杂、严峻，不论是"放开前"还是"放开后"，短时、多点、散发性流通不畅造成鲜菜损耗增大，并偶有引发阶段性"囤菜焦虑"情绪，尤其是田头出现了局部地区的滞销卖难，蔬菜商品化损失较大。鲜食消费（包括家庭消费和餐饮消费）2.47亿吨，比上年略减1.1%，占消费量的42.4%，居民人均鲜食消费量175千克；损耗1.37亿吨，比上年增长3.0%。新冠疫情在一定程度上改变了消费者"菜篮子"产品需求偏好，业内称2022年成为"预制菜元年"，全国范围内预制菜产业的蓬勃发展，带动了宜加工蔬菜和调味品蔬菜品种需求增加，蔬菜加工消费有所扩大，约1.34亿吨，比上年增长0.5%，占消费量的23.1%，饲用、种用等相关其他消费0.63亿吨。

1.1.3 出口小幅增加

2022年，蔬菜出口量小幅增加，进口量明显减少，贸易顺差持续扩大。蔬菜出口量1183万吨，比上年增长6.5%，出口额172.2亿美元，增长9.2%。蔬菜出口目的地仍以东亚和东南亚地区为主，前5位分别是越南、日本、韩国、中国香港和马来西亚。从具体品类看，出口量最多的是大蒜（占出口量19.1%），其次是番茄（占10.4%）。2022年国内大蒜产量增加、库存高企，市场价格持续低位，大蒜出口量稳中有增，大蒜及其初级产品（干、加工）出口量共计225.94万吨，比上年增长5.9%，出口额24.08亿美元，减少7.8%，其中出口量前5位的国家是印度尼西亚、越南、马来西亚、美国和菲律宾，分别占大蒜出口总量的25.4%、9.9%、7.0%、5.3%和4.5%。蔬菜进口量33.7万吨，比上年减少30.2%，进口额9.6亿美元，减少19.0%。进口来源地集中度较高，主要有印度、缅甸、美国、新西兰和越南。主要进口品类辣椒，占进口总量的47.5%，其中有78.7%来自印度，其次是马铃薯（12.0%），有52.1%来自美国。累计贸易顺差162.6亿美元，比上年增长11.5%（图9-1、图9-2）。

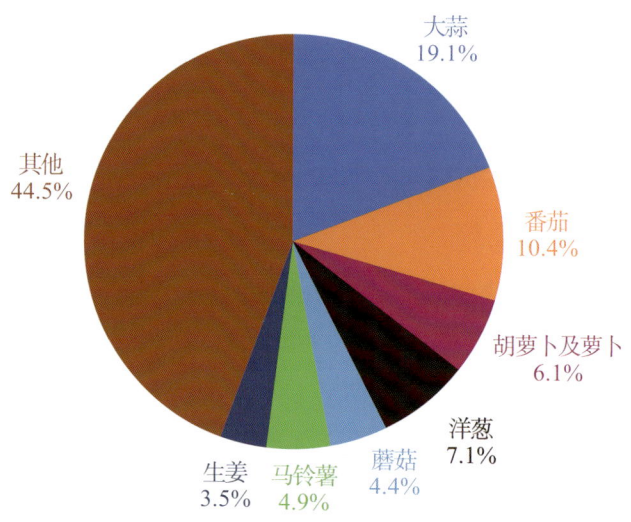

图 9-1　2022 年中国主要蔬菜分品种出口量占比

（数据来源：海关总署）

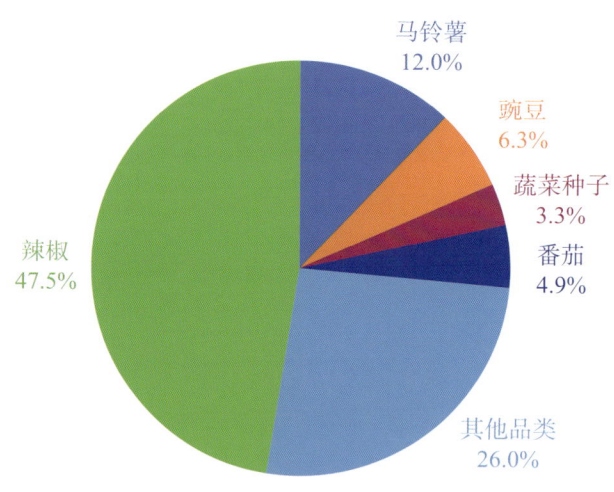

图 9-2　2022 年中国主要蔬菜分品种进口量占比

（数据来源：海关总署）

1.1.4　价格波动明显

2022 年，农业农村部重点监测的 28 种蔬菜全国批发均价 4.92 元 / 千克，比上年略降 0.6%，比近 3 年平均水平高 6.4%。从年内波动来看，蔬菜生产消费季节性强，年内价格走势通常表现出"两头高、中间低"的季节性波动规律，一般在春节前后出现价格高点，6 月出现价格低点，第四季度再次走高。2022 年整体运行以遵循季节性规律为主，但价格波动呈现出"M"形的波动特征：一是受 2 月持续不利天气影响，在春节前后和 4 月初出现"双高峰"，蔬菜日度价格一度突破 6.00 元 / 千克，与往年春节期间"单高峰"的走势有一定差异；二是受夏季大范围高温和南方干旱影响，受灾减产，供应偏紧，秋季菜价异常偏高，峰值提前，之后又遭遇新冠疫情管控流通不畅，田头一度出现滞销卖难，影响了产地转换茬口衔接，冬季菜价季节性上行偏晚偏缓（图 9-3）。

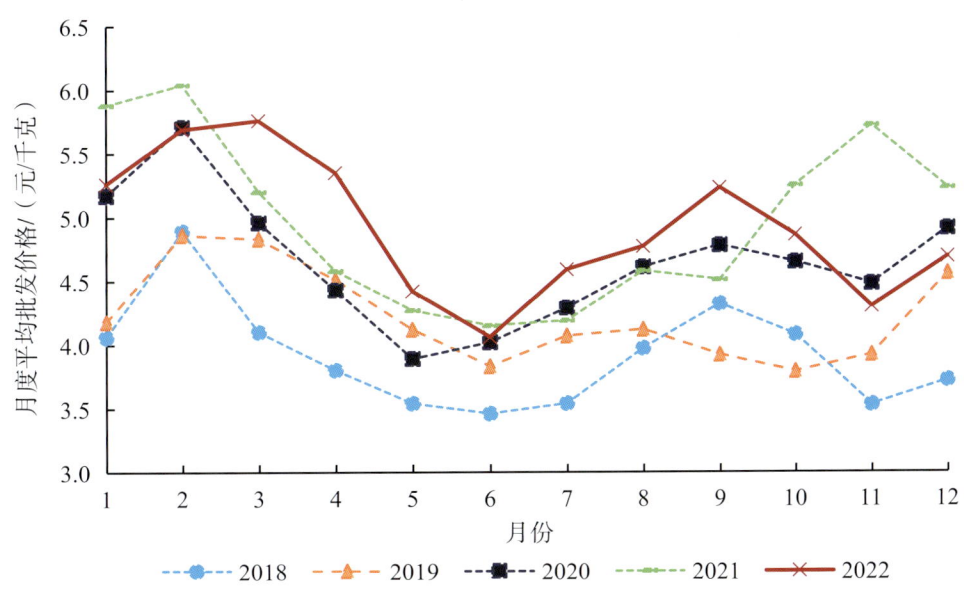

图 9-3　2018—2022 年农业农村部重点监测的全国 28 种蔬菜月度平均批发价格

（数据来源：农业农村部农产品批发市场监测信息网）

1.2　未来 10 年市场走势判断

1.2.1　总体判断

蔬菜生产有保障，产量保持高位稳定。未来 10 年，蔬菜在田面积新增速度将快速收窄，设施蔬菜利用其他土地比例有序增长，种植面积长期稳定在 3 亿亩（2000 万公顷）左右，蔬菜产量趋稳、增速放缓，商品率提高，品种结构和季节供应进一步调优。预计 2023 年蔬菜产量 7.93 亿吨，比上年微涨 0.3%，2027 年产量将达 7.96 亿吨，比基期增长 3.1%，2032 年产量 7.99 亿吨，比基期增长 3.5%。未来 10 年年均增速缩小至 0.3%，商品率由 2023 年的 76.8% 逐渐增至 2032 年的 78.3%。

蔬菜消费平稳发展，更加注重品质。未来 10 年，随着产地预处理水平提高、营销模式创新和品牌建设不断深化，蔬菜消费质量进一步提升。预计 2023 年消费量 5.88 亿吨，比上年增长 1.2%，2027 年和 2032 年将分别达 6.03 亿吨和 6.09 亿吨，比基期分别增长 5.2% 和 6.2%，10 年年均增速 0.6%；其中，鲜食消费占消费量的比例将从 2023 年的 43.5% 增至 2032 年的 44.7%；蔬菜加工规模将逐步扩大，年均增速 0.9%；损耗占比持续下降，损耗量年均减少 0.6%。

蔬菜保持净出口，贸易呈顺差趋势。未来10年，蔬菜贸易将以稳规模优结构为主，稳定出口对蔬菜产业增收的支撑作用，保持"大出小进"的蔬菜贸易格局，预计2023年、2027年和2032年出口量将分别达1191万吨、1338万吨和1409万吨，未来10年出口量年均增速1.9%。进口量基数相对较小，进口增速将快于出口，预计2023年进口量有所恢复，未来10年年均增速2.7%。蔬菜种子对外依存度逐渐下降。

蔬菜价格波动上涨，成本难下。未来10年，蔬菜产业将持续由劳动密集型向技术密集型转变。预计蔬菜供需仍可保持供给宽松局面，市场价格运行的季节性和周期性波动可能趋缓，但可能遭遇更为频繁的不利气象灾害冲击，整体将呈波动上行；预计2023年蔬菜价格比上年持平略涨，涨幅在5%以内。

1.2.2 生产展望

蔬菜生产结构优化，供给充足。预计2023年蔬菜产量7.93亿吨，比上年微涨0.3%，2027年产量将达7.96亿吨，比基期增长3.1%，2032年产量7.99亿吨，比基期增长3.5%，10年年均增速缩小至0.3%，商品率由2023年的76.8%逐渐增至2032年的78.3%（图9-4）。

"树立大食物观""向设施农业要食物"是大势所趋，也成为蔬菜生产转型升级的政策契机。近几年，中央农村工作会议多次强调，要树立大食物观，构建多元化食物供给体系，多途径开发食物来源，并专门提出"加快发展设施农业，强化农业科技支撑"，2023年中央一号文件提出"发展现代设施农业""集中连片推进老旧蔬菜设施改造提升"。发展设施蔬菜，进一步提升蔬菜生产科技水平，是提升蔬菜

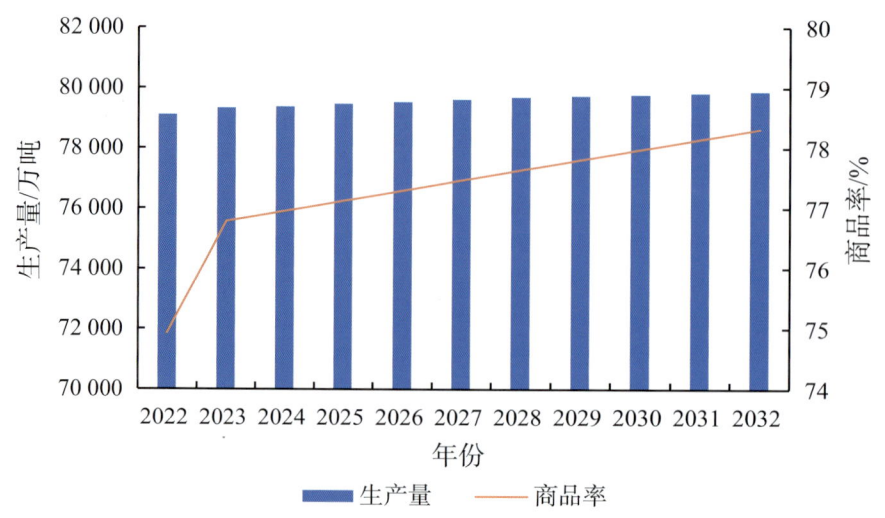

图9-4　2022—2032年中国蔬菜生产量和商品率变化趋势

（数据来源：2023—2032年数据为中国农业科学院农业信息研究所CAMES模型系统预测）

综合生产力、助力蔬菜稳产保供的重要举措，是高效利用土地资源、缓解粮菜争地矛盾的重要途径。未来10年，通过改造老旧设施提性能、新建设施拓空间、依靠科技进步提效率、创新组织方式补短板等实效措施，重点通过培育家庭农场、农民合作社等新型经营主体，发展种苗统育统供、肥料统配统施、病虫统防统治、采后商品化处理等社会化服务，是蔬菜产业转型升级的有效路径。

蔬菜生产发展兼顾"菜篮子"保供和农民增收，不再以单纯扩大规模为目标。未来10年，受水土资源约束，蔬菜在田面积新增速度将快速收窄，设施蔬菜利用其他土地比例有序增长，预计种植面积长期稳定在3亿亩（2000万公顷）左右，蔬菜产量趋稳、增速放缓，商品率提高，品种结构和季节供应进一步调优。各地稳产保供措施已初见成效，2022年辽宁新建10万亩（6666.7公顷）设施蔬菜，大部分已投产。广东全力建设30个蔬菜类省级现代农业产业园，蔬菜产能进一步提升。江苏建立规划面积90.5万亩（6.0万公顷）、覆盖2037个主体的绿色蔬菜保供基地，其中已建成78.8万亩（5.25万公顷）。各省份已经普遍建立稳产保供联络机制，及时掌握蔬菜生产面积、品种、产量及储备情况，强化蔬菜生产统筹指导。在促进农民增收方面，蔬菜产业加速现代化改革，不断突破蔬菜种业"卡脖子"局面，具有自主知识产权的高品质蔬菜种业健康发展，农业生产方式逐步实现绿色转型，蔬菜机械化发展迎头赶上，依托现代农业产业技术体系和全国农技推广体系等现有体系资源，通过协同创新和集成创新取得突破性进展，提升蔬菜综合机械化水平，夯实数字化、智能化基础，从而提高蔬菜质量安全水平和经济效益。

1.2.3 消费展望

蔬菜消费稳中有进，保量重质。未来10年，预计蔬菜鲜食消费、加工消费、饲用等其他消费均有所增加，2023年消费量5.88亿吨，比上年增长1.2%，2027年和2032年将分别达6.03亿吨和6.09亿吨，比基期分别增长5.2%和6.2%，10年年均增速0.6%；其中，鲜食消费占消费量的比例将从2023年的43.5%增至2032年的44.7%，鲜食消费量10年年均增速1.1%；随着蔬菜加工品消费需求增长和加工产业现代化升级，蔬菜加工规模将逐步扩大，10年年均增速0.9%；饲用、种用等其他消费略有增加；损耗占比持续下降，损耗量年均减少0.6%（图9-5）。

蔬菜消费增长潜力大。消费升级表现为在消费水平和消费质量提高的基础上，消费结构不断合理优化，食物消费的总体趋势是主食消费减少，而动物性食物消费增加（以肉类和奶类为主），富含维生素和膳食纤维等的蔬菜消费需求也相应增加。随着居民人均收入增加，居民消费需求从"吃得饱"转向"吃得好""吃得营养""吃得健康"，科学合理膳食理念逐渐深入人心，蔬菜消费随之增长。总体看，近年来中国蔬菜供应品种更加丰富，季节性差异明显缩小，居民蔬菜摄入量稳定在人均每日 270 克左右,与其他国家相比,一直处于较高水平。《中国居民膳食指南(2022)》提出,餐餐有蔬菜,在一餐的食物中,首先保证蔬菜重量大约占 1/2。保证每天摄入不少于 300 克新鲜蔬菜,深色蔬菜应占 1/2。未来 10 年,确保蔬菜市场供需动态平衡,实现供给端对需求端的适配性意义重大,尤其是未来蔬菜消费增加或者说蔬菜在居民食物结构中占比增加的势头不可逆转。

蔬菜消费结构转型升级。近几年,蔬菜消费快速转型升级,品牌蔬菜消费持续增长,推动了蔬菜流通体系的完善和流通模式的创新。但也暴露出仍然存在的菜农分散经营、基础设施落后、运输能力不足等问题,影响蔬菜流通链韧性的提升。近几年市场形势下,流通环节是否畅通已经成为影响市场价格波动的重要因素,在促进蔬菜产销衔接方面,应推进生产、流通、销售等蔬菜产业链各环节的深度融合,强化产地预处理,加强品牌建设,创新营销模式,加快推进"互联网+"现代农业发展,推进线上线下融合发展,满足不同群体不断升级的消费需求,进一步提升蔬菜消费质量。

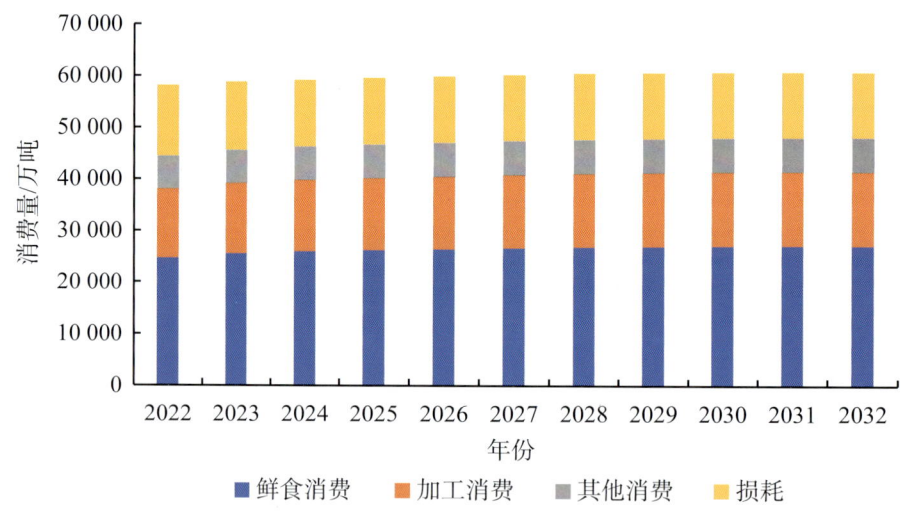

图 9-5　2022—2032 年中国蔬菜消费量变化趋势

(数据来源:2023—2032 年数据为中国农业科学院农业信息研究所 CAMES 模型系统预测)

1.2.4　贸易展望

蔬菜贸易"大出小进",保持顺差。未来 10 年,将继续保持净出口优势,预计 2023 年、2027 年和 2032 年出口量将分别达 1191 万吨、1338 万吨和 1409 万吨,10 年年均增速 1.9%。进口量基数相对较小,进口增速将快于出口,预计 2023 年进口量有所恢复,约 40 万吨,比上年增长 17.6%,恢复至新冠疫情前几年的平均水平;2027 年和 2032 年分别达 50 万吨和 56 万吨,10 年年均增速 2.7%(图 9-6)。

出口方面,当前世界经济复苏乏力,外需增长显著放缓,国际供应链格局也在加速重构,外贸发展环境极其严峻。未来10年,蔬菜贸易将以稳规模优结构为主,稳定出口对蔬菜产业增收的支撑作用,保持顺差优势。与此同时,随着中国居民蔬菜消费升级、对特色品种和高端蔬菜需求增加,同时蔬菜外向型加工业逐步发展,贸易活跃度提升。蔬菜贸易仍将保持出口优势品种集中度高、净出口的特点,日本、韩国、美国、东盟和欧盟成员国等是中国的主要合作伙伴。蔬菜出口的优势品类集中在大蒜、蘑菇、番茄、生姜、辣椒等。

进口方面,进口蔬菜主要仍以印度、美国、越南、日本和泰国等为主要来源地。主要进口蔬菜品类包括蔬菜种子、干辣椒、马铃薯(加工)和番茄(加工)等,主要用于种用、加工及调节特色品种,其中蔬菜种子的进口规模将显著优化。蔬菜种子对外依存度逐渐下降。长期以来,蔬菜种子进口额最大的前5位为番茄、西兰花、胡萝卜、菠菜和洋葱,近几年国产品种市场占有率增长很快,如国产自主育成青花菜品种在国内市场占有率由2017年的不足5%,已提升至15%~20%,预计未来10年,蔬菜种子进口可以有效减少。

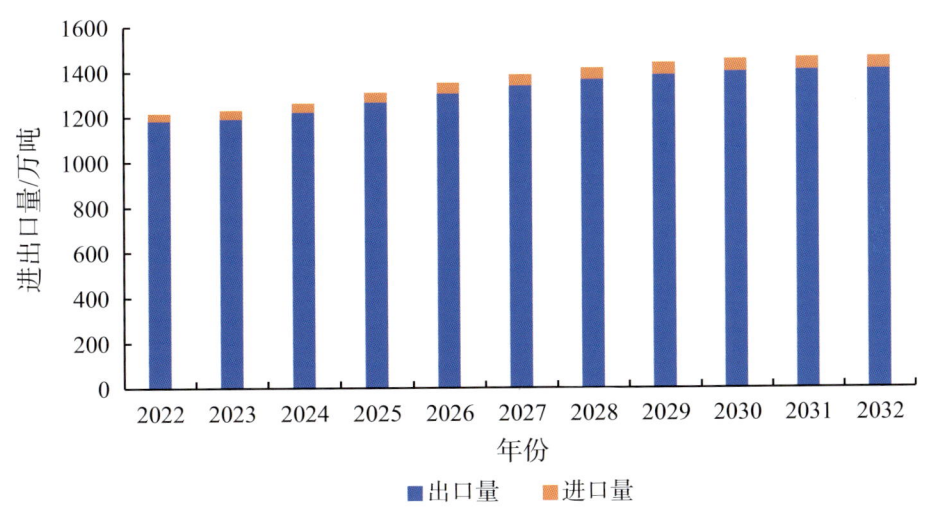

图 9-6　2022—2032 年中国蔬菜贸易量变化趋势

(数据来源:2023—2032 年数据为中国农业科学院农业信息研究所 CAMES 模型系统预测)

1.2.5　价格展望

蔬菜价格波动上涨,成本高企。当前,中国已经跨过人口增长拐点,未来10年,是蔬菜产业由劳动密集型向技术密集型转变的加速期。虽然当前蔬菜生产的比较效益在种植业中仍处于相对较高水平,但蔬菜平均成本收益率自2012年以来时有下降,尤其是蔬菜生产的平均人工成本逐年增长,并持续高于其他作物生产的人工成本,所以未来一个时期蔬菜价格上涨刚性动力,很大比例集中在用工多以及人工成本的不断上升。此外,蔬菜品牌化、绿色化、加工化发展,"互联网+"多业态并进,蔬菜价格在各类溢价水平上也将有一定上行空间。预计未来10年,蔬菜供需仍可保持供给宽松局面,市场价格运行的季节性和周期性波动可能趋缓,但可能遭遇更为频繁的不利气象灾害冲击,整体将波动上行;预计2023年蔬菜价格比上年稳中有涨,涨幅在5%以内;展望中后期,由于土地、劳动力、生产资料等成本因素影响,蔬菜价格可能稳中有涨。

1.3 不确定性分析

1.3.1 自然条件

自然条件仍是蔬菜产业发展面临的最大不确定性因素,尤其是局部灾害影响不可低估。中国北方现有蔬菜设施中,老旧设施占比超过70%,结构安全性差,环境调控水平不高,抵御灾害性天气能力弱,而南方蔬菜主产省份虽然已经在发展设施生产,但短期内设施化水平仍然不高,局部阶段性灾害天气对蔬菜生产的影响不可低估。随着全球气候变化加剧,重大气象灾害的发生概率可能上升,严重程度可能较高,蔬菜生产面临自然风险的不确定性依然很大。

1.3.2 贸易环境

当前,世界经济衰退风险上升,外需增长显著放缓,国际供应链格局也在加速重构,外贸发展环境是极其严峻的。展望期间,后疫情时代的全球生产、贸易等都在大幅收缩,蔬菜作为中国重要的出口农产品,会受到持续性影响。尤其是卫生与植物检疫措施(SPS)和技术性贸易壁垒(TBT)是影响中国农产品出口的主要因素,蔬菜作为鲜活农产品,检验检疫标准严格,日益增加的SPS和TBT措施给蔬菜出口的预测带来不确定性。

1.3.3 产业链转型

"互联网+"时代,直播电商、社交电商、社区团购等鲜活农产品市场的新业态、新模式为农产品的销售提供了新思路,成为解决农产品卖难买贵问题的有效途径之一,在推动乡村振兴方面发挥了积极作用,但新业态下,一些蔬菜等鲜活农产品"从田头到餐桌"直接进入消费端,传统渠道的质量监管存在盲区,基地准出关和市场准入关的不严格把控可能导致蔬菜质量安全存在不确定性。虽然中国蔬菜质量安全水平不断提高,可是一旦出现"菜篮子"负面新闻,在"互联网+"时代舆情效应的指数级发酵下,负面信息甚至谣言的传播会严重影响消费信心,给蔬菜消费带来极大不确定性,引起市场价格异常波动。

2 马铃薯

马铃薯是中国重要的粮食作物、经济作物和饲料作物。马铃薯产业发展对于保障国家粮食安全、巩固拓展脱贫攻坚成果和全面推进乡村振兴具有重要意义。2022年，中国马铃薯产量9740万吨[①]，比上年减少6.6%；消费量10 944万吨，增长1.1%；出口量59.13万吨，增长21.3%，进口量6.11万吨，减少45.4%；贸易顺差3.11亿美元，大幅增长69.1%。马铃薯市场价格总体较高，全年批发均价为2.56元/千克，大幅上涨11.8%，处于近10年来第二高位。预计2023年，马铃薯产量10 214万吨，比上年增长4.9%；消费量11 104万吨，增长1.5%；出口量68万吨，增长15.3%；进口量5万吨，减少16.7%；市场均价将低于上年。预计2027年，马铃薯产量11 702万吨，比基期（2020—2022年3年平均值，下同）增长16.0%；消费量12 118万吨，增长12.1%；出口量75万吨，增长44.2%；进口量4万吨，减少50.0%。预计2032年，马铃薯产量12 242万吨，比基期增长21.3%，年均增长1.9%；消费量12 808万吨，增长18.5%，年均增长1.7%；出口量82万吨，增长57.7%，年均增长4.7%；进口量3万吨，减少62.5%，年均减少9.3%；马铃薯市场价格总体呈现波动性上涨趋势。

2.1 2022年市场形势回顾
2.1.1 产量明显降低

2022年，马铃薯种植面积8274万亩（552万公顷），比上年减少4.5%；单产1177千克/亩（17 655千克/公顷），减少2.2%；产量9740万吨，减少6.6%。从种植面积来看，2021年马铃薯市场价格总体偏低，马铃薯种植利润微薄，部分产区薯农甚至亏损严重，导致2022年很多农户退出马铃薯生产，马铃薯总体种植规模缩减。从单产来看，一方面，2022年7月，河北承德、辽宁凌海、陕西榆林等地降雨偏多，造成马铃薯单产水平下降。另一方面，2022年8月底和9月初，多个秋季马铃薯主产区分别遭遇降雪、霜冻、干旱等灾害天气，也降低了马铃薯产量。据典型调查，2022年内蒙古产区受低温影响，马铃薯单产比上年减少约15%；甘肃产区受干旱影响，马铃薯单产比上年减少约10%。总的看，在种植面积缩减和单产减低的共同作用下，2022年中国马铃薯产量低于上年。

2.1.2 消费小幅增加

马铃薯消费以食用消费为主，其他为加工消费、饲用消费、种用消费和损耗。

[①] 本报告马铃薯产量数据按鲜品计算，包括所有用途的马铃薯。

2022年，马铃薯消费量10 944万吨，比上年增长1.1%。具体来看，食用消费量6885万吨，增长4.2%。2022年新冠疫情总体呈现多地散发态势，局部地区出现聚集性疫情。为缓解疫情感染风险，消费者普遍减少购菜频次，增加对易存储蔬菜采购量，马铃薯食用消费需求增加。加工消费量938万吨，减少3.5%。2022年马铃薯产量下降，加工原料薯供应偏紧，导致马铃薯加工企业开工率降低，从而减少马铃薯加工消费量。饲用消费量548万吨，减少2.3%。马铃薯同玉米、大豆等作物互为饲料消费替代品，2022年玉米、大豆产量均增加，对马铃薯消费替代作用增强，造成马铃薯饲用消费下降。种用消费量随着种植面积下降而减少，为1248万吨，减少4.2%。马铃薯损耗量随着产量减少而降低，为1291万吨，减少4.2%。

2.1.3 贸易顺差明显扩大

中国马铃薯国际贸易的主要类型包括种用马铃薯、鲜或冷藏的马铃薯、制作或保藏的冷冻马铃薯、制作或保藏的未冷冻马铃薯等。据海关总署统计，2022年中国出口马铃薯59.13万吨，比上年增长21.3%，出口额3.94亿美元，增长32.7%。鲜或冷藏的马铃薯是中国马铃薯出口的主要类型，出口量、出口额分别为45.18万吨、2.48亿美元，分别占马铃薯出口量、出口额的76.4%和59.1%。进口马铃薯6.11万吨，减少45.4%，进口额0.73亿美元，减少31.8%。制作或保藏的冷冻马铃薯是主要进口类型，进口量、进口额分别为3.79万吨、0.49亿美元，分别占马铃薯进口量、进口额的62.0%和67.1%。贸易顺差3.11亿美元，大幅增长69.1%。

从出口目的地来看，中国马铃薯主要出口越南、马来西亚、缅甸、泰国和日本等国家。对上述5个出口目的地的出口量、出口额分别占马铃薯出口量、出口额的77.6%和68.5%。其中，越南是中国最大的马铃薯出口目的地，对越南的出口量和出口额分别占出口量和出口额的23.6%和28.8%。从进口来源地看，进口主要来自美国、土耳其、比利时、荷兰和阿根廷等国家。从上述5个进口来源地的进口量、进口额分别占马铃薯进口量、进口额的90.9%和71.8%。其中，美国是中国最大的马铃薯进口来源国，从美国的进口量和进口额占马铃薯进口量和进口额的52.1%和44.9%。

2.1.4 市场价格大幅上涨

2022年，马铃薯全年批发均价为2.56元/千克，比上年涨11.8%，处于近10年来第二高位，仅次于2020年价格水平。分阶段来看，与上年相比，2022年马铃薯市场价格呈现库存薯供应阶段薯价偏低、春薯和秋薯供应阶段薯价高企的特点（图9-7）。

2022年1—4月，中国马铃薯市场供应主体为2021年产季库存薯。据农业农村部监测，2022年1—4月马铃薯批发均价2.43元/千克，比上年同期跌1.6%。主要原因：一是2021年马铃薯销售进度较常年偏慢，很多薯农将马铃薯推迟至2022年初销售，增加了2022年前期马铃薯市场供应数量；二是2021年多个马铃薯主产区在收获关键期遭遇降雪、冰冻等低温灾害天气，马铃薯采挖时受冻，造成耐储性下降，在库存阶段腐烂变质现象较常年偏重发生，品质变差拉低了马铃薯市场销售价格。

2022年5—12月，中国马铃薯市场供应主体为2022年春季和秋季马铃薯。据农业农村部监测，2022年5—12月马铃薯批发均价2.62元/千克，比上年同期涨19.3%。主要原因有两点。一是2021年马铃薯市场行情低迷，生产经济效益较往年减少，2022年很多地区薯农生产积极性下降，春季马铃薯和秋季马铃薯种植规模普遍缩减。同时，马铃薯单产受自然灾害影响降低，导致2022年马铃薯市场供应数量低于上年水平，推动薯价同比上涨。二是2022年下半年，甘肃、内蒙古、宁夏等多个马铃薯主产区新冠疫情形势严峻，部分产区为防止疫情扩散采取严格限制人员和货物流动的措施，造成马铃薯调出受阻，进一步减少了马铃薯市场供应数量。

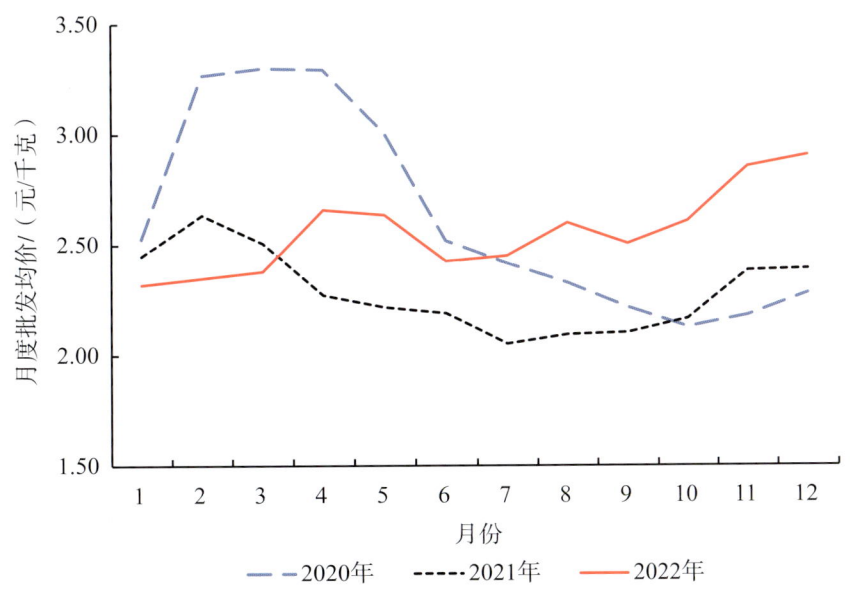

图 9-7　2020—2022 年中国马铃薯月度批发均价

（数据来源：农业农村部农产品批发市场监测信息网）

2.2　未来 10 年市场走势判断
2.2.1　总体判断

预计2023年，马铃薯产量10 214万吨，比上年增长4.9%；消费量11 104

万吨，增长1.5%；出口量68万吨，增长15.3%；进口量5万吨，减少16.7%；市场均价将低于上年。预计2027年，马铃薯产量11 702万吨，比基期增长16.0%；消费量12 118万吨，增长12.1%；出口量75万吨，增长44.2%；进口量4万吨，减少50.0%。预计2032年，马铃薯产量12 242万吨，比基期增长21.3%，年均增长1.9%；消费量12 808万吨，增长18.5%，年均增长1.7%；出口量82万吨，增长57.7%，年均增长4.7%；进口量3万吨，减少62.5%，年均减少9.3%；马铃薯市场价格总体呈现波动性上涨趋势。

2.2.2 生产展望

种植面积保持增加。未来10年，中国马铃薯种植面积将呈现增加态势。2022年马铃薯市场价格总体较高，薯农生产积极性高涨，2023年马铃薯种植面积将扩大。预计2023年中国马铃薯种植面积8397万亩（560万公顷），比上年增长1.5%。从长期来看，马铃薯是很多地区尤其山区农户增收致富的重要作物，未来种植面积将保持增加。预计马铃薯种植面积2027年为9105万亩（607万公顷），比基期增长8.1%；2032年为9169万亩（611万公顷），比基期增长8.8%，年均增长0.9%（图9-8）。

单产水平不断提高。未来10年，马铃薯单产将不断提高。主要原因有2点。一是育种研发能力增强。当前优质马铃薯以及加工专用马铃薯面临种薯缺乏等"卡脖子"问题，马铃薯育种研发能力同国外种业企业仍有不小差距。随着各地深入实施马铃薯种业振兴计划，马铃薯育种研发能力日益增强，促进单产水平不断

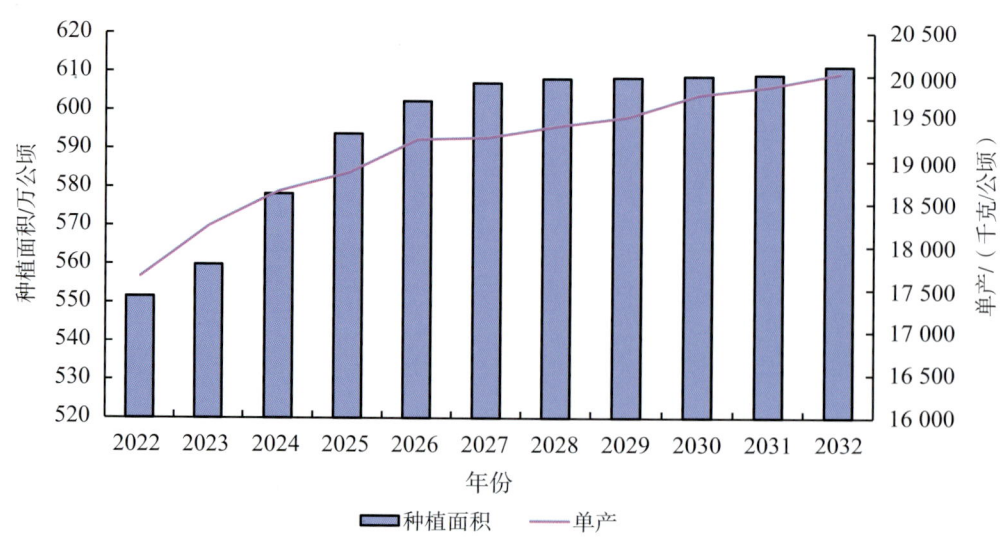

图9-8　2022—2032年中国马铃薯种植面积和单产变化趋势

（数据来源：2023—2032年数据为中国农业科学院农业信息研究所CAMES模型系统预测）

提高。二是关键核心技术加快推广。未来时期，中国加快整合良田、良种、农机、农艺等各方面优势资源，集成组装推广高质、高效品种技术，将推动马铃薯持续提高单产水平。预计2023年单产为1216千克/亩（18 240千克/公顷），比上年增长3.3%；2027年为1285千克/亩（19 275千克/公顷），比基期增长7.3%；2032年为1335千克/亩（20 025千克/公顷），比基期增长11.5%，年均增长1.1%（图9-8）。

产量持续增加。未来10年，在种植面积增加和单产水平提高的共同作用下，马铃薯产量将持续增加，预计2023年为10 214万吨，比上年增长4.9%；2027年为11 702万吨，比基期增长16.0%；2032年为12 242万吨，比基期增长21.3%，年均增长1.9%。

2.2.3 消费展望

消费量呈总体增加态势。未来10年，中国马铃薯消费量呈总体增加态势，预计2023年为11 104万吨，比上年增长1.5%；2027年为12 118万吨，比基期增长12.1%；2032年为12 808万吨，比基期增长18.5%，年均增长1.7%。

食用消费稳步增加。预计2023年为6971万吨，比上年增长1.2%；2027年为7495万吨，比基期增长12.6%；2032年为7867万吨，比基期增长18.2%，年均增长1.7%。主要原因：中国已经全面建成小康社会，顺利实现第一个百年奋斗目标，城乡居民消费水平和消费结构显著提升，人民生活日益殷实富裕，意味着城乡居民消费逐步由吃得饱向吃得好、吃得健康转变，呈现品质消费、绿色消费、健康消费新趋势。马铃薯营养均衡全面，具有热量低、粗纤维含量高、蛋白质品质好等优势，随着膳食营养和健康知识的全面普及，马铃薯食用消费量将不断增加。

加工消费有所增加。预计2023年为950万吨，比上年增长1.3%；2027年为1095万吨，比基期增长11.0%；2032年为1234万吨，比基期增长25.1%，年均增长2.3%。主要原因：未来时期，便捷化、健康化、个性化的消费新趋势日益显著，将拉升方便速食类产品的市场需求，从而扩大薯条、薯片、薯泥等马铃薯休闲产品的消费数量。同时，马铃薯广泛应用于造纸、降解材料、纺织、医药、化工等行业，加工利用前景广阔。随着各地加快推进马铃薯产业开发，马铃薯加工消费量将增加。

饲用消费、种用消费和损耗量均增加。未来10年，随着城乡居民膳食结构优化与升级，人们对畜禽类产品的消费需求将进一步增加。预计马铃薯饲用消费量2023年为555万吨，比上年增长1.1%；2027年为605万吨，比基期增长9.8%；2032年为647万吨，比基期增长17.3%，年均增长1.6%。马铃薯种用消费和损耗量均随产量增加而增加。马铃薯种用消费量预计2023年为1275万吨，比上年增长2.2%；2027年为1415万吨，比基期增长11.4%；2032年为1484万吨，比基期增长 16.8%，年均增长 1.6%。马铃薯损耗量预计 2023 年为 1321 万吨，比上年增长 2.3%；2027 年为 1473 万吨，比基期增长 11.9%；2032 年为 1541 万吨，比基期增长 17.1%，年均增长 1.6%（图 9-9）。

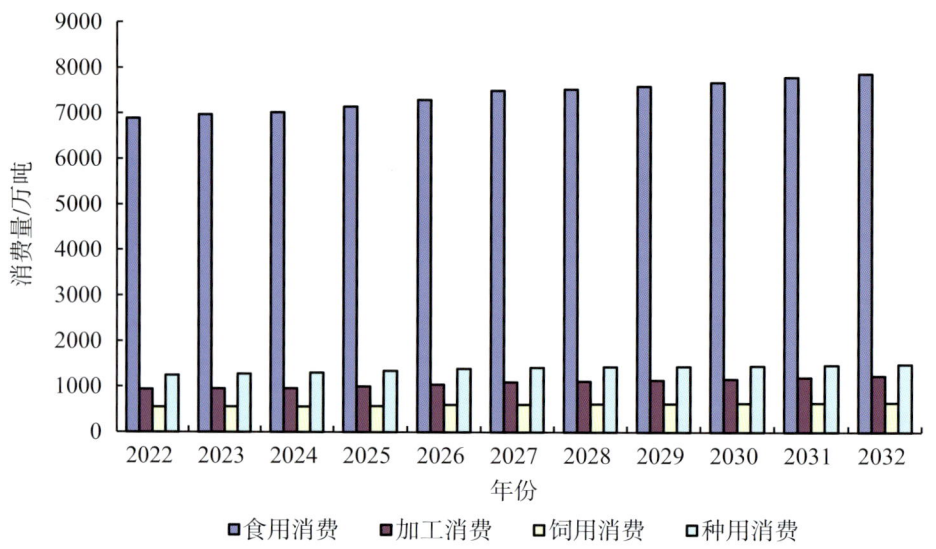

图 9-9　2022—2032 年中国马铃薯消费量变化趋势

（数据来源：2023—2032 年数据为中国农业科学院农业信息研究所 CAMES 模型系统预测）

2.2.4　贸易展望

出口方面，中国马铃薯主要出口类型是鲜或冷藏的马铃薯。同荷兰、比利时、德国、法国等马铃薯出口国相比，中国鲜或冷藏的马铃薯价格较低，在国际贸易竞争中具有明显的优势。未来 10 年，随着中国马铃薯生产数量逐步增加以及品质日益提升，马铃薯竞争优势会更加显著，出口规模将总体趋增。预计 2023 年为 68 万吨，比上年增长 15.3%；2027 年为 75 万吨，比基期增长 44.2%；2032 年为 82 万吨，比基期增长 57.7%，年均增长 4.7%。

进口方面，中国马铃薯主要进口类型是制作或保藏的冷冻马铃薯。进口的冷冻马铃薯主要是以加工专用型马铃薯为原料制作而成的薯条、薯角、薯饼、薯泥等冷冻半成品。未来 10 年，随着中国大力发展加工专用型马铃薯生产以及积极开展马铃薯食品研发，进口替代效应会日益显著，马铃薯进口规模将逐步缩减。预计 2023 年为 5 万吨，比上年减少 16.7%；2027 年为 4 万吨，比基期减少 50.0%；2032 年为 3 万吨，比基期减少 62.5%，年均减少 9.3%（图 9-10）。

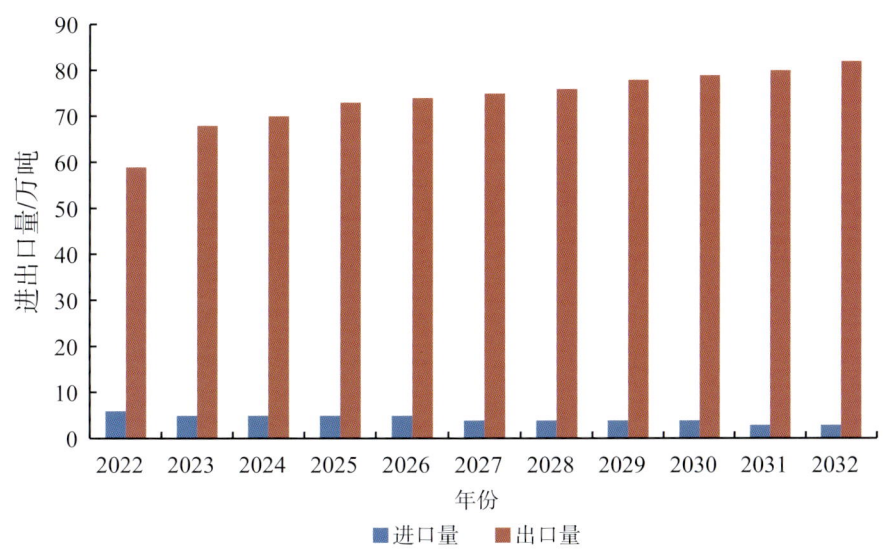

图 9-10　2022—2032 年中国马铃薯贸易量变化趋势

（数据来源：2023—2032 年数据为中国农业科学院农业信息研究所 CAMES 模型系统预测）

2.2.5　价格展望

近期来看，2023 年 1—4 月，马铃薯市场供应主体为 2022 年产季库存薯。受面积缩减和单产下降影响，2022 年产季马铃薯数量较常年偏低，导致 2023 年前期马铃薯市场供应数量偏少，市场供给延续偏紧趋势，马铃薯市场价格将高于上年同期水平。2023 年 5—12 月，马铃薯市场供应主体为 2023 年产季马铃薯。受 2022 年马铃薯市场价格高企影响，2023 年薯农生产积极性高涨，马铃薯种植规模扩大，市场供给偏松，预计马铃薯市场价格低于上年同期水平。总的看，2023 年马铃薯市场均价将低于上年。

长期来看，一方面，随着土地资源、水资源、劳动力资源等农业资源日益稀缺，马铃薯生产成本持续增加，将推高马铃薯市场价格。同时，马铃薯品种结构不断优化，品质逐步改善，对马铃薯市场价格上涨形成支撑。另一方面，按照农产品价格波动规律，马铃薯市场价格也会季节性、周期性波动。总的看，未来时期，马铃薯市场价格呈现波动上涨趋势。

2.3　不确定性分析

2.3.1　农业气象因素

中国大部分马铃薯主产区处于干旱半干旱地区，自然环境较为恶劣，干旱、低温、霜冻等自然灾害多发，对马铃薯生产造成严重冲击。近年来，气候变暖正在加速演进，气候系统更加不稳定，中国极端气候事件发生频率高、影响范围广、致灾性强。中国气象局发布的《中国气候变化蓝皮书（2022）》指出，中国升温速率高于同期全球平均水平，是全球气候变化的敏感区，未来中国将面临极端农业气象灾害导致作物产量降低的风险。展望期内，农业气象因素是影响中国马铃薯产业发展的重要不确定性因素。

2.3.2 突发公共卫生事件

作为典型的突发公共卫生事件，新冠疫情已经给人们的生产生活带来巨大冲击。具体到马铃薯产业而言，在新冠疫情形势严峻时，部分产区为防止疫情扩散而采取严格限制人员和货物流动的措施，对马铃薯生产、流通和销售等各环节造成不利影响。未来时期，类似新冠疫情的突发公共卫生事件可能会再次出现，这些突发公共卫生事件的传播范围、持续时间、危害程度和防控措施等都具有不确定性，也将对马铃薯产业发展造成重要影响。

2.3.3 贸易因素

中国马铃薯淀粉进口主要来自欧盟，欧盟曾经对出口中国的马铃薯淀粉进行补贴，扰乱了中国马铃薯淀粉加工业的正常发展。为了反制欧盟不正当竞争行为，中国于2017年9月至2022年9月，对原产于欧盟的进口马铃薯淀粉征收反补贴税。2023年，中国将围绕是否继续对欧盟采取反补贴措施做出最终裁决，裁决结果会对中国马铃薯产业发展带来重要影响。同时，未来时期，"一带一路"建设进展、《区域全面经济伙伴关系协定》（RCEP）实施情况、中美经贸摩擦态势、中欧投资协定合作进程等都是影响中国马铃薯贸易的不确定性因素。

参考文献

沈辰，赵凤，孙家波，等，2022.我国蔬菜市场调控的思考与建议[J].中国蔬菜，404（10）：14-19.

中共中央 国务院.中共中央 国务院关于做好2023年全面推进乡村振兴重点工作的意见[EB/OL].（2023-02-14）[2023-01-02].http://www.moa.gov.cn/ztzl/2023yhwj/zxgz_29323/202302/t20230214_6420463.htm.

于丽艳，穆月英，丁建国，等，2022.蔬菜生产的空间集聚对技术效率的影响[J].中国瓜菜，35（3）：110-114.

张晶，刘继芳，周向阳，等，2023.2022年蔬菜市场形势分析与2023年展望[J].中国蔬菜（1）：1-6.

张晶，赵俊晔，孙伟，等，2020.新冠肺炎疫情下农产品电商运行分析与展望[J].农业展望，16（5）：121-124.

张哲晰，穆月英，2015.中国蔬菜出口国际竞争力及其影响因素：国别（地区）差异与贸易潜力分析[J].世界农业，（10）：132-140.

招洁欣，黄越，贺梅英，等，2023.中国蔬菜出口美国现状和竞争力分析[J].中国蔬菜（2）：1-6.

中国营养学会，2022.中国居民膳食指南（2022）[M].北京：人民卫生出版社.

中国营养学会中国居民膳食指南科学报告工作组，2021.《中国居民膳食指南科学研究报告（2021）》简本[J].营养学报，43（2）：102.

曾国军，梁月和，徐雨晨，2022.中国城乡居民食品消费结构变迁研究[J].数量经济研究，13（1）：54-72.

屈冬玉，谢开云，金黎平，2005.中国马铃薯产业发展与食物安全[J].中国农业科学，38（2）：358-362.

陈萌山，王小虎，2015.中国马铃薯主食产业化发展与展望[J].农业经济问题（12）：4-11.

黄凤玲，2017.中国马铃薯贸易及竞争力分析[J].中国马铃薯（3）：178-185.

徐建飞，金黎平，2017.马铃薯遗传育种研究：现状与展望[J].中国农业科学，50（6）：990-1015.

杨亚东，胡韵菲，栗欣如，等，2017.中国马铃薯种植空间格局演变及其驱动因素分析[J].农业技术经济（8）：39-47.

王秀丽，王小虎，2018.瑞典、挪威与俄罗斯3国马铃薯的生产消费及对中国推进马铃薯主食产业化的启示[J].世界农业（3）：31-36.

王秀丽，陈萌山，2020.马铃薯发展历程的回溯与展望[J].农业经济问题（5）：123-130.

高琨，田晓红，谭斌，等，2021.马铃薯食品加工现状及展望[J].中国粮油学报，36（8）：161-168.

周向阳，沈辰，张晶，等，2022.2021年马铃薯市场形势回顾和2022年展望[J].中国蔬菜（2）：1-4.

杨亚东，杜娅婷，杜歆仪，等，2022.中国马铃薯农户种植意愿及其空间差异［J］.中国农业资源与区划，43（2）：220-230.

罗其友，伦闰琪，高明杰，等，2022.2021—2025年我国马铃薯产业高质量发展战略路径［J］.中国农业资源与区划，43（3）：37-45.

周向阳，沈辰，张晶，等，2023.2022年马铃薯市场形势回顾和2023年展望［J］.中国蔬菜（2）：91-94.

第十章

水　果

中国是世界第一大水果生产国和消费国，水果产业是全面推进乡村振兴、拓宽农民增收致富渠道的重要依托产业，推进水果产业高质量发展也是实现农业高质量发展和农业现代化的重要内容。2022年中国水果供给充足，产量3.01亿吨，比上年增长0.5%；消费量2.94亿吨，增长1.0%；水果及制品进口量793.21万吨，出口量466.03万吨，比上年分别下降5.6%和5.2%；全国6种水果平均批发价格[1]年均价6.93元/千克，比上年上涨13.4%。展望期内，水果产业高质量发展步伐加快，水果产量和消费量持续增长，进出口规模继续扩大。预计2023年，水果产量3.07亿吨，比上年增长2.1%；消费量3.02亿吨，增长2.6%；进口量[2]1173万吨，出口量912万吨，分别增长10.6%和6.2%。2027年，水果产量将达3.31亿吨，比基期（2020—2022年3年平均值，下同）增长11.8%；消费量3.27亿吨，比基期增长14.1%；进口量1613万吨，出口量1293万吨，比基期分别增长64.8%和44.8%。2032年，水果产量3.53亿吨，比基期增长19.2%，年均增速1.8%；消费量3.48亿吨，比基期增长21.2%，年均增速1.9%；进口量2041万吨，出口量1967万吨，比基期分别增长108.5%和120.3%，年均增速分别为7.6%和8.2%。

1 2022年市场形势回顾

1.1 产量小幅增加，供给总体充足

2022年中国水果产量3.01亿吨，比上年增长0.5%，苹果、梨等品种有小幅减产，供给总体充足。分品种看，柑橘类水果产量5720.61万吨，增长2.2%，其中广西产区柑橘类水果产量1770万吨，增长10.1%，湖北省等产区受高温干旱天气影响，产量略有下降；苹果产量4321万吨，减少6.0%，其中山东省、陕西省受天气和果园改造等影响减产较为明显；梨产量1850万吨，减少2.0%，主要原因是品种改良加快，如鸭梨树嫁接皇冠梨、秋月梨等品种。此外，时令鲜果品种丰富，市场供给增加，如樱桃产量65万吨，增长约8%。

1.2 消费稳中略增，消费结构微调

随着居民饮食结构不断优化，水果消费继续增加，2022年水果消费量2.94亿吨，比上年增长1.0%。受新冠疫情的持续影响，电商、社区团购、直播带货、外卖等线上渠道快速发展，使得居民家庭线上消费愈加便利，水果直接消费量

---

[1] 农业农村部在全国200多个农产品批发市场重点监测的富士苹果、巨峰葡萄、西瓜、鸭梨、菠萝、香蕉6种水果批发价格的算术平均数。

[2] 2023年、2027年、2032年水果进出口量包括鲜果量和水果制品量，其中将水果制品按照一定比例折算为鲜果，下同。

1.50亿吨，增长1.0%，占水果消费量的50.9%。居民消费升级推动加工消费需求增加，2022年水果加工消费量估计为4105万吨，增长3.0%，占水果消费量的14.0%。由于水果的易腐特性，以及在采购、商品化处理、贮存、运输、批发、分销等一系列环节中的条件不足和操作不当等原因，水果损耗量1.04亿吨。

1.3 进出口量减少，贸易逆差扩大

2022年中国水果及制品进口量793.21万吨，比上年减少5.6%，进口额156.88亿美元，增长7.9%；出口量466.03万吨，出口额69.17亿美元，分别减少5.2%和7.9%。贸易逆差87.71亿美元，比上年扩大17.40亿美元（表10-1）。

鲜冷冻水果贸易是中国水果对外贸易的主体。2022年中国鲜冷冻水果进口量706.73万吨，比上年减少7.0%，进口额142.11亿美元，增长8.2%；出口量318.46万吨，减少8.3%，出口额42.82亿美元，减少16.0%。分品种看，多种水果进口量减少，进口额增加，出口量、额齐减。进口量排在前3位的香蕉、椰子和榴莲，进口量分别为181.07万吨、107.11万吨和82.48万吨，分别减少2.9%、增长22.8%和增长0.4%，三者之和占鲜冷冻水果进口量的52.4%。进口额排在前3位的榴莲、樱桃和香蕉，进口额分别为40.35亿美元、27.64亿美元和11.63亿美元，分别减少4.1%、增长38.6%和增长11.8%，三者之和占鲜冷冻水果进口额的56.0%。出口量排在前3位的柑橘、苹果和梨，出口量分别为87.61万吨、82.31万吨和44.40万吨，分别减少4.5%、23.7%和13.0%，三者之和占鲜冷冻水果出口量的67.3%。出口额排在前3位的苹果、柑橘和葡萄，出口额分别为10.40亿美元、10.36亿美元和7.27亿美元，分别减少27.2%、22.5%和3.9%，三者之和占鲜冷冻水果出口额的65.5%（表10-1）。

果汁进口量、额增加，出口量减少，出口额增加。2022年中国果汁进口量43.02万吨，进口额6.68亿美元，比上年分别增长14.4%和11.3%，其中进口量、额最大的柑橘（汁），进口量15.16万吨，增长8.4%，占果汁进口量的35.2%，进口额2.19亿美元，增长5.3%，占果汁进口额的32.8%。果汁出口量45.94万吨，出口额5.66亿美元，分别减少5.7%和增长6.1%，其中出口量额最大的苹果（汁），出口量39.95万吨，减少4.7%，占果汁出口量的87.0%，出口额4.63亿美元，增长8.2%，占果汁出口额的81.8%。

水果罐头进口量、额减少，出口量、额增加。2022年中国水果罐头进口量3.73万吨，进口额0.52亿美元，比上年分别减少15.7%和12.7%；出口量53.73万吨，出口额7.18亿美元，分别增长12.3%和26.9%（表10-1）。

从贸易伙伴来看，东盟是中国重要的水果贸易合作伙伴。2022年中国从东盟进口水果及制品590.55万吨，比上年增长5.8%，进口额94.47亿美元，增长3.2%，占进口量的74.5%；对东盟出口水果及制品237.39万吨，减少8.5%，出

口额 33.35 亿美元，减少 18.7%，占出口量的 50.9%；贸易逆差 61.12 亿美元，比 2021 年扩大 21.0%。

表 10-1　2022 年中国水果及制品进出口数量和金额及同比变化

类别	进口量		进口额		出口量		出口额	
	万吨	比上年 /%	亿美元	比上年 /%	万吨	比上年 /%	亿美元	比上年 /%
水果及制品	793.21	-5.6	156.88	7.9	466.03	-5.2	69.17	-7.9
鲜冷冻水果	706.73	-7.0	142.11	8.2	318.46	-8.3	42.82	-16.0
果汁	43.02	14.4	6.68	11.3	45.94	-5.7	5.66	6.1
水果罐头	3.73	-15.7	0.52	-12.7	53.73	12.3	7.18	26.9

数据来源：海关总署。

1.4　价格同比上涨，高位运行

根据农业农村部全国农产品批发市场监测统计数据，2022 年全国 6 种水果（富士苹果、巨峰葡萄、西瓜、鸭梨、菠萝、香蕉）平均批发价格年均价为 6.93 元 / 千克，比上年增长 13.4%（图 10-1）。

水果月均价在 6.50~7.47 元 / 千克区间，前期波动上涨，中期平滑下跌，后期略有翘尾，环比涨跌幅均在 10% 以内，波动较为平缓。1 月月均价 6.67 元 / 千克，为同期近 10 年最高；之后波动上涨，5 月至全年最高价 7.47 元 / 千克，比 1 月增长 12.0%；之后连续下跌，10 月至全年最低价 6.50 元 / 千克，比 5 月下跌 13.0%；11 月、12 月连续小幅回升。与上年同期相比，除 1 月、2 月、3 月的月均价同比上涨小于 10% 以外，其余月均价同比涨幅均超过 10%，其中 8 月涨幅最高达 23.1%。2022 年水果价格与上年相比上涨较为明显（图 10-1）。

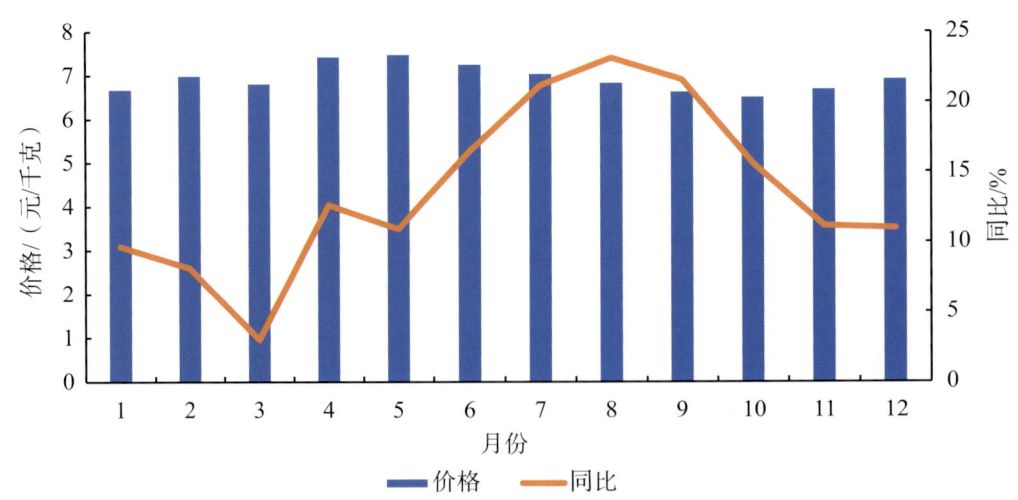

图 10-1　2022 年中国 6 种水果平均批发价格及变化情况

（数据来源：农业农村部全国农产品批发市场监测统计）

分品种看，除菠萝年均价比上年下跌2.5%以外，其他5种水果年均价比上年均超过10%。香蕉涨幅最大，年均价6.09元/千克，比上年增长22.4%，其次是鸭梨和富士苹果，年均价分别为5.69元/千克和7.84元/千克，分别增长18.4%和16.9%，巨峰葡萄和西瓜分别增长13.9%和11.8%。

2 未来10年市场走势判断

2.1 总体判断

未来10年，中国水果产量稳中有增，消费持续增加，进出口规模扩大，价格波动上涨。预计2023年水果产量3.07亿吨，比上年增长2.1%，2027年3.31亿吨，比基期增长11.8%，2032年3.53亿吨，比基期增长19.2%，年均增速1.8%。2023年水果消费量3.02亿吨，比上年增长2.6%；2027年3.27亿吨，比基期增长14.1%；2032年3.48亿吨，比基期增长21.2%，年均增速1.9%。2023年水果进口量1173万吨，出口量912万吨，比上年分别增长10.6%和6.2%；2027年进口量1613万吨，出口量1293万吨，比基期分别增长64.8%和44.8%；2032年进口量2041万吨，出口量1967万吨，比基期分别增长108.5%和120.3%，年均增速分别为7.6%和8.2%。

2.2 生产展望

未来10年，水果种植面积扩张有限，单产继续提高，产量增速放缓。水果产业作为中国农业发展的重要单元和优势产业，在巩固脱贫攻坚成果、农民创收、促进农业经济发展和实现共同富裕方面发挥着越来越重要的作用。水果产业生产方式由小规模分散种植为主逐步向适度规模化种植为主过渡，品种结构逐步向多元化、优质化转变，生产布局逐步向优势产区聚集，水果产业高质量发展步伐加快，水果有效供给更加有保障。

水果种植面积扩张有限。预计2023年果园面积1.84亿亩（1227万公顷），比上年减少0.4%，2027年1.86亿亩（1240万公顷），2032年1.89亿亩（1260万公顷）。其中，瓜果类面积2023年3190万亩（213万公顷），比上年减少0.2%，展望期间基本稳定在3190万亩（213万公顷）。水果产业是地方实施产业振兴、促进农民增收的重要依托产业，但受中国水土资源短缺的刚性制约，水果生产面积扩张有限。尤其是在严格落实耕地利用优先序以来，湖南、广西、福建等地开展了"退果"行动，因地制宜，引导农户淘汰低产、低质、低效果园，改造后的土地优先种植粮食，水果生产面积进一步受到限制。

水果单产水平逐步提高。预计2023年水果平均单产1.67吨/亩（25.05吨/公顷），比上年增长2.5%，2027年1.78吨/亩（26.69吨/公顷），2032年

1.87 吨/亩（28.05 吨/公顷）。其中，瓜果类单产 2023 年 2.71 吨/亩（40.65 吨/公顷），2027 年 2.77 吨/亩（41.55 吨/公顷），2032 年 2.84 吨/亩（42.60 吨/公顷）。随着落后产能逐步淘汰、新建优质果园产能释放、病虫害和气象灾害防治技术提升、数字化和标准化管理水平提高等，水果单产水平将进一步提高。

水果总产量稳中有增。预计 2023 年水果产量 3.07 亿吨，比上年增长 2.1%，其中园林水果 2.21 亿吨，增长 2.7%，瓜果类 8650 万吨，增长 0.5%。2027 年水果产量 3.31 亿吨，比基期增长 2.3%，其中园林水果 2.42 亿吨，增长 17.6%，瓜果类 8850 万吨，增长 3.8%。2032 年水果产量 3.53 亿吨，比基期增长 19.2%，年均增速 1.8%，其中园林水果 2.62 亿吨，增长 27.3%，年均增速 2.4%，瓜果类 9044 万吨，增长 6.0%，年均增速 0.6%（图 10-2）。

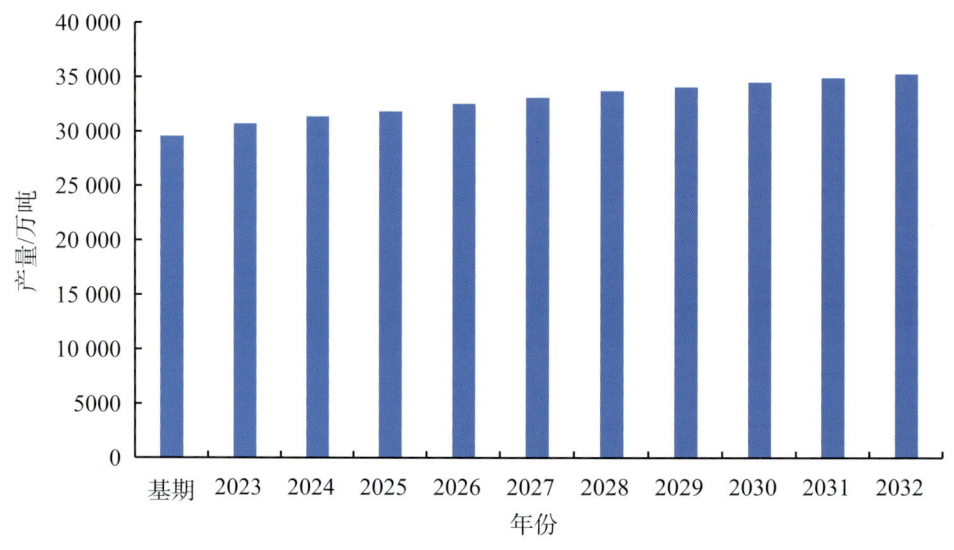

图 10-2　2023—2032 年中国水果产量展望

（数据来源：2023—2032 年数据为中国农业科学院农业信息研究所 CAMES 模型系统预测）

水果品种结构进一步优化。随着苹果、梨、柑橘等主要品种更新换代和老果园升级改造加快，水果品种种植结构和产品品质结构逐步优化，成熟期更加细分，鲜果上市期延长，品质类型更加丰富。随着消费者对高品质需求的增加，新奇特水果、适合采摘观赏和加工产品类型丰富的水果品种种植面积有望增加。品种改良、设施栽培等技术发展将在一定程度上打破水果生产中光、热等条件限制，有助于设施水果、北种的热带和亚热带水果规模扩大。

2.3　消费展望

未来 10 年，中国水果直接消费量和加工消费量持续增加，水果高损耗状况将得到改善。预计 2023 年水果消费量 3.02 亿吨，比上年增长 2.6%；2027 年达 3.27 亿吨，比基期增长 14.1%；2032 年增至 3.48 亿吨，比基期增长 21.2%，年均增速 1.9%。

水果直接消费量持续增加。随着水果品种多元化、熟期结构优化以及冷链贮藏设施条件的改善，水果供应周期进一步拉长，苹果、梨等鲜果基本实现了周年供应和消费。电商、社区团购、直播带货、外卖等线上渠道快速发展，使居民家庭线上消费愈加便利，同时有效降低了流通成本，促进了水果产销衔接。预计 2023 年水果直接消费量 1.53 亿吨，比上年增长 2.0%，2027 年 1.71 亿吨，比基期增长 18.5%，2032 年 1.79 亿吨，增长 24.2%，年均增速 2.2%（图 10-3）。

加工消费占比不断增加。预计 2023 年水果加工消费量 4265 万吨，比上年增长 3.9%，占水果消费量 14.1%，2027 年 4744 万吨，比基期增长 19.2%，2032 年 5037 万吨，增长 26.5%，年均增速 2.4%，占水果消费量 14.5%。随着果汁、果干、果泥、冻干果片、花果茶以及功能性水果制品等加工水果的技艺提升和品类多元化，加工水果市场需求越来越细分；在供给方面，精深加工有助于破解鲜果易腐的难题，延长产业链条，提高产品附加价值，促进产业高质量发展。

损耗占水果消费比重逐渐降低。预计 2023 年水果损耗量 1.06 亿吨，比上年增长 2.0%，2027 年 1.09 亿吨，比基期增长 5.7%，2032 年 1.18 亿吨，增长 14.4%，年均增速 1.4%，损耗量占水果消费量的比重由基期的 36.0% 降至 2032 年的 34.0%。自 2020 年农产品仓储保鲜冷链物流设施建设工程实施以来，农产品产地冷藏保鲜设施建设取得阶段性成果，农产品产地仓储保鲜、商品化处理和初加工能力增强，产后损失有效降低，补齐了产地冷藏保鲜设施短板，夯实了产业链供应链基础，成为供应链的"稳定器""蓄水池"。

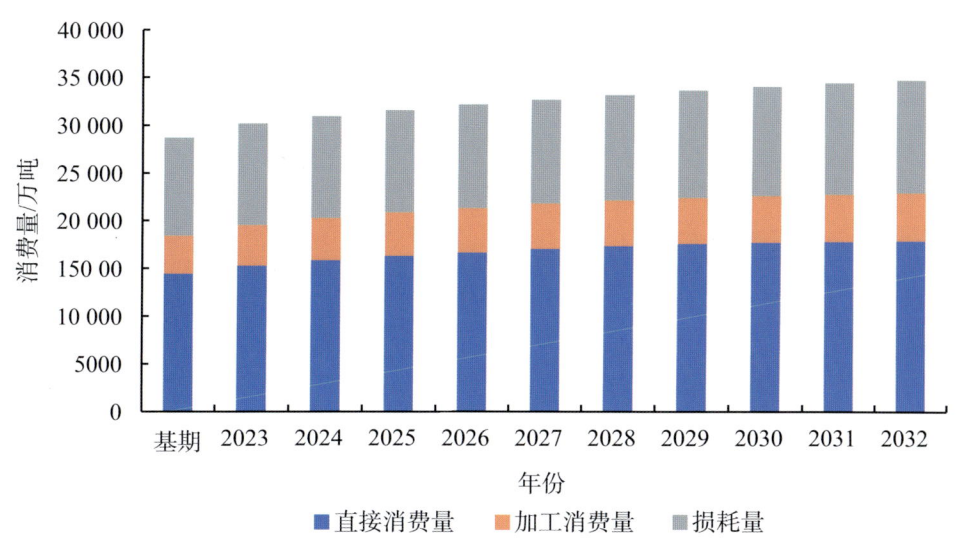

图 10-3　2023—2032 年中国水果消费展望

（数据来源：2023—2032 年数据为中国农业科学院农业信息研究所 CAMES 模型系统预测）

2.4 贸易展望

未来10年,中国水果进、出口量均呈现增长趋势,贸易逆差格局持续存在。

进口量继续增加。预计2023年中国水果进口量1173万吨,比上年增长10.6%,2027年1613万吨,比基期增长64.8%,2032年2041万吨,增长108.5%,年均增速7.6%。其中鲜冷冻水果仍是进口果品的主体,高品质果汁、果泥、罐头等制品进口量也有较快增长。居民收入水平提高、消费升级、进口贸易便利化是推动中国水果进口量增加的重要原因。中国是全球水果第一消费大国,许多国外果品企业把中国作为水果市场重点目标开拓,如南美有机香蕉、东南亚黑钻凤梨等水果品种纷纷进驻中国国际进口博览会;国内规模化果品企业为迎合消费升级趋势,瞄准中高端水果市场需求,或扩大海外水果种植规模,或加快融入全球水果供应链,推动水果进口量增加。

出口量继续增加。预计2023年中国水果出口量912万吨,比上年增长6.2%,2027年1293万吨,比基期增长44.8%,2032年1967万吨,增长120.3%,年均增速8.2%。中国温带水果品种丰富,供给充足,苹果、柑橘等水果及制品具有较强出口优势。另外,随着水果产业加快推进绿色高质量发展,全面提升果品生产规模化、标准化、品牌化,优化完善水果仓储冷链物流体系,果品企业和果品品牌逐步壮大,能够更好应对国际贸易技术壁垒,提高国际竞争力,扩大水果出口规模。

2.5 价格展望

随着经济复苏和物流交通恢复,预计2023年水果市场产销两旺,水果价格稳中略降,保持高位,年内维持先涨后跌的季节性波动走势。预计全国6种水果(富士苹果、巨峰葡萄、西瓜、鸭梨、菠萝、香蕉)平均批发价格年均价在5.5~8元/千克区间波动。1—5月水果上市量较少,以库存水果供应为主,价格处于高位,6月以后,随着瓜类水果大量上市,水果价格波动下降。

未来10年,预计全国6种水果平均批发价格年均价在5.5~9元/千克区间波动上涨。劳动力成本、土地租金、生产资料投入、仓储物流等生产、流通成本上涨,果品质量提升,支撑价格上涨。但随着新建优质果园的产能加快释放,贸易便利化增加水果进口量和品种,水果供给充足,削弱了价格上涨动力。随着品种技术改良和品种种植结构优化,水果成熟期更加细分,鲜果上市期延长,品质类型更加丰富,各类水果供给充足,设施农业发展实现了草莓等高价值水果跨季节供应,贸易便利化增加了榴莲、樱桃、椰子等不同品类和品种水果的市场供应,各类水果上市期衔接更加顺畅,苹果、梨等水果基本实现了全年供应,水果价格季节性波动趋势减弱。随着消费者对高品质需求的增加,高质量、新奇特、适合采摘观赏和加工产品类型丰富的水果消费将进一步增加,水果价格持续增长,但产能过剩、同质化的普通水果价格将呈下降态势，水果价格两极分化加剧。

3 不确定性分析

3.1 气象因素

气象因素是影响水果生产和市场供应的重要因素。水果种植需要光照、热量、降水等不同气象条件，受气象灾害影响较大。倒春寒、干旱、连阴雨、霜冻等天气会影响苹果、梨、樱桃、柑橘、香蕉等水果的产量、上市期、质量和生产成本，如气温低于5℃时香蕉叶片受冻，低于0℃时大多香蕉植株冻死；气温低于1℃时不利于柑橘（如砂糖橘、沃柑等）生产，低于−5℃时出现受冻现象；气温低于−4℃时苹果花芽容易发生冻害，造成苹果树减产。除对树体本身的影响外，极端天气还会影响水果采摘时间、贮藏运输等，进一步影响水果供给和价格。

3.2 国际贸易环境

当前国际关系复杂多变，贸易保护主义抬头，以世界贸易组织为核心的多边贸易体制不断受到挑战，加之新冠疫情影响深远，全球贸易受到很大冲击，水果进出口贸易不确定性增大。另外，中国坚持在和平共处五项原则基础上同各国发展友好合作，推动构建新型国际关系，这将有利于促进水果进出口贸易。如《区域全面经济伙伴关系协定》于2022年1月1日正式生效，全面提升中国与区域内成员的经贸合作水平，使中国与东南亚国家热带水果产品贸易合作步入新阶段。

3.3 产业转型因素

产业转型升级是影响果品供给和水果价格的重要因素。近年来受农资物料价格上涨、劳动力短缺、水果生产效益下滑等影响，传统类水果进入"变局"期，如苹果树进入"老龄化"淘汰期，柑橘树进入品种改良转换期，梨树进入"老品种"改良期。新品种、新技术是产业转型升级的关键要素。未来10年，果树育种在提高水果品质以及培育不同成熟期品种如果有较大的突破，将对水果供应总量和结构产生较大影响，但优良品种推陈出新的速度、规模、性状表现、推广应用情况存在较大不确定性。种质资源与遗传改良、栽培模式创新、病虫害防控、采后贮藏及加工等技术的发展，对提高水果单产和品质、实现错峰上市、提高果农收益都具有重要意义，机械化、数字化将有利于推动果园规模化生产、降低成本，但技术进步的速度和应用都难以准确预估。

参考文献

高举中国特色社会主义伟大旗帜 为全面建设社会主义现代化国家而团结奋斗：在中国共产党第二十次全国代表大会上的报告［EB/OL］.（2022-10-16）［2022-10-25］. http://www.gov.cn/xinwen/2022-10/25/content_5721685.htm.

中共中央　国务院，2023. 中共中央 国务院关于做好2023年全面推进乡村振兴重点工作的意见［EB/OL］.（2023-02-13）.［2023-02-13］. http://www.gov.cn/xinwen/2023-02/13/content_5741370.htm.

王小兵，蔡萍，王曼维，等，2021. 全国农村电商发展成就、现状特点、问题与对策建议［J］. 农村工作通讯（24）：57-60.

农业农村部. 农业农村部关于加快农产品仓储保鲜冷链设施建设的实施意见［EB/OL］.（2020-04-16）［2021-01-20］. http://www.zfs.moa.gov.cn/flfg/202004/t20200420_6341973.htm.

农业农村部市场预警专家委员会，2022. 中国农业展望报告（2022—2031）［M］. 北京：中国农业科学技术出版社.

梁伟红，叶露，李玉萍，等，2022."一带一路"倡议背景下中国与东南亚国家热带水果贸易现状与展望［J］. 中国果树（11）：101-105.

钱静斐，孙致陆，陈秧分，等，2022. 区域全面伙伴关系协定(RCEP)实施对中国农业影响的量化模拟及政策启示［J］. 农业技术经济（9）：33-45.

商务部新闻办公室，2022.《区域全面经济伙伴关系协定》（RCEP）于2022年1月1日正式生效［EB/OL］.（2022-01-04）［2022-01-20］. http://www.mofcom.gov.cn/article/syxwfb/202112/20211203233822.shtml.

张朦朦，任佳佳，孙红霞，2022. 电子商务对我国鲜果供应链模式优化升级的影响［J］. 中国果树（5）：99-103.

严婉瑜，韩旭，尚永强，等，2023. 果业数字化发展趋势及其特征分析［J］. 中国果树(1)：116-121.

第十一章

肉　类

1 肉类

肉类产业是关系国计民生的重要产业，猪肉、禽肉、牛肉、羊肉等肉类产品是百姓"菜篮子"的重要品种。2022年肉类市场供应充足，其中生猪产能调控加强，猪肉产量增速放缓；肉类消费量缓速增长，但牛肉消费增长明显；肉类进口量持续减少，主要是猪肉进口大幅减少。2022年肉类产量9342万吨，比上年增长3.9%；消费量9877万吨，比上年增长1.6%；进口量613万吨，比上年减少22.8%，出口量78万吨，比上年增长23.8%。肉类价格呈下降趋势，CAMES价格指数①比上年下降5.35个百分点。展望期内，肉类产品供给能力提升，产量呈现小幅增长态势，预计2023年肉类产量9445万吨，比上年增长1.1%；2027年为9738万吨，比基期（2020—2022年3年平均值，下同）增长12.0%；2032年为9994万吨，比基期增长14.9%，年均增长1.4%。肉类市场需求增加，消费形式多样化，肉类消费量将平稳增长，但增速放缓，预计2023年肉类消费量10 015万吨，比上年增长1.4%；2027年为10 300万吨，比基期增长9.8%；2032年为10 485万吨，比基期增长11.7%，年均增长1.1%。进口量先增后减，出口量整体保持增长态势。预计2023年肉类进口量645万吨，比上年增长5.2%；2027年为651万吨，比基期减少13.3%；2032年为601万吨，比基期减少19.9%；2032年肉类出口量110万吨，比基期增长近70%。

1.1 2022年市场形势回顾
1.1.1 肉类生产形势持续向好

各类畜禽出栏量均保持小幅增加。2022年全国生猪产业平稳有序发展，生猪出栏69 995万头，比上年增加2867万头；肉牛羊业生产稳步扩大，全国肉牛出栏4840万头，比上年增加132万头，羊出栏33 624万只，比上年增加579万只；家禽生产稳步增长，家禽出栏161.4亿只，比上年增加4.0亿只。

肉类产量稳定增长。2022年中国肉类产业产能稳步提升，产量达到9342万吨，比上年增长3.9%，创历史新高。随着以能繁母猪为主的生猪产能调控加强，猪肉产量的增速有所放缓，2022年猪肉产量5541万吨，比上年增加245万吨，对肉类产量增长的贡献率达到72.0%。禽肉、牛羊肉产量稳中有增，禽肉产量2443万吨，比上年增加63万吨，对肉类产量增长的贡献率为18.5%；牛肉产量718万吨，增加21万吨；羊肉产量525万吨，增加10万吨（图11-1）。

---

① 肉类CAMES价格指数根据猪肉、禽肉、牛肉、羊肉集贸市场名义价格计算，以2011—2013年为基期。

图 11-1　2013—2022 年中国肉类产量和增长率

（数据来源：国家统计局）

1.1.2　肉类消费小幅增长

肉类消费增幅较小。2022 年，肉类消费总体保持增长态势，但受新冠疫情等超预期因素影响，肉类消费增速明显放缓。2022 年肉类消费量 9877 万吨，比上年增长 1.6%，肉类人均消费量 69.97 千克，比上年增长 1.7%。其中，直接消费量 8061 万吨，仅比上年增长 0.7%；在肉类加工业稳步发展的推动下，肉类加工消费量增速提升，加工消费量 1405 万吨，比上年增长 7.5%。

多重因素影响肉类消费结构。各肉类品种消费增幅差异明显。2022 年猪肉消费稳中略增，猪肉消费量 5704 万吨，比上年增加 45 万吨，增幅仅为 0.8%；禽肉、羊肉消费增长较为平稳，禽肉消费 2512 万吨，比上年增长 1.5%，羊肉消费 561 万吨，比上年增长 1.1%。与其他肉类相比，在居民消费升级和肉类饮食偏好转变的影响下，牛肉市场需求相对强劲，消费量增幅最大，2022 年牛肉消费量 985 万吨，比上年增长 5.8%。肉类消费产品类型日益丰富。随着消费者健康饮食意识的不断提高，肉类消费结构逐步向健康化、品质化方向转变，表现为冷鲜肉、低温肉制品以及品牌肉类产品的市场占有率逐步提高。

1.1.3　肉类进口量明显减少

肉类进口量大幅减少。2022 年，在国内肉类供给能力增强、国际肉类价格高位运行、国际禽流感疫情等因素影响下，肉类进口量继续减少，进口量 613 万吨，比上年减少 22.8%。猪肉、禽肉、羊肉产品进口量均呈现不同幅度的减少，其中猪肉减幅最大，2022 年猪肉产品进口量 175 万吨，比上年减少 52.6%，为 2019

年以来的新低；但牛肉产品进口依然保持强劲增长态势，进口量267万吨，比上年增加14.6%。近年来肉类进口结构调整较为明显，主要表现为猪肉产品进口占比逐步减少，从2020年的52.0%调减至2022年的28.6%；以及牛肉产品进口占比逐步提高，从2020年的25.1%调增至2022年的43.6%（图11-2）。

肉类出口量有所增长。2022年肉类出口78万吨，比上年增长23.8%。禽肉产品出口增长是肉类产品出口增长的主要动力，禽肉产品出口63万吨，比上年增加9万吨（图11-2）。

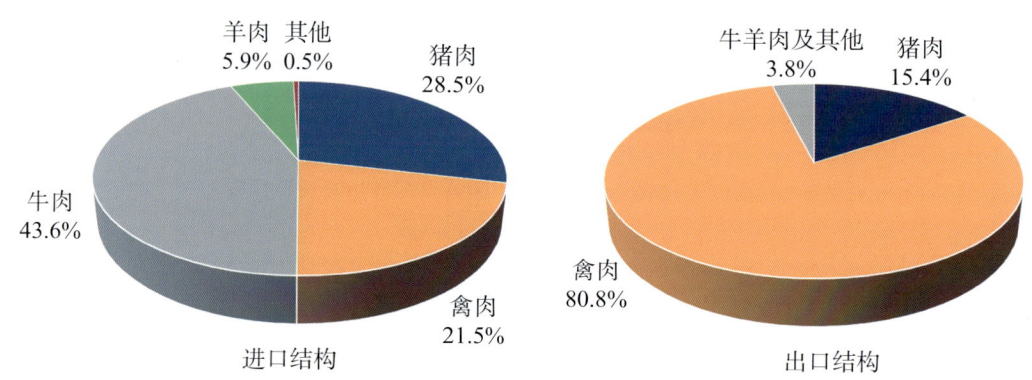

图11-2　2022年中国肉类进出口结构

（数据来源：海关总署）

1.1.4　肉类价格总体下跌

肉类价格有所下跌。2022年肉类市场供需总体宽松，价格与上年相比总体下跌。2022年肉类加权均价[①]（集市价格，下同）36.30元/千克，比上年下跌3.3%；CAMES价格指数为132.5点，比上年下降5.35个百分点。分品种价格有跌有涨。猪肉、羊肉价格均有所下降，其中猪肉产量增幅大于消费量增幅，价格大幅下跌，2022年猪肉均价30.72元/千克，比上年下跌8.7%；羊国内产能有所提升，市场供应充足，价格小幅下跌，羊肉均价82.90元/千克，比上年下跌1.6%。在消费需求增大、养殖成本增加等因素影响下，禽肉、牛肉价格有所上涨，其中禽肉均价23.88元/千克，比上年上涨10.0%，牛肉均价87.58元/千克，比上年上涨1.4%（图11-3）。

---

① 肉类加权均价根据猪肉、禽肉、牛肉、羊肉集贸市场价格按产量加权平均计算。

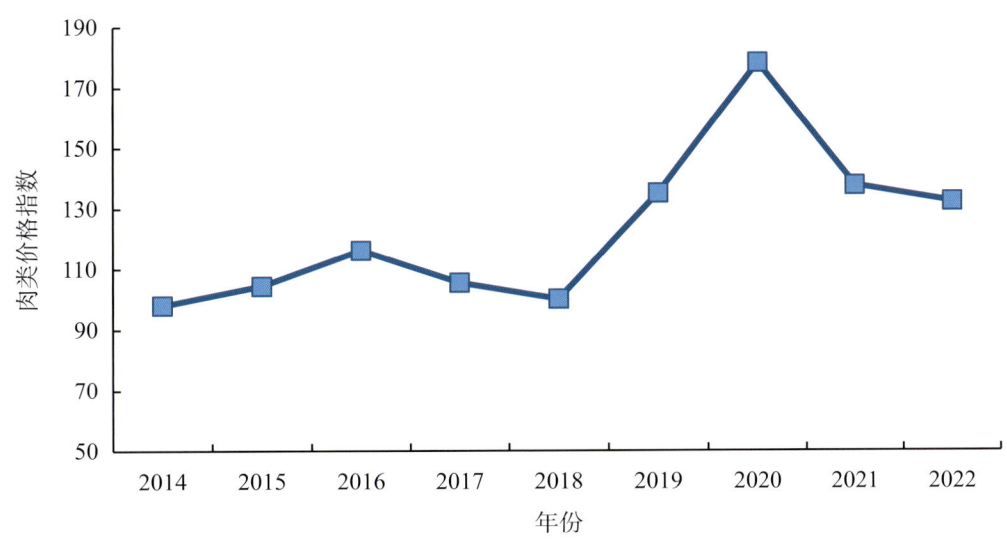

图 11-3　2014—2022 年中国肉类 CAMES 价格指数情况

（数据来源：根据国家统计局、农业农村部畜牧兽医局监测数据测算）

1.2　未来 10 年市场走势判断
1.2.1　总体判断

未来 10 年，随着肉类产业逐步转型升级，实现高质量发展，畜禽生产供给能力将提升，肉类产量将呈现小幅增长态势。预计 2023 年肉类产量 9445 万吨，比上年增长 1.1%；2027 年为 9738 万吨，比基期增长 12.0%；2032 年为 9994 万吨，比基期增长 14.9%，年均增长 1.4%。肉类市场需求进一步释放，肉类产品种类日益丰富，加之线上线下融合发展，消费渠道的多样化更好地满足消费者需求，肉类消费量将平稳增长，但增速放缓。预计 2023 年肉类消费量 10 015 万吨，比上年增长 1.4%；2027 年为 10 300 万吨，比基期增长 9.8%；2032 年为 10 485 万吨，比基期增长 11.7%，年均增长 1.1%。随着以国内大循环为主体、国内国际双循环相互促进的新发展格局的稳步构建，肉类产业多元化国际供应格局将稳步形成，国内优势畜禽产品出口将增加。预计 2023 年肉类进口量 645 万吨，比上年增长 5.2%；2027 年为 651 万吨，比基期减少 13.3%；2032 年为 601 万吨，比基期减少 19.9%；2032 年肉类出口量 110 万吨，比基期增长近 70%。

1.2.2　生产展望

肉类产量小幅增长。预计 2023 年肉类产量 9445 万吨，比上年增长 1.1%。主要原因是 2022 年末畜禽存栏整体增加，2022 年末能繁母猪存栏 4390 万头，生猪存栏 45 256 万头，分别比上年增长 1.4%、0.7%；牛存栏 10 216 万头、羊存栏 32 627 万只，分别比上年增长 4.1% 和 2.1%；家禽存栏仅比上年略减 0.2%。长期来看，随着以集约高效为主的设施畜牧业发展，畜禽养殖标准化示范基地的逐步创建，以及畜禽遗传改良研究的稳步开展，生猪等畜禽产品供给能力将进一步提升，肉类产业将实现提质增效，肉类产量将保持稳定增长态势，预计 2027 年肉类产量为 9738 万吨，比基期增长 12.0%；2032 年为 9994 万吨，比基期增长 14.9%；展望期内产量年均增长 1.4%（图 11-4）。

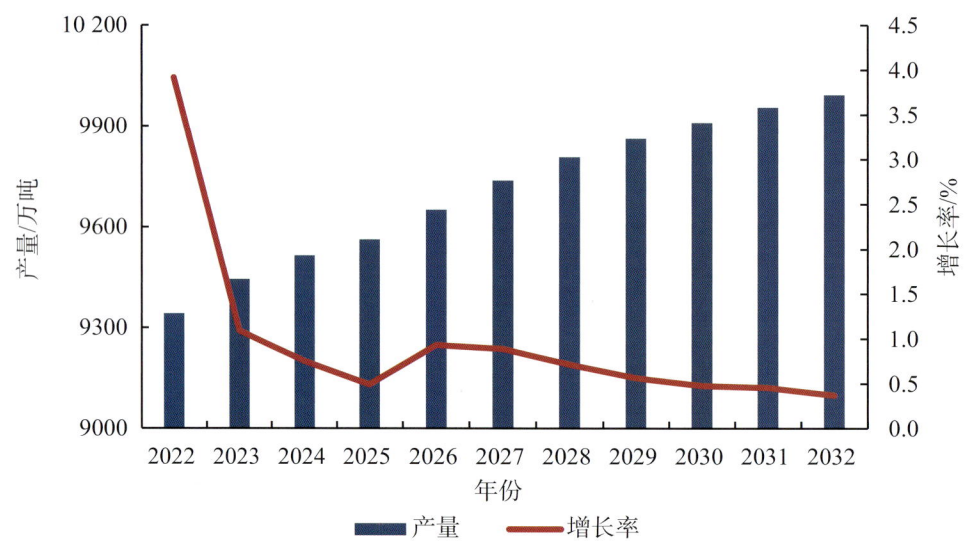

图 11-4　2022—2032 年中国肉类产量变化趋势

（数据来源：2023—2032 年数据为中国农业科学院农业信息研究所 CAMES 模型系统预测）

1.2.3　消费展望

肉类消费量平稳增长。2023 年，国内消费需求的稳步恢复将带动肉类消费的增长。预计 2023 年肉类消费量 10 015 万吨，比上年增长 1.4%。长期来看，受居民收入水平提高促进消费结构优化升级、肉类消费方式与渠道的多样化更好满足消费者需求等因素影响，肉类消费量将保持平稳增长态势。但考虑到展望期间人口总量有下降趋势，人口老龄化程度加深，肉类消费增速将放缓。预计 2027 年肉类消费量为 10 300 万吨，比基期增长 9.8%；2032 年为 10 485 万吨，比基期增长 11.7%；展望期内消费量年均增长 1.1%（图 11-5）。

肉类加工消费量增速较快。2023 年，随着消费者对加工肉制品需求的增加，肉类加工消费量将有所增长。预计 2023 年肉类加工消费量 1488 万吨，比基期增长 5.9%。长期来看，随着预制菜等新兴产业的培育壮大，居民消费观念的转变，以及肉制品加工技术特别是精深加工技术的提高，肉类加工业将快速发展。展望期内，肉类加工消费量将以年均 6.3% 的速度增长，2027 年将达到 1887 万吨，2032 年将达到 2435 万吨。

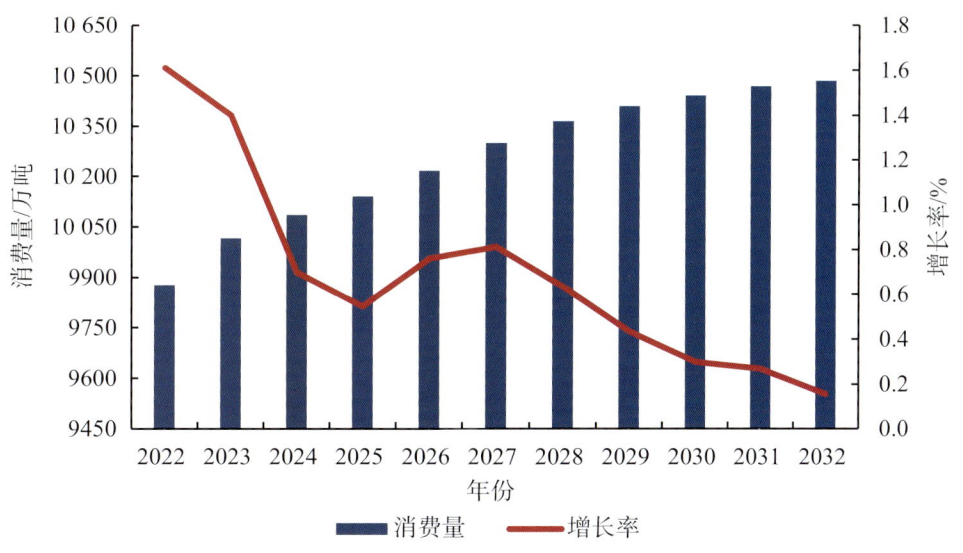

图 11-5　2022—2032 年中国肉类消费量变化趋势

（数据来源：2023—2032 年数据为中国农业科学院农业信息研究所 CAMES 模型系统预测）

1.2.4　贸易展望

进口量先增后减。考虑到肉类产品国内外价差依然存在，加之国内需求增长，预计 2023 年肉类进口 645 万吨，比上年增长 5.2%。随着国内肉类产业持续发展，肉类产品自给率将逐步提高，进口量增速趋缓后将呈减少态势。预计 2027 年肉类进口 651 万吨，比基期减少 13.3%；2032 年进口 601 万吨，比基期减少 19.9%。其中牛肉产品是肉类产品进口的主力，其进口量占比将保持稳步增长态势，至 2032 年，牛肉产品进口量占肉类进口总量的比重超过一半。出口量总体呈增长态势。肉类产品出口主要以禽肉产品为主，随着肉类产品在国际市场竞争力的不断提升，在国际市场上的份额将逐步增加，预计出口量将持续增长。展望期内，肉类产品出口量将以年均 5.4% 的速度增长，2032 年达到 110 万吨。

1.2.5　价格展望

肉类价格波动幅度趋窄。短期来看，在无重大疫情等突发事件影响下，2023 年肉类市场供应将稳中有增，消费需求逐步回暖，加之生猪产能调控能力的增强，预计肉类市场价格波动趋稳，肉类 CAMES 价格指数与上年相比波动幅度不超过 10 个百分点，不排除个别时段可能会出现阶段性大幅波动。长期来看，随着畜牧业平稳有序发展长效机制的健全，畜牧业走向转型升级，逐渐实现标准化、规模化养殖，肉类产业质量效益和竞争力稳步提高，加之加工流通体系的逐渐完善，肉类产品供给保障水平将进一步提升，市场调控能力将进一步增强，市场价格波动将进一步趋稳，预计肉类 CAMES 价格指数与上年相比波动幅度会进一步缩小至 8 个百分点以内。

2 猪肉

猪肉是重要的"菜篮子"产品,关系国民经济平稳运行和社会大局稳定。2022年生猪出栏量和猪肉产量继续增加,上半年供给充裕、消费需求相对低迷,猪肉价格同比下跌,下半年因生猪压栏增重和二次育肥增多等因素导致的阶段性供给偏紧,以及消费需求回升,猪肉价格同比上涨,总体呈现上半年回落、下半年快速上涨,全年小幅下跌的特征。全年生猪出栏量7.00亿头,比上年增长4.3%,猪肉产量5541万吨,比上年增长4.6%。猪肉消费量5705万吨,比上年增长0.8%;进口量176万吨,比上年减少52.6%。未来10年,猪肉产量呈稳中有增趋势,消费增速放缓。预计2023年,猪肉产量略增,将达5570万吨,比上年增长0.5%,消费量5765万吨,增长1.0%。预计2027年,产量5583万吨,比基期(2020—2022年3年平均值,下同)增长12.0%,消费量5755万吨,增长8.5%,进口量182万吨,减少44.6%。预计2032年,产量5602万吨、消费量5719万吨、进口量130万吨,比基期分别增长12.4%、增长7.8%、减少60.4%,年均增速分别为1.2%、0.8%、−8.8%。

2.1 2022年市场形势回顾

2.1.1 猪肉产量继续增长

猪肉产量较上年增4.6%。受猪价回落影响,全国能繁母猪存栏从2021年6月连续10个月下降,2022年4月降至4177万头,5月开始稳中有增,2022年末达到4390万头,比上年末增长1.4%。能繁母猪结构不断优化,良种二元能繁母猪占比提高,生产性能稳步提升。全年生猪出栏量7.00亿头,比上年增长4.3%,年内生猪出栏量同比增幅逐季度缩小,一季度生猪出栏阶段性过剩特征明显,同比增长14.1%,二季度同比增长2.5%,供给向基本平衡转变,三季度微减0.1%,四季度略增0.2%,下半年供给总体偏紧。生猪生产集中度明显提高,头部20家生猪养殖企业出栏量1.69亿头,占全国生猪出栏量比重的24.2%,比上年提高3.7个百分点。全年猪肉产量5541万吨,比上年增长4.6%,生猪产业发展逐步平稳。

2.1.2 消费需求略微增加

全年猪肉消费5705万吨,比上年增长0.8%。分季度看,一季度受元旦、春节提振,加之生猪和猪肉供给增加、价格下跌,猪肉消费略有增加;二季度部分地区新冠疫情加重,生猪屠宰等加工业以及餐饮行业等均受到不利影响,猪肉消费明显减少;下半年,国内经济加速恢复,企业复工复产,猪肉消费量出现反弹,但进入11月后,受新冠感染人数增多、北部和西南部地区雨雪天气不利于生猪和猪肉运输、地区性腊肉腌制时间推迟等因素的共同影响，猪肉消费"旺季不旺"。

2.1.3 猪肉进口量大幅减少

猪肉进口大幅减少，出口大幅增加。上半年，受国内生猪产能提高、猪肉价格低位运行影响，猪肉月度进口量持续减少；下半年随着猪肉进口利润回升，进口量逐步增多。2022年猪肉（不包括杂碎，下同）进口176万吨，比上年减少52.6%，进口额39亿美元，减少61.7%，平均到岸价格2218美元/吨，下跌19.1%。进口猪肉来自西班牙、巴西、丹麦、美国、荷兰、加拿大等18个国家。其中，从西班牙和巴西进口猪肉分别占进口总量的27.0%和23.7%。猪肉出口量11.53万吨，因上年基数偏小，增幅高达5.0倍。其中，活猪出口71.82万头，折算猪肉8.79万吨，比上年大幅增长；以鲜冷冻猪肉形式出口2.74万吨，增长51.3%。

2.1.4 猪肉年度价格小幅下跌

据农业农村部监测，2022年集贸市场猪肉年均价30.72元/千克，比上年下跌8.7%。从月度走势看，一季度猪肉供给增速大于消费需求增速，1月猪肉价格环比跌5.9%，3月环比大幅下跌9.1%，4月止跌企稳，环比略跌0.2%，为22.19元/千克。5—11月，受生猪出栏增速放缓、消费需求季节性增加等因素影响，猪肉价格连续7个月上涨，涨至11月的40.62元/千克。其中，7月环比大幅上涨26.3%，同比涨幅逐月扩大。11月下旬，冻猪肉放储、生猪出栏量环比增加带动猪肉价格从高位回落。12月受消费短期快速萎缩、养殖户恐慌性出栏等因素影响，猪肉价格大幅下跌至35.92元/千克，环比下跌11.6%，但同比上涨26.4%（图11-6）。

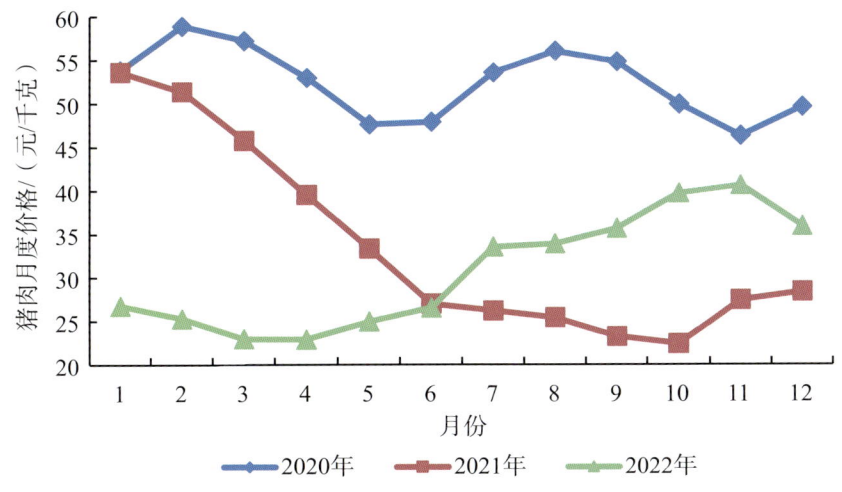

图 11-6　2020—2022 年集贸市场猪肉月度价格

2.1.5 猪粮比价较上年下降

生猪价格回落、饲料粮价格上涨导致猪粮比价较上年下降。据国家发展改革委数据，2022年猪粮比价平均为6.77∶1，比上年下降0.79个点。一季度，受生猪价格下跌、饲料价格上涨影响，猪粮比价持续下降，3月降至4.67∶1，低于5∶1的一级预警线。随着猪肉收储政策启动，市场信心受到提振，生猪价格止跌回升，带动猪粮比价震荡回升，在10月达到全年最高点9.47∶1。11—12月，生猪价格和饲料价格均回落，但生猪价格跌幅较大，带动猪粮比价震荡下行至12月的7.21∶1。但能繁母猪及仔猪价格下降、豆粕玉米减量替代工作深入推进带动养殖成本略有下降，生猪养殖收益有所回升。据国家发展改革委数据，2022年散养生猪和规模养殖生猪每头净利润分别为320元和460元，比上年提高265元和316元。

2.2 未来10年市场走势判断

2.2.1 总体判断

猪肉产量呈现稳中有增趋势。展望前期生猪供给波动幅度收窄，中后期若没有重大动物疫病突发的情况下，生猪产业将健康平稳运行，猪肉产量稳中有增。预计2023年生猪存栏量和出栏量继续微幅增长，猪肉产量5570万吨，比上年增长0.5%；2027年猪肉产量5583万吨，比基期增长12.0%；2032年5602万吨，比基期增长12.4%，年均增速1.2%。

消费量先增后降。2023年猪肉消费量预计为5765万吨，比上年增长1.0%。考虑到人口总量进入负增长趋势、肉类产品消费结构不断升级，展望期内猪肉消费量先增后减，与基期相比年均增速放缓。预计2027年猪肉消费量达到5755万吨，比基期增长8.5%；2032年5719万吨，比基期增长7.8%，年均增速0.8%。

进口量呈现下降趋势。2023年受国际猪肉供应链恢复、国内餐饮和加工消费回升等因素影响，猪肉进口量预计增长至200万吨，比上年增长14.3%。国内供给稳中有增带动猪肉进口需求逐步减少。带骨猪肉进口需求具有一定刚性，因此猪肉进口总体下降，但仍将会保持一定水平。预计2027年猪肉进口量182万吨，比基期减少44.6%；2032年130万吨，比基期减少60.4%，年均下降8.8%。

价格波动幅度逐渐收窄。2023年猪肉供给稳定且充裕，消费需求将会温和提振，猪肉价格稳中略涨，波动幅度将会明显收窄。长期看，受能繁母猪生产效能提升、生猪规模养殖、屠宰环节的机械化和自动化水平提升、猪肉消费较基期的年均增速放缓等因素的共同影响，猪肉价格波动幅度将逐渐收窄。

2.2.2 生产展望

猪肉产量呈现稳中有增趋势。一是生猪产能调控能力增强。持续落实生猪稳产保供省负总责，强化以能繁母猪为主的生猪产能调控，同时扎实推进国家育种联合攻关和畜禽遗传改良计划，稳定生猪产业基础产能。二是生猪养殖布局日趋科学合理、生产能力稳步提升。通过科学设置区域布局、明确发展重点并平稳推进，在生猪调出区扩大产能，加快产业转型升级，提升规模化、标准化、产业化水平；在主销区引导大中型企业建设养殖基地；在产销平衡区挖掘增产潜力。通过大力发展设施畜牧业，提升设施化装备水平，完善高效立体设施养殖模式，从而加速生猪产业养殖规模化、集约化、智能化发展趋势，促进新旧动能加快转换。三是生猪定点屠宰场的规范性不断提升，猪肉产品质量安全得到强有力保障。生猪定点屠宰厂（场）的设置、屠宰管理条例、肉品品质检验规程等日趋规范，同时，北京、上海、天津、重庆等不少地区将生猪纳入农产品质量可追溯系统，借助信息化技术推动质量安全提升。

2023年猪肉产量预计比上年略增。2022年末能繁母猪和生猪存栏量均处于较高水平，预计2023年生猪出栏量高于上年，但受猪价振幅明显缩窄影响，出栏的生猪活体重量将较上年下降，预计2023年猪肉产量增幅有限，达到5570万吨，比上年增长0.5%。

未来10年，中国加强科研攻关，逐步建成完善的商业化生猪育种体系，生猪产能得到强有力保障，生猪产业生产方式向区域化、专业化、规模化、产业化和生态化饲养转变，设施装备由机械化向自动化、信息化、智能化方向发展。在"大食物观"背景下，猪肉生产将加速向"提质增效"转变，产量增速稳步回落。预计2027年生猪出栏量7.01亿头，比基期增长10.9%，猪肉产量5583万吨，增长12.0%；2032年生猪出栏量7.02亿头左右，比基期增长11.0%，年均增长1.1%；猪肉产量达到5602万吨，比基期增长12.4%，年均增长1.2%（表11-1、图11-7）。

表11-1 中国猪肉产量及年均增长率

项目	基期（2020—2022年3年平均值）	2027年*	2032年*
年均产量/万吨	4983	5583	5602
年均增长率/%	—	2.3	1.2

数据来源：*为预测值，其余数据来自国家统计局。

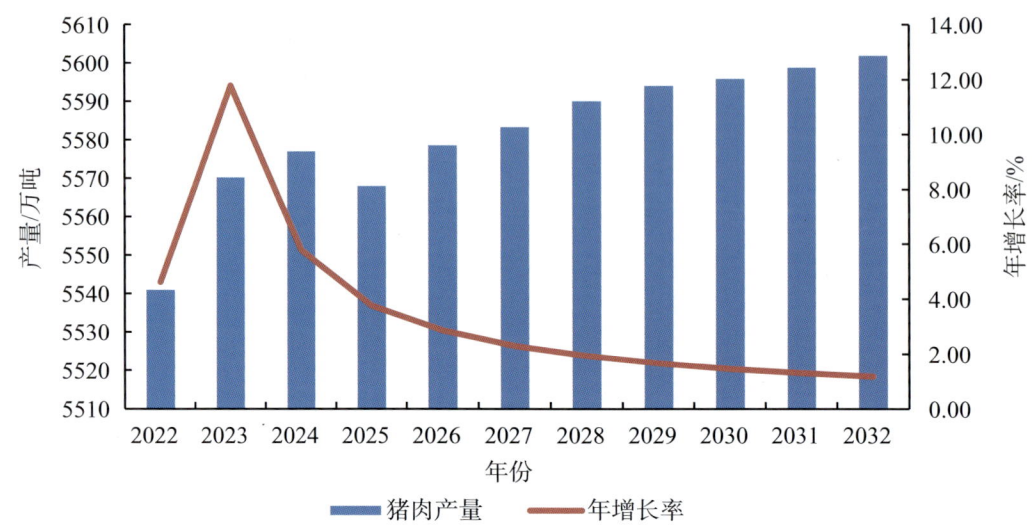

图 11-7　2022—2032 年中国猪肉产量及年增长率

（数据来源：2023—2032 年数据为中国农业科学院农业信息研究所 CAMES 模型系统预测）

2.2.3　消费展望

猪肉消费增速总体放缓。2023 年受猪肉供给充足，以及新冠疫情逐步稳定、生产生活快速恢复、居民收入平稳增长等因素的综合影响，预计猪肉消费量有所增长。预计 2023 年猪肉消费量为 5765 万吨，比上年增长 1.0%；人均占有量为 40.86 千克，增长 1.1%（图 11-8）。

未来 10 年，我国居民的肉类消费继续维持结构升级趋势，人口总量进入负增长趋势，预计猪肉消费量先增加后稳步回落。具体看，随着老年人口持续增长，老龄化程度加深，60 岁及以上老年人口到 2030 年占比将达到 25% 左右，而老龄

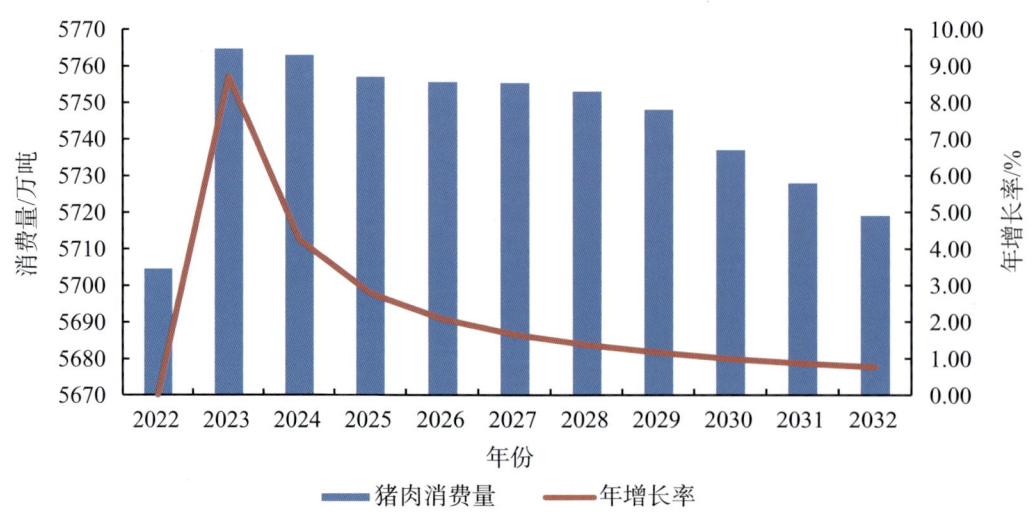

图 11-8　2022—2032 年中国猪肉消费量及年增长率

（数据来源：2023—2032 年数据为中国农业科学院农业信息研究所 CAMES 模型系统预测）

化对肉类消费的结构性影响将造成肉类消费量中猪肉等红肉的消费量下降，预计2030年过后，猪肉人均占有量增速将逐步放缓。同时，叠加人口总数稳中有减趋势的共同影响，预计未来10年，猪肉消费量先增后降。预计2027年，猪肉消费量为5755万吨，比基期增长8.5%，人均占有量为40.93千克，增长9.0%；2032年消费量为5719万吨，增长7.8%，年均增长率0.8%，人均占有量41.09千克，增长9.4%，年均增长率0.9%（图11-8）。

2.2.4 贸易展望

进口量先增后减，总体呈现下降趋势。2023年，国际供应链恢复、餐饮和加工消费回升，预计带动猪肉进口量增至200万吨左右，比上年增长14.3%。展望中后期，在没有出现区域性重大动物疫情的情况下，随着猪肉产能稳步提高、消费增速放缓，猪肉进口需求将会稳步下降，但带骨猪肉消费进口存在刚性需求，对猪肉进口量存在底部支撑。预计2027年猪肉进口量182万吨左右，比基期减少44.6%；2032年进口量130万吨左右，减少60.4%，年均减速8.8%（图11-9）。

出口量稳步增长。展望期间，随着猪肉产量稳步增加、消费量增速放缓，猪肉品质不断提升，出口能力稳步增强。预计2027年猪肉出口量（包括活猪）为10万吨，比基期增长13.2%，2032年为13万吨，增长47.2%，年均增速3.9%。

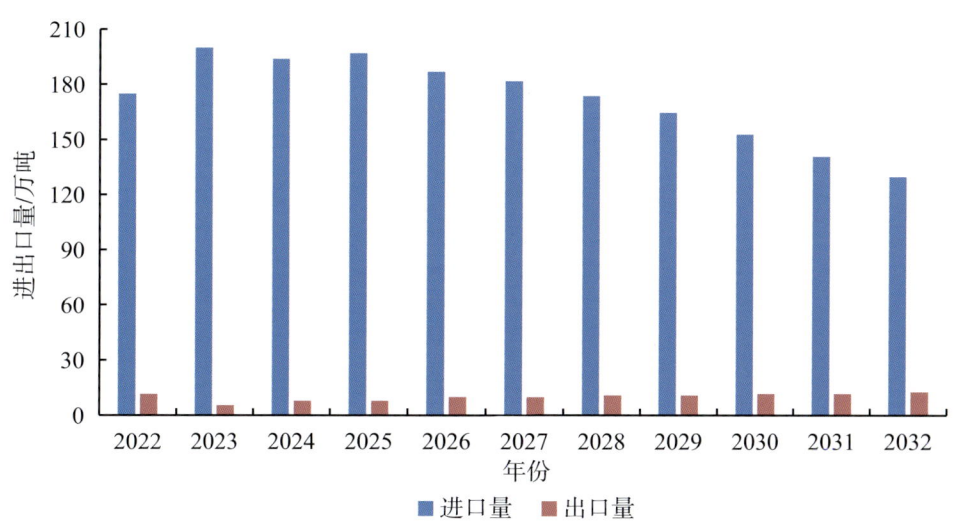

图11-9　2022—2032年中国猪肉进口量和出口量

（数据来源：2023—2032年数据为中国农业科学院农业信息研究所CAMES模型系统预测）

注：出口量包括猪肉和活猪，活猪按照70%的出肉率折算。

2.2.5 价格展望

2023年猪肉价格稳中略涨。2022年末生猪存栏维持在较高水平，同时上年下半年仔猪供给量呈现高位，2023年生猪出栏量将继续小幅增长。随着生产生活秩序恢复到常态，餐饮和加工等消费需求逐渐回升，全年猪肉产量和消费量双增，猪肉供需维持平衡格局，预计猪肉价格水平比上年稳中略涨。

长期来看，猪肉价格回归常态后波动幅度将明显收窄。预计随着生猪和猪肉供给能力进一步增强、肉类消费结构优化调整以及生猪期货、生猪保险等风险管理工具的不断完善，未来"猪周期"的影响将减弱，猪肉价格波动幅度有望收窄。

2.3 不确定性分析

重大动物疫情发生的不确定性、饲料价格波动幅度及向下游价格传导影响、猪肉消费的影响因素变化等都会对生猪产业产生较大影响，影响将涉及饲料供给、养殖成本、猪肉供需结构、贸易和价格等诸多方面。这些影响有些是短期的，有些则是长期的，都给本报告的预测和展望带来不确定性。

2.3.1 疫病疫情的发生存在不确定性

2007年以来，蓝耳病、非洲猪瘟等重大动物疫情对生猪产能造成重大影响，近些年的新冠疫情又对猪肉消费造成了一定打击。从目前看，既有疫病疫情虽得到了有效控制，但病原已在环境里广泛定殖，一些重大动物疫病仍然处于点状散发状态，每年冬季仍然是生猪非洲猪瘟、仔猪腹泻高发期，同时是否会出现新的疫病疫情难以预测，给未来10年生猪产能、猪肉产量、消费量，以及贸易和价格预测带来不确定性。

2.3.2 饲料价格波动幅度及对下游产业影响效果存在不确定性

饲料价格上涨会导致生猪价格剧烈波动。近年来，饲料企业陆续转型升级，不断节约企业管理和市场拓展等方面的生产成本，并通过玉米、豆粕减量替代等措施，调整饲料产品配方，在一定程度上减轻了饲料粮价格波动对饲料产品价格和生猪养殖成本的影响力度。未来，随着饲料企业的配方优化能力进一步提升、使用保险期货的套期保值能力进一步增强，以及对饲料粮储备的动态调整能力进一步强化，饲料价格波动受饲料原粮价格的影响机制或发生较大变化，从而导致饲料价格波动幅度以及向下游生猪养殖成本传导的力度和时效性都存在不确定性。

2.3.3 猪肉消费近期回升速度和未来拐点出现时间存在不确定性

消费需求恢复时间和增长空间直接影响生猪生产和生猪及猪肉价格走势。2023年，随着经济活动的全面放开，被抑制的消费潜力将加速释放，但消费回升速度受居民收入稳定增长和消费预期改善的影响较大，导致猪肉消费显著回升的时间和幅度都存在一定不确定性。未来，随着人口总量稳中有减、人口结构不断变化，以及在"大食物观"背景下，居民食物消费结构不断调整，尤其是植物蛋白消费对动物蛋白消费的替代效果存在不确定性，致使猪肉消费量从上升向下降转变的拐点出现时间存在不确定性，对展望中后期的猪肉产量和价格走势预测带来一定影响。

3 禽肉

禽肉在中国肉类产量中的占比仅次于猪肉，是中国居民第二大消费肉类。2022年中国禽肉产量2443万吨，与上年相比增长2.6%，连续5年增长。禽肉消费量2512万吨，增长1.5%。禽肉进口量继续减少，为132万吨，下降10.8%；出口63万吨，增长16.7%。展望期内，预计禽肉产量和消费量稳中有增，但增速逐步放缓，进口量明显下降，出口量小幅增加。预计2023年，禽肉产量2497万吨，比上年增长2.2%；消费量2563万吨，增长2.0%；进口量133万吨，增长0.8%；出口量67万吨，增长6.3%。预计2027年，禽肉产量2734万吨，与基期（2020—2022年3年平均值，下同）相比增长14.2%；消费量2782万吨，增长11.9%；进口量126万吨，下降13.1%，出口量78万吨，增长43.6%。预计2032年，禽肉产量2926万吨，比基期增长22.2%，年均增速1.8%；消费量2943万吨，比基期增长18.4%，年均增速1.6%；进口量109万吨，比基期下降24.8%，年均下降1.9%；出口量92万吨，年均增速3.9%。

3.1 2022年市场形势回顾
3.1.1 产量小幅增加

2022年禽肉产量2443万吨，与上年相比增长2.6%（图11-10）。分品种看，

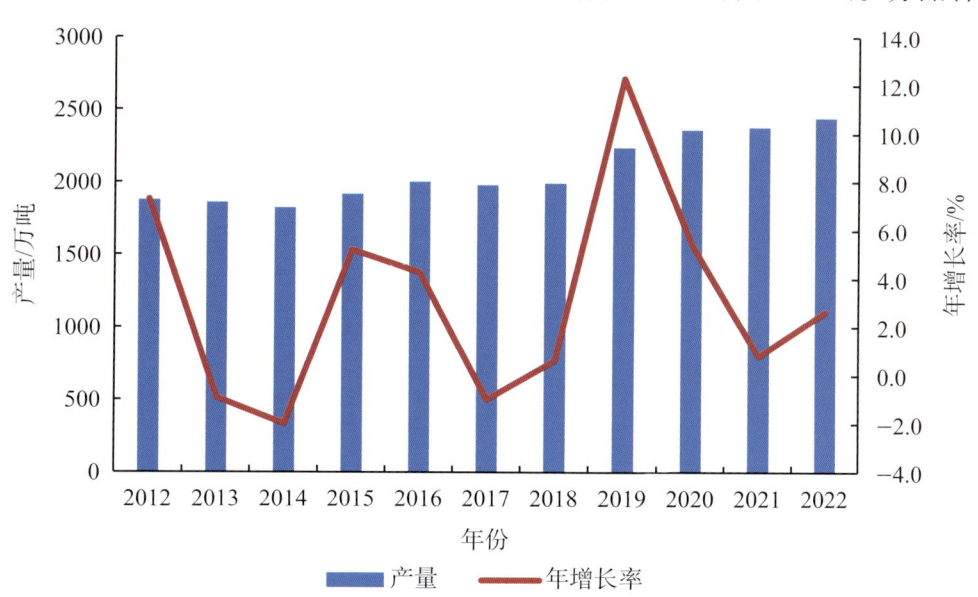

图11-10　2012—2022年中国禽肉产量及增长率变动情况

（数据来源：国家统计局）

鸡肉和鸭肉产量不同程度增长，鹅肉基本持平。其中，鸡肉产量为1603万吨，增长2.0%，鸭肉产量为674万吨，增长4.8%。在肉鸡中，白羽肉鸡、黄羽肉鸡、小型白羽肉鸡和淘汰蛋鸡产量分别为968万吨、372万吨、172万吨和91万吨，白羽肉鸡和小型白羽肉鸡分别与上年相比增长8.1%和9.4%，黄羽肉鸡和淘汰蛋鸡与上年相比分别减少12.4%和2.5%。

3.1.2 消费量稳步增长

2022年禽肉消费量为2512万吨，与上年相比增长1.5%，人均禽肉消费量为17.79千克，增长1.6%。分品种看，鸡肉呈现"两增一减"特点，白羽肉鸡和小型白羽肉鸡鸡肉有不同程度增长，黄羽肉鸡消费较大幅度减少。随着鸡肉消费观念的转变，以及食品加工技术的提升，拓展了鸡肉的消费空间，推动白羽肉鸡的消费需求增加。由于预制菜等调理产品和无骨凤爪等休闲食品不断推陈出新，口味出众，受到越来越多速食消费者的喜爱，因此白羽肉鸡和小型白羽肉鸡的居民消费占比不断提高。而随着人们公共卫生意识的增强，传统活禽交易正逐渐远离人口密集区域，活禽消费量下降，黄羽肉鸡的消费量减少。由于鸡胸肉价格上涨，食品加工企业的替代性动物蛋白需求转向鸭肉，提高了鸭肉的消费需求。

3.1.3 净进口量减少

2022年，受国际禽流感疫情影响，中国禽肉进口量下降，出口量有所增加。全年禽肉进口132万吨，与上年相比降低10.8%。2022年禽肉出口63万吨，增长16.7%（图11-11）。

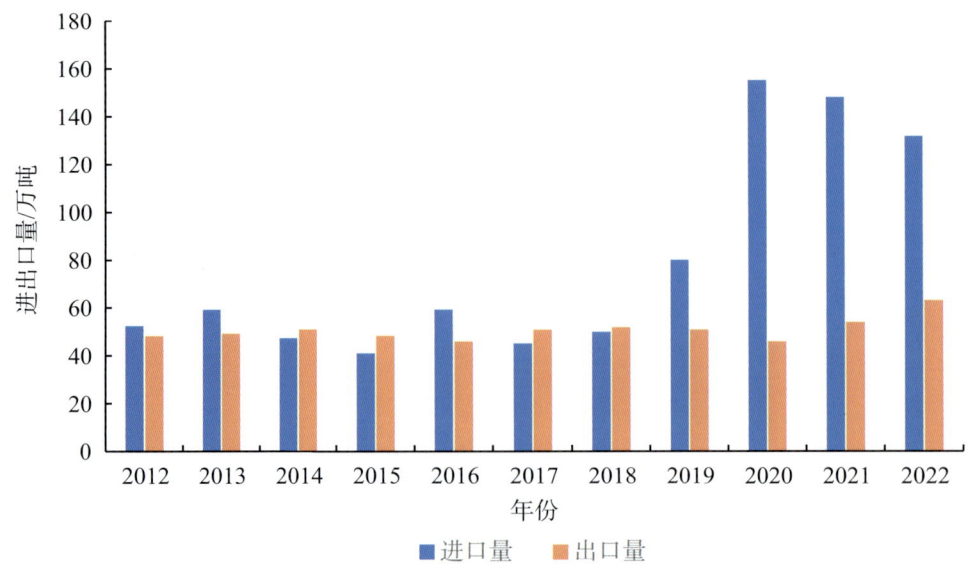

图11-11　2012—2022年中国禽肉产品进出口数量

（数据来源：海关总署）

从进口品种看，前三项为鸡爪 66.5 万吨、冻鸡翅 32.8 万吨、带骨冻鸡块 23.1 万吨，占进口总量的 92.7%。从进口来源国看，主要是巴西、美国、俄罗斯、泰国以及阿根廷，占进口总量的 90.6%。巴西依然是中国最大的肉鸡产品进口国，占比为 41.8%，与上年相比减少 1.9 个百分点。价格相对低廉且规格较大的进口冻鸡爪和鸡翅依然是中国经销商及食品加工企业喜爱的产品。

鲜冷禽肉产品出口 27.9 万吨，与上年相比增长 19.3%，主要出口目的地为中国港澳地区和马来西亚、蒙古国及柬埔寨；加工禽肉制品出口 35.3 万吨，增长 15.9%，主要出口地为日本和中国香港。

3.1.4 价格较大幅度上涨

继 2020—2021 年鸡肉价格回落后，2022 全年分割鸡肉和黄羽肉鸡活鸡批发价格，以及集市鸡肉综合价格总体呈上涨态势，全年均价分别为 10.69 元/千克、17.42 元/千克和 23.88 元/千克，与上年相比分别上涨 5.3%、14.9% 和 10.0%（图 11-12）。

具体来看，分割鸡肉批发价格总体呈持续上涨态势。1—3 月价格上涨幅度较为平缓，4 月后涨幅逐渐加大，11 月达到年内高点 11.43 元/千克，12 月小幅回落至 11.09 元/千克。

黄羽肉鸡活鸡批发价格全年呈震荡走势。春节后价格呈下降态势，最低点出现在 4 月，为 14.87 元/千克，之后开始快速上涨，9 月达到最高点 20.59 元/千克，11—12 月受传统消费淡季和新冠疫情波动影响价格回落至 16.16 元/千克。

集市鸡肉综合价格呈现稳定上涨态势。从年初开始价格小幅波动上涨，涨幅逐

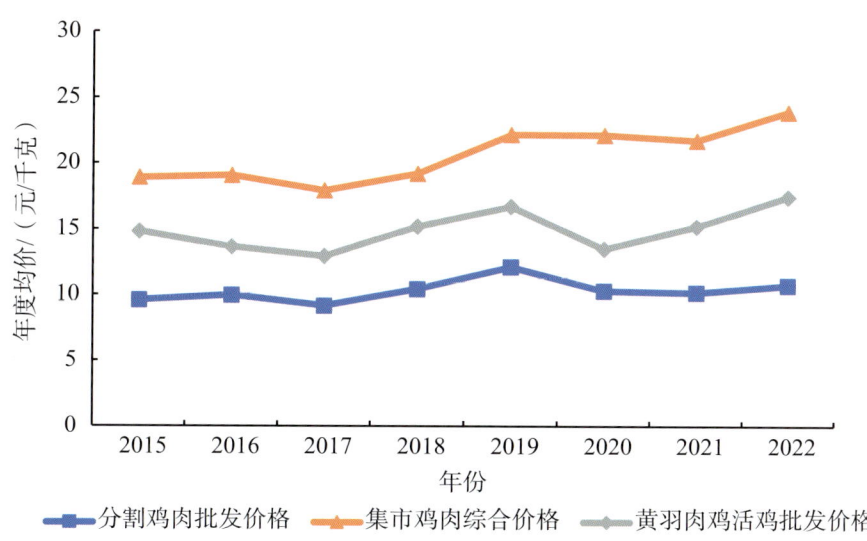

图 11-12　2015—2022 年肉鸡产品交易年度价格变动情况

（数据来源：农业农村部畜牧兽医局）

渐增大，11月达到年内高点25.76元/千克，12月小幅回落至25.30元/千克。

3.1.5 肉禽饲料成本上涨

肉禽饲料成本上涨，创近10年新高，养殖成本明显上升。虽然2022年肉禽各分品种出栏价格与上年相比均有所上涨，但肉禽养殖成本中影响最大的饲料价格上涨幅度更大，盈利空间大幅缩窄，整体养殖效益不及预期。

据农业农村部肉鸡生产监测数据分析，白羽肉鸡产业综合收益为近5年最低。虽然雏鸡成本小幅下降，但由于饲料价格上涨10.2%，肉鸡生产成本上涨6.4%。产业综合收益下降至历史低位，平均每只白羽肉鸡产业综合收益为0.63元，与上年相比减少0.77元，收益降幅50.3%。其中，父母代种鸡和屠宰环节亏损，折合每只肉鸡分别亏损0.41元和0.67元；祖代种鸡环节收益降低，折合每只肉鸡仅获利0.08元，为近5年最低；商品养殖环节收益显著提高，每只盈利1.63元，达历史高位。

黄羽肉鸡产业综合收益与历史价格类似时期相比低约10%。受各项成本上涨，尤其是雏鸡成本和饲料成本上涨的影响，肉鸡生产成本上涨5.7%。虽然黄羽肉鸡活鸡批发价格上涨至历史高位，但黄羽肉鸡产业综合收益仅为历史中等偏高，产业综合收益减少约10%。平均每只黄羽肉鸡产业综合收益为7.71元，与上年相比增加2.74元，增幅为59.5%。其中，祖代养殖收益略有减少，折合每只肉鸡收益0.09元；父母代种鸡生产收益改善，折合每只肉鸡收益0.28元；商品肉鸡养殖收益大幅增加至每只鸡7.34元。

3.2 未来10年市场走势判断

3.2.1 总体判断

禽肉产量将长期保持增加，肉禽产能稳步增长，供应充足。预计2023年禽肉产量为2497万吨，比上年增长2.2%。展望中后期，禽肉产量增速将逐步加快。预计2027年产量将达2734万吨，与基期相比增长14.2%；2032年增至2926万吨，与基期相比年均增长1.8%。

禽肉消费量总体增长，增速趋缓。预计2023年，禽肉消费呈增长态势，消费量为2563万吨，比上年增长2.0%。展望中后期，随着禽肉加工水平提升，产品形式日趋多样，消费保持增长；伴随着人口负增长和城镇人口比例趋于稳定，消费增速将逐步放缓。预计2027年禽肉消费量将达到2782万吨，与基期相比增长18.4%；2032年增至2943万吨，与基期相比年均增长1.6%。

禽肉进口呈先稳后降趋势，出口小幅增长。从进口看，短期中国禽肉消费增长，部分产品供不应求。预计2023年，禽肉进口量有所增长，约为133万吨，同比增长0.8%。展望中后期，禽肉产量增长，禽肉价格横向波动，进口预计先稳后降；预计2027年进口量为126万吨，与基期相比下降13.1%；预计2032年为109万吨，与基期相比年均下降1.9%。从出口来看，出口量保持稳定增长，预计2023年为67万吨，同比增长6.3%。展望中后期，禽肉出口保持稳定增长，预计2027年为78万吨；预计2032年出口量为92万吨，与基期相比年均增长3.9%。

禽肉价格总体呈现上涨趋势。2023年上半年，鸡肉价格将呈总体上行趋势，年中禽肉产量或达峰值，下半年鸡肉价格呈总体下行趋势，随着禽肉产量逐渐下降，供给趋于平稳后，价格有望恢复上涨。预计全年分割鸡肉批发均价11.5元/千克，同比上涨7.5%；黄羽肉鸡活鸡批发价格为17.30元/千克，同比下降0.7%；集市鸡肉综合价格为25.00元/千克，同比上涨4.7%。展望中后期，随着肉禽产能不断扩大，禽肉价格上涨空间有限，价格预计将随养殖成本变化呈波动态势。饲料、人工等养殖成本增加将推动禽肉价格震荡上行。

3.2.2 生产展望

白羽肉鸡种源将以自主供应为主。2022年白羽肉鸡种源国内来源占比达64%，"广明2号"等自主培育的白羽肉鸡新品种为保障中国禽肉供给提供了种源支撑，市场占有率达到32.5%。未来自主培育白羽肉鸡市场占有率有望增长到50.0%左右，为中国肉禽产业高质量发展提供种源保障。展望中后期，中国肉禽种业自给率将明显上升，一体化企业产量占比进一步提高，生产标准化、饲养精细化、管理智能化进一步推进，禽肉产量有望稳中趋增，波动逐步放缓。

饲料成本仍将保持高位。短期看，受国际贸易环境变化以及饲料原料需求增长等因素影响，2023年豆粕、玉米等主要饲料原料价格处于历史高位。饲料成本是肉禽养殖成本的最重要部分，由于饲料价格上涨，饲料成本占比增加至生产成本的80.0%。

禽肉产量保持增长。受饲料成本持续上涨影响，禽肉生产效益下降，禽肉产量增速受到压制。然而禽肉具有生产周期短，饲料转化效率高，集约化程度高，产业链完善的生产优势。因此随着新冠疫情后各行业的恢复，禽肉消费需求逐渐恢复增长，将拉动禽肉产量在短期内恢复增长。2022年下半年禽肉供需基本平衡，2022年末肉种禽在产产能压减至近年低位，但后备产能上升至近年高位。按照生产周转规律判断，2023年种禽在产产能在年中或形成历史新高，预计2023年上半年禽肉供需将处于紧平衡，下半年处于松平衡状态，全年禽肉产量为2497万吨，比上年增长2.2%。

未来10年禽肉产量保持增长，增速先快后慢。展望中期，城镇人口占比增加、食品加工和居民消费需求增长，人们追求高蛋白、低脂肪的健康饮食方式将继续拉动禽肉产品消费增长，预计2027年禽肉产量达到2734万吨。展望后期，居民消费肉类结构和城镇人口占比逐渐趋于稳定，人口数量减少等因素可能使禽肉产量增速放缓，预计2032年禽肉产量达到2926万吨，年均增长1.8%（图11-13）。

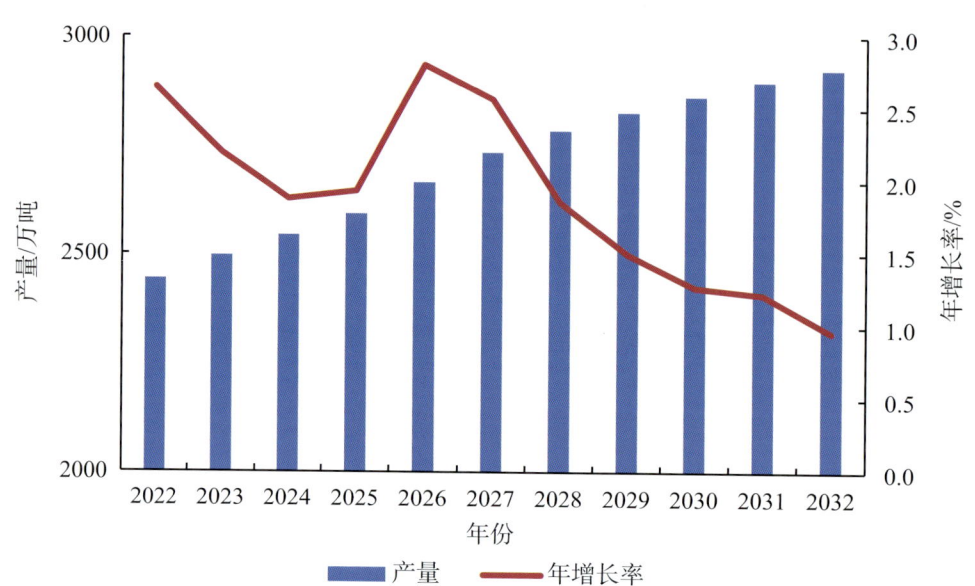

图 11-13　2022—2032 年中国禽肉产量变动趋势

（数据来源：2023—2032 年数据为中国农业科学院农业信息研究所 CAMES 模型系统预测）

3.2.3　消费展望

禽肉消费将保持增长。虽然猪肉价格处于近年来低位，对禽肉消费产生一定抑制，但经济社会运行环境逐渐恢复常态，城镇人口占比增加，禽肉消费市场格局向食品加工和居民消费转变，人民追求高蛋白、低脂肪的健康饮食方式都有望推动禽肉产品消费需求增长，预计2023年禽肉消费量为2563万吨，将比上年增长2.0%。

禽肉具有高蛋白、低脂肪、低热量和低胆固醇的营养优势，是全球第一大肉类品种。主要肉类产品中市场价格更为低廉，是新增城镇人口等收入偏低人员补充动物蛋白的首选来源。预计未来10年，禽肉消费量将总体呈小幅增加趋势。展望中期，随着大众禽肉消费观念的转变，禽肉精深加工技术逐步提升，禽肉消费形式日益多样化，食品加工和居民消费占比将增加，拉动禽肉消费需求增长，预计2027年禽肉消费量2782万吨，与基期相比增长11.9%，人均禽肉消费量19.78千克，与基期相比增长12.4%。展望后期，禽肉消费保持增长，但增速有所放缓，预计2032年禽肉消费量达到2943万吨，与基期相比增长18.4%，年均增长1.6%；人均禽肉消费量21.14千克，与基期相比增加3.54千克，年均增长1.7%（图11-14）。

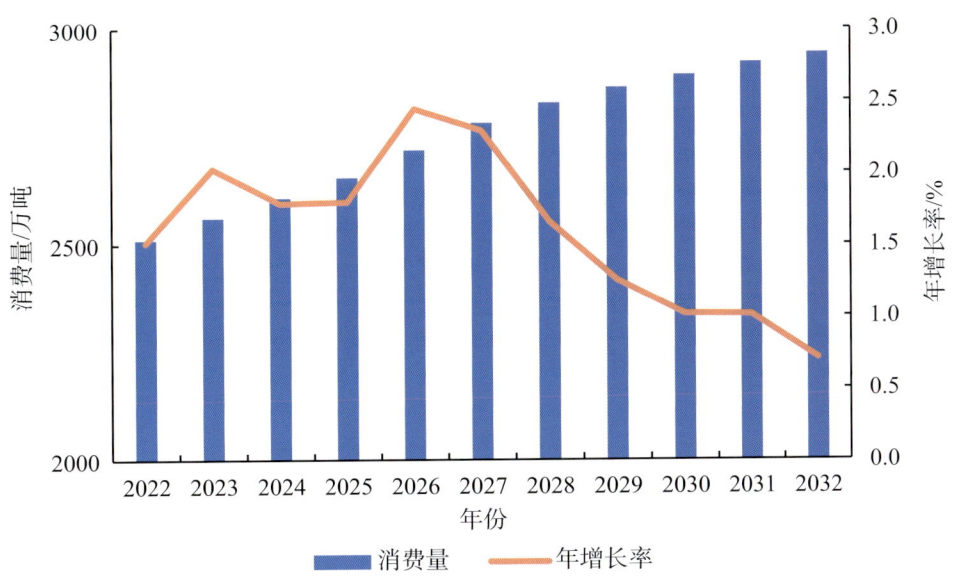

图 11-14　2022—2032 年中国禽肉消费变动趋势

（数据来源：2023—2032 年数据为中国农业科学院农业信息研究所 CAMES 模型系统预测）

3.2.4　贸易展望

禽肉出口稳定增长。短期内，主要出口国家或地区仍以日本和中国港澳地区为主。预计 2023 年禽肉出口 67 万吨，与上年相比增长 6.3%。展望中后期，随着中国肉禽养殖技术水平提升，生产成本与先进国家差距的减小，禽肉的国际竞争力将不断提高；同时对东南亚和欧非等市场的不断拓宽，出口将持续上升。预计 2027 年禽肉出口量将达到 78 万吨；2032 年，禽肉出口量将增至 92 万吨，与基期相比年均增长 3.9%。

禽肉进口将呈现先稳定后下降趋势。短期内，中国禽肉产量呈增长趋势，但由于需求增加，价格处于上升通道，进口在 2~3 年内保持稳定，2023 年禽肉进口预计为 133 万吨，与上年相比增长 0.8%。展望中后期，中国禽肉产量进一步增长，产销趋于平衡，禽肉进口将逐步减少。预计 2027 年，禽肉进口量 126 万吨，与基期相比下降 13.1%。2032 年，禽肉进口量 109 万吨，与基期相比下降 24.8%，年均下降 1.9%（图 11-15）。

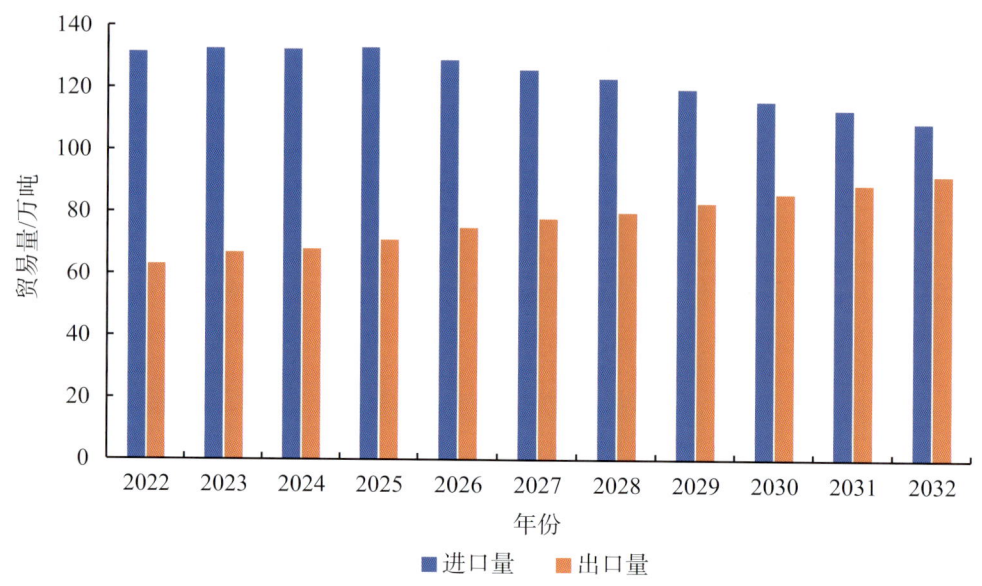

图 11-15　2022—2032 年中国禽肉贸易变动趋势

（数据来源：2023—2032 年数据为中国农业科学院农业信息研究所 CAMES 模型系统预测）

3.2.5　价格展望

短期来看，禽肉供应相对稳定，消费呈增长态势，2023 年禽肉价格整体呈上升态势。预计 2023 年上半年分割鸡肉批发价格和集市鸡肉综合价格呈总体上升态势；随着产量增加，下半年呈总体下行态势。预计 2023 年集市鸡肉综合价格在 24~26 元/千克范围内波动，平均为 25.00 元/千克，与上年相比上升 4.7%；分割鸡肉批发价格全年平均为 11.50 元/千克左右，与上年相比上升 7.5%；而黄羽肉鸡活鸡批发价格在 2022 年下半年已大幅上涨，2023 年预计平均价格为 17.30/千克，与上年相比持平或微降。伴随价格的上升，肉禽养殖效益将有所好转。分品种来看，2023 年黄羽肉鸡产量将有所增长，但活禽交易呈继续下降趋势，全年盈利下降；白羽肉鸡和白羽肉鸭产能调整已基本到位，2023 年将进入上升趋势，生产效益明显好转，全年平均盈利增加。

中长期来看，禽肉价格将波动上涨。由于养殖成本不断上升，对价格有拉动作用，禽肉价格在未来中长期内总体呈小幅上涨态势。随着肉禽生产规模化、一体化企业占比提升，禽肉供需差异幅度将逐渐缩小，肉禽养殖收益趋于稳定。

3.3　不确定性分析
3.3.1　疫情影响

欧美地区仍然面临禽流感疫情持续蔓延的风险，全球范围内肉鸡种源短缺问题也将持续一段时间。目前肉鸭和黄羽肉鸡的种源完全由中国生产和提供；白羽肉鸡作为禽肉产量最大的品种，虽然中国自繁的数量占比超过一半，达到64.0%，但其祖代种鸡的主要份额仍被国外的品种占据，因此需要进口补充。然而，受美国高致病禽流感疫情的影响，2022年白羽肉鸡祖代国外引种的数量是近30年来最少的，也是占比最低的一年。欧美地区高致病禽流感疫情的持续，可能对中国种源供应产生影响。

虽然国际上的高致病禽流感疫情尚未对国内造成实质性的影响，但该疫情已经蔓延至中国周边国家和地区。中国采取的禽流感免疫政策在很大程度上可以预防大规模暴发的禽流感疫情。然而，如果新变异毒株出现或生产者的免疫疏忽都可能会让中国养禽业面临风险。

3.3.2 国际贸易环境影响

在未来一段时间内，国际政治、经济形势将继续复杂多变，中国禽肉产业仍面临着饲料原料供应风险。由于国际大豆和玉米等饲料原料的供应不确定性，中国进口饲料原料的成本可能会持续上涨，从而提高中国禽肉生产成本，降低其国际竞争力。此外，发达国家对贸易的限制也给中国禽肉出口带来了深远的影响，这些国家利用各种贸易壁垒限制中国禽肉的出口，其中检验、检疫壁垒对中国禽肉出口贸易影响最大。尽管"无抗饲料"的推广以及养殖技术和装备的升级使肉禽产业正在向绿色、高质量发展的方向推进，但是发达国家对禽肉产品的检验标准仍在不断提高。此外，近期欧美地区高致病禽流感疫情的反复，可能会促使这些国家对肉禽的防疫和检疫政策进行调整。与此同时，随着中国居民消费向健康饮食方式转变，鸡胸肉等高端禽肉产品价格上涨，加工禽肉制品的生产成本也在增加，这也会使其出口面临不确定性。

3.3.3 技术进步影响

随着豆粕等饲料原料价格不断上涨，中国肉禽生产成本也在不断增加，促使中国生产企业加强低蛋白日粮的研发和推行。同时，"养殖减抗"和"无抗饲料"的推广也在一定程度上影响生产效率的提升。提高生产效率、合理使用抗生素和开发新型兽药是提升中国禽肉产品国际竞争力的重要因素。虽然中国已经拥有3个自主培育的白羽肉鸡品种，但与已有100多年育种经验的国际白羽肉鸡品种相比，中国白羽肉鸡种业与国际先进水平相比还存在一定差距。提高国产种源和禽肉的国际竞争力，需要在育种技术研发方面做出巨大努力来保障肉禽生产性能的持续提升。此外，黄羽肉鸡正在逐渐告别活禽销售，转向生鲜上市，但其饲料转化率、屠宰率和整齐度等关键技术指标缺乏竞争力，这使培育更具竞争力的屠宰加工型黄羽肉鸡新品种变得更加迫切。

4 牛羊肉

牛羊肉是百姓"菜篮子"中的重要品种，近年来国家高度重视牛羊产业发展，加快转变生产方式，牛羊肉综合生产能力、供应保障能力和市场竞争力不断提升。2022年，牛羊生产继续稳步增长，中国牛肉和羊肉产量分别为718万吨和525万吨，比上年分别增长2.9%和2.1%。牛羊肉消费量分别为985万吨和561万吨，比上年分别增长5.8%和1.1%。全年牛肉进口267万吨，比上年增长14.6%；羊肉进口36万吨，比上年减少12.8%。全年牛肉集市平均价格87.58元/千克，比上年涨1.4%；全年羊肉集市平均价格82.90元/千克，比上年跌1.6%。展望期内，随着国家支持力度加大、畜牧业科技进步加快，牛羊生产保持稳定趋势。预计2023年，牛羊肉产量分别达到729万吨和532万吨，比上年分别增长1.5%和1.4%；消费稳步增长，牛羊肉消费量分别达到1004万吨和568万吨，比上年分别增长1.9%和1.3%；牛肉进口继续增加，羊肉进口相对稳定，价格维持高位。预计2027年，牛羊肉产量分别为761万吨和559万吨，分别比基期（2020—2022年3年平均值，下同）增长9.3%和9.5%；在居民收入提高和消费升级的带动下，牛羊肉消费需求增加，牛羊肉消费量分别达到1050万吨和601万吨，年均增长率分别为4.8%、2.0%。预计2032年，牛羊肉产量分别为784万吨和578万吨，比基期分别增长12.6%和13.3%，年均增长率分别为1.2%和1.3%。后期受老龄化加深和人口增速下降影响，消费增速减缓，进口增速也将减缓。牛羊肉消费量分别为1096万吨和625万吨，比基期分别增长17.4%和14.2%，年均增长率分别为1.6%和1.3%。牛羊肉特别是牛肉供给偏紧的态势短期内仍将持续，市场价格受成本支撑也将保持高位。

4.1 2022年市场形势回顾

4.1.1 产量小幅增长

在肉牛肉羊增量提质行动、粮改饲等利好政策带动下，牛羊生产稳定发展。2022年，全国肉牛出栏4840万头，羊出栏33 624万只，比上年分别增长2.8%和1.8%；全国牛肉、羊肉产量分别为718万吨和525万吨，比上年分别增长2.9%和2.1%；牛羊单产水平小幅提升，肉牛胴体重148.34千克，肉羊胴体重15.61千克，比上年分别增长0.04%和0.40%。牛羊存栏继续增长，年末全国牛存栏（肉牛、奶牛）10 216万头，首次突破1亿头，比上年增长4.1%，羊存栏33 624万只，比上年增长1.8%。

4.1.2 消费稳步增长

随着居民生活水平的提高，加之新冠疫情后餐饮消费逐步恢复，牛羊肉消费市场保持稳定增长态势。2022年，中国牛肉、羊肉消费量分别为985万吨和561万吨，比上年分别增长5.8%和1.1%；人均牛肉、羊肉消费量为6.97千克和3.97千克。牛羊肉消费品种日趋多样，产品类型逐步由热鲜肉、冷冻肉为主，向冷鲜肉、卤烤涮制品、预制调理肉等精深加工制品拓展；从消费偏好来看，具有地域特征和独特营养风味的牛羊产品、公众认知度和美誉度高的名优特畜产品，更受消费者的青睐；牛羊产品消费渠道也趋于多元化，由农贸市场延伸至商超、专卖店、电商平台、餐饮场所等。

4.1.3 进口牛增羊减

牛肉进口继续增加，增幅高于上年。2022年，中国牛肉进口量267万吨，比上年增长14.6%（图11-16）；牛肉平均到岸价格37.67元/千克，上涨10.9%。牛肉进口来源国达到25个国家和地区，主要来自南美洲的巴西（占进口量比重的40.3%）、阿根廷（18.2%）和乌拉圭（13.5%），大洋洲的新西兰（8.3%）和澳大利亚（6.9%），以及北美洲的美国（6.6%）。2022年，从巴西、澳大利亚、美国进口分别增23.4%、17.8%、25.7%，从新西兰、乌拉圭、阿根廷分别增8.9%、7.4%和3.2%。全年牛肉出口38.61吨，增长1.8倍。

羊肉进口比上年减少。2022年，国内羊肉供应增加，进口需求减少，进口

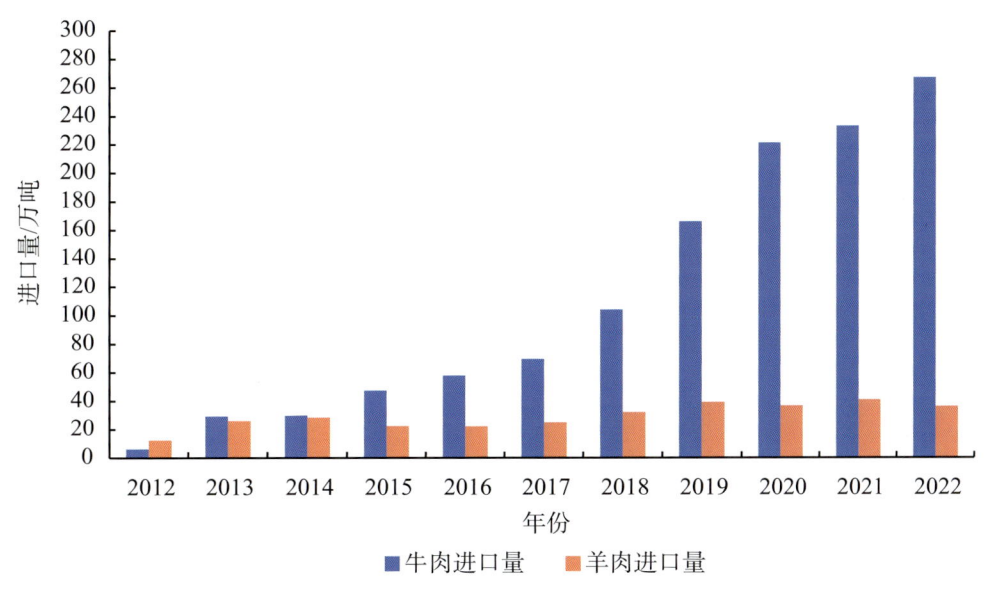

图11-16　2012—2022年中国牛羊肉进口情况

（数据来源：海关总署）

35.79万吨，比上年减少12.8%；平均到岸价格38.59元/千克，上涨5.3%。羊肉进口主要来自澳大利亚和新西兰，分别占进口量的54.9%和41.5%。从新西兰进口羊肉19.72万吨，减少20.5%，新西兰羊只交配期间遭遇干旱，导致2022年羔羊数量减少，羊肉产量、屠宰量均下降。从澳大利亚进口14.90万吨，增长3.7%，澳大利亚羊只数量已经恢复到近10年来的最高水平，产量增加带动羊肉出口增加。还有少量羊肉从乌拉圭、智利和冰岛进口。全年羊肉出口1607.56吨，减少19.2%。

4.1.4 价格维持高位

牛肉价格小幅上涨，羊肉价格小幅下跌。2022年，全年牛肉均价为87.58元/千克，比上年上涨1.4%；羊肉均价为82.90元/千克，下跌1.6%。全年牛羊肉价格保持高位，呈季节性先抑后扬走势。2月，牛肉价格达到当年最高水平（88.64元/千克，同比下跌0.6%），随后连降3个月回落至5月低点（86.58元/千克），6月后价格触底反弹，连涨7个月至12月达到当年次高水平。羊肉价格也是由2月最高点（85.41元/千克）后连降5个月到7月低点（80.79元/千克），进入消费旺季后，羊肉价格连涨到年底（图11-17）。全年牛肉价格高位上涨的原因主要是，国内牛肉市场供需关系依然总体处于"紧平衡"，养殖成本

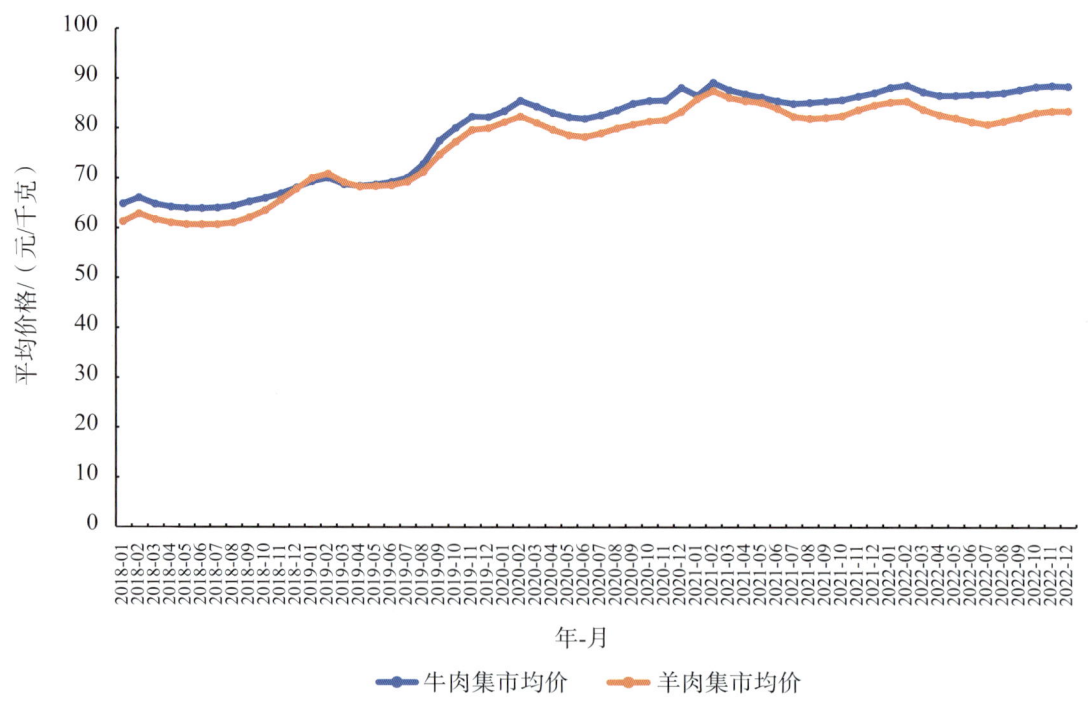

图11-17　2018—2022年牛羊肉月度集市价格

（数据来源：农业农村部畜牧兽医局）

逐年提高，加上国际市场牛肉需求增加价格上涨，使得全年均价上涨。羊肉均价高位震荡的原因主要是近年来国内产能逐渐恢复，供给增加，与此同时，新冠疫情影响了聚餐和户外消费，一定程度上抑制了羊肉消费。

4.2 未来 10 年市场走势判断

4.2.1 总体判断

产能逐步提高，供给能力增强。在国家政策支持、需求引导、畜牧业生产效率逐步提升的前提下，牛羊供给水平将稳步提高。预计 2023 年，中国牛肉、羊肉产量分别将达到 729 万吨和 532 万吨，比上年分别增长 1.5% 和 1.4%；预计 2027 年，牛肉、羊肉产量分别为 761 万吨和 559 万吨，比基期分别增长 9.3% 和 9.5%；长期来看，考虑草食畜牧业产能增长与资源约束、生态环境承载相匹配，未来牛羊肉产量增速趋缓。预计 2032 年，牛肉、羊肉产量分别为 784 万吨和 578 万吨，比基期分别增长 12.6% 和 13.3%，年均增长率分别为 1.2% 和 1.3%。

消费需求稳步增长，结构优化升级。在居民收入增长和消费结构持续升级的背景下，牛羊肉消费保持稳步增长。预计 2023 年，中国牛肉、羊肉消费量分别达到 1004 万吨和 568 万吨，比上年增长 1.9% 和 1.3%；预计 2027 年，牛肉、羊肉消费量分别达到 1050 万吨和 601 万吨，比基期分别增长 12.5% 和 9.6%；预计 2032 年，牛肉、羊肉消费量分别为 1096 万吨和 625 万吨，比基期分别增长 17.4% 和 14.2%，年均增长率分别为 1.6% 和 1.3%。

牛肉进口稳步增长，羊肉进口保持稳定。短期看，国内供给持续偏紧，国内外价格差依然存在，进口将保持适度规模。预计 2023 年牛肉进口量达到 275 万吨，比上年增长 3.0%，羊肉进口量 36 万吨，与上年持平。长期看，国内牛羊肉供给能力将逐步增强，进口需求趋向稳定。预计 2027 年，牛肉、羊肉进口量分别为 300 万吨和 42 万吨，比基期分别增长 26.4% 和 10.6%。预计 2032 年，牛肉、羊肉进口量 313 万吨和 48 万吨，比基期分别增长 31.8% 和 26.4%，年均增长率分别为 2.8% 和 2.4%。

价格在展望前期呈现高位震荡，展望后期总体平稳。短期看，在供应偏紧及成本高涨的双重影响下，牛羊肉价格居高不下，但大幅波动的可能性较小，受国内外经济复苏、饲料成本上涨、国际价格连年上涨等多方影响，价格维持高位并小幅波动，全年季节性走势明显。长期看，草食畜牧业发展面临多种约束，产量增长空间有限，而消费需求稳步增加，因此牛羊肉价格预计仍居高位。

4.2.2 生产展望

生产能力稳步提升，供给水平持续提高。2023 年中央一号文件中再次强调稳步发展草食畜牧业政策。国务院《"十四五"推进农业农村现代化规划》提出实施基础母畜扩群提质、南方草食畜牧业增量提质行动。农业农村部《关于落实党中央 国务院2022年全面推进乡村振兴重点工作部署的实施意见》提出开展草原畜牧业转型升级试点示范，优化屠宰企业区域布局，推进屠宰企业标准化创建，强化重大动物疫病防控等建设重点。在国家加强产业规划和政策引导、畜牧业科技支撑和产业化步伐加快的前提下，牛羊养殖规模化、集约化、专业化、智能化水平不断提升。预计2023年牛羊肉产量继续增长，分别达到729万吨和532万吨，比上年分别增长1.5%和1.4%（图11-18、图11-19）。

从长期看，牛羊产业供给能力稳步提高，2022年中国农业科学院育成肉牛新品种"华西牛"，未来中国自主繁育肉牛品种占有率有望快速增长。农业农村部《推进肉牛肉羊生产发展五年行动方案》提出"到2025年，牛羊肉自给率保持在85%左右……牛羊规模养殖比重分别达到30%、50%"。展望后期，随着市场热度和盈利空间回归理性、入行及经营门槛逐渐抬高、精确管理要求和高成本，土地和环保要求更加严格等原因，预计未来行业逐渐趋向稳定，养殖增速趋缓。预计2027年，牛羊肉产量分别为761万吨和559万吨，比基期分别增长9.3%和9.5%；预计2032年，牛羊肉产量分别为784万吨和578万吨，比基期分别增长12.6%和13.3%，年均增长率分别为1.2%和1.3%（图11-18、图11-19）。

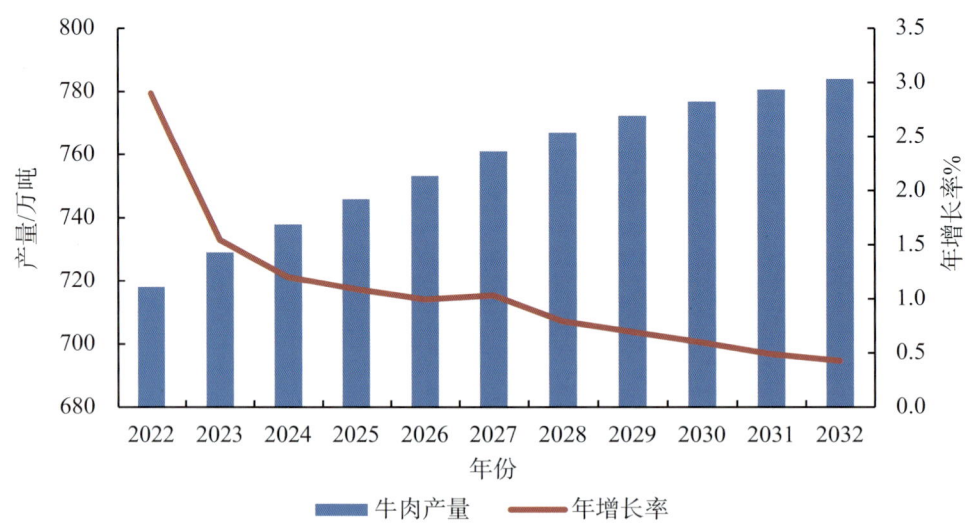

图11-18　2022—2032年中国牛肉产量及年增长率

（数据来源：2023—2032年数据为中国农业科学院农业信息研究所CAMES预测）

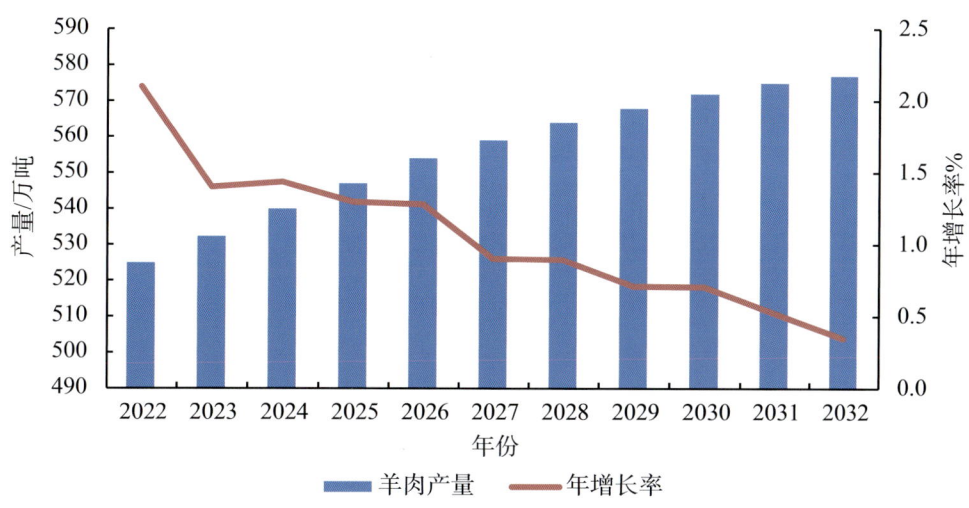

图 11-19　2022—2032 年中国羊肉产量及年增长率

（数据来源：2023—2032 年数据为中国农业科学院农业信息研究所 CAMES 预测）

4.2.3　消费展望

需求升级，消费保持增长。短期看，牛羊肉作为优质蛋白重要来源，随着新冠疫情防控常态化，餐饮需求和家庭日常消费逐渐回归正常，消费需求将保持增长，在肉类消费中的比例持续提升。预计 2023 年，牛肉、羊肉消费量分别为 1004 万吨和 568 万吨，比上年分别增长 1.9% 和 1.3%；人均牛肉、羊肉消费量分别为 7.11 千克和 4.02 千克。

长期看，根据国家人口发展规划，到 2030 年老年人口比例将达到 25% 左右，其中 80 岁及以上高龄老年人口总量不断增加。展望后期随着老龄化程度加深，对红肉的消费增长减弱。预计 2027 年，牛羊肉消费量分别达到 1050 万吨和 601 万吨，比基期分别增长 12.5% 和 9.6%。预计 2032 年，牛羊肉消费量分别为 1096 万吨和 625 万吨，比基期分别增长 17.4% 和 14.2%，年均增长率分别为 1.6% 和 1.3%；人均牛肉、羊肉消费量分别为 7.75 千克和 4.43 千克。

4.2.4　贸易展望

短期看，国内牛羊养殖成本高于国外，内外价差依然存在，牛羊肉供给依然部分依赖进口。全球牛肉生产分布较广，除了保持传统贸易国进口外，从"一带一路"沿线等周边国家进口渠道逐渐顺畅，未来牛肉进口预计还有增长空间。全球羊肉产量相对较少，全球贸易量有限且保持稳定，未来羊肉进口格局将相对稳定。受国际市场牛羊肉价格上涨、国内需求增长等因素影响，预计 2023 年牛肉进口量达到 275 万吨，比上年增长 3.0%，羊肉进口量 36 万吨，与上年基本持平。

长期看，考虑牛羊产业持续健康发展，未来牛羊肉供给能力稳步增强，自给率水平将不断提高，对进口需求下降，进口增幅趋缓。预计2027年，牛肉、羊肉进口量达到300万吨和42万吨，比基期分别增长26.4%和10.6%，出口量分别为0.02万吨和0.30万吨。预计2032年，牛肉、羊肉进口量分别为313万吨和48万吨，比基期分别增长31.8%和26.4%，年均增长率分别为2.8%和2.4%，出口量分别为0.04万吨和0.40万吨。

4.2.5 价格展望

短期看，牛羊肉价格仍有上涨空间。受饲草料、人工、水电等养殖成本支撑，土地、环保要求逐年提高，牛羊肉价格仍然高位运行。预计2023年，养殖成本居高不下，消费逐渐恢复，供需紧平衡状况仍然存在，牛羊肉价格仍将居于高位。但猪肉价格趋于下降，肉类替代消费作用明显，价格大幅上涨的可能性不大，全年价格呈季节性波动。

长期看，牛羊肉价格高位趋稳。牛羊养殖方式正加快向集约化舍饲、半舍饲转型，用工、饲草料、防疫、土地等成本刚性上涨，且牛羊专业化养殖进入门槛越来越高，牛羊产业在经过几年行业洗牌后，龙头企业效应逐渐显现，产业化水平不断提高，行业逐渐进入成熟和理性发展阶段，展望后期牛羊肉价格将呈高位趋稳的态势。

4.3 不确定性分析

4.3.1 气候变化因素

近年来，全球气候变暖，暴风雨雪、干旱等极端天气频发，导致草地退化、牲畜生产性能低下，牲畜供给增速明显放缓。《中国气候变化蓝皮书（2022）》中提出2022年中国高温、强降水等极端气候事件趋多、趋强，中国气候风险水平趋于上升；未来中国气候变化影响依旧比较严峻，平均集中降雨呈现期、极端干旱事件均将从目前的50年一遇分别变为20年一遇和32年一遇。这些都将对草食畜牧业生产带来重大影响。

4.3.2 动物疫病因素

动物疫病不仅对牛羊养殖产生影响，而且还对生物安全、人类健康都带来威胁。全球牛羊常见疫病口蹄疫、布鲁氏菌病、牛结节性皮肤病、牛呼吸疾病综合征、牛腹泻综合征等在防控技术上的缺陷仍未完全解决。未来，动物疫情暴发流行的可能性依然存在。重大动物疫病防控、生物安全技术措施、动物检疫能力等发展水平都将对未来牛羊产业发展带来重要影响。

4.3.3 生态环保因素

近年来,国家碳达峰碳中和、农业农村减排固碳等政策密集出台,推进畜禽养殖生态与低碳发展已成大势所趋。国家持续实施草原生态保护补助奖励政策,推行禁牧和草畜平衡,草食畜牧业绿色发展成为主导方向,畜牧业加快推动生产方式转变,实现绿色可持续发展,为未来牛羊产业生产提出更高的要求和带来新的挑战。

4.3.4 国际市场因素

根据联合国报告,2022年全球经济收缩3.5%以上,各国经济处于新冠疫情影响后恢复阶段,未来全世界经济复苏步伐将大大放缓。2022年受俄乌冲突影响,全球食品价格指数较前一年上涨超过14%,创历史新高。为应对国内物价上涨,全球20多个国家实施粮食出口禁令,全球粮食价格随之持续走高。玉米、大豆等饲料原粮的出口限制一定程度上导致养殖成本增加。另外,全球供应链和产业链发生较大重组,主要贸易国关注产业安全,强调农产品供应的自主和可控,技术壁垒等贸易保护手段将导致牛羊产品进出口受到不同程度的抑制。

参考文献

李文丰，谢锎锵，张海峰，等．2022．我国生猪生产成本及国际竞争力比较分析［J］．中国猪业，17（6）：13-16．

李亚茹，张海浪，2022．生猪利润保险在生猪市场调控中的作用研究：以四川省为例［J］．保险研究（12）：74-89．

闫诗璇，孙继雅，张园园，2023．"南猪北养"的效率证据：基于Malmquist指数和超效率SBM模型的分析［J］．中国畜牧杂志．01（网络首发）．

万进，李智等，2023．浅谈重要疫病对生猪产业的经济影响［J］．中国动物检疫，40（1）：55-60．

邢晓燕，李秀义，2022．生猪产业稳定发展目标下养殖规模化研究：兼析美国生猪规模化养殖的主要做法［J］．价格理论与实践（4）：80-83．

张海峰，陈锐，王楠，等，2022．当前我国生猪产业发展情况及未来发展趋势［J］．中国畜牧杂志，58（6）：277-280．

张海峰，谢锎锵，刘小红，等，2023．我国进口种猪利用情况及存在问题［J］．中国畜牧杂志，59（1）：330-332．

张总平，杜新平，牛培培，等，2023．疫情压力下江苏省地方猪遗传资源保护及产业化发展［J］．畜牧与兽医，55（1）：139-144．

郑苏晋，陈畅，左明慧，2022．猪粮比价变化特征的混合分析模型及实证研究［J］．保险研究（5）：87-101．

朱增勇，马莹，2020．我国猪肉收储政策及其实施效果研究［J］．价格理论与实践（10）：66-70．

郑麦青，何洋，孙志华，等，2021．2021年上半年肉鸡生产形势分析及后市展望［J］．中国畜牧业（14）：45．

辛翔飞，郑麦青，文杰，等，2021．2020年中国肉鸡产业形势分析、未来展望与对策建议［J］．中国畜牧杂志，57（3）：217-222．

辛翔飞，郑麦青，文杰，等，2022．2021年中国肉鸡产业形势分析、未来展望与对策建议［J］．中国畜牧杂志，58（3）：222-226．

鲁帆，浦华，2022．肉鸡产业统计监测数据优化研究［J］．中国畜牧杂志，58（11）：324-328．

浦华，2021．促进水禽产业高质量发展的思考［J］．中国畜牧业（24）：21-22．

黄建明，2022．2022年1—2季度白羽肉鸡产业回顾与展望［J］．畜牧产业（9）：29-31．

王彦林，2021．2020年蛋肉鸡产业形势及行业预测［J］．北方牧业（Z1）：11-13．

王以中，辛翔飞，林青宁，等，2022．中国畜禽种业发展形势及对策［J］．农业经济问题（7）：52-63．

樊宝良，谢建国，李剑，等，2022．中国黄羽肉鸡产业现状及未来发展趋势［J］．北方牧业（11）：17-19．

张怡，肖彬杉，王昆，2022．2021年全球肉鸡生产、贸易及产业经济发展研究［J］．中国畜牧杂志，

58（3）：216-222.

王贵荣. 粮食生产再获丰收 畜牧业稳定发展［EB/OL］.（2023-01-18）[2023-02-06］. http://www.stats.gov.cn/xxgk/jd/sjjd2020/202301/t20230118_1892279.html.

国家统计局. 中华人民共和国 2021 年国民经济和社会发展统计公报［EB/OL］.（2022-02-28）[2023-02-06］. http://www.stats.gov.cn/tjsj/zxfb/202202/t20220227_1827960.html.

国家统计局. 2022 年国民经济顶住压力再上新台阶［EB/OL］.（2023-01-17）[2023-02-06］. http://www.stats.gov.cn/xxgk/sjfb/zxfb2020/202301/t20230117_1892123.html.

国家统计局. 前三季度国民经济恢复向好［EB/OL］.（2022-10-24）[2023-02-06］. http://www.stats.gov.cn/xxgk/sjfb/zxfb2020/202210/t20221024_1889594.html.

王有捐. 2022 年 CPI 温和上涨 PPI 涨幅回落［EB/OL］.（2023-01-18）[2023-02-06］. http://www.stats.gov.cn/xxgk/jd/sjjd2020/202301/t20230118_1892288.html.

中共中央 国务院. 中共中央 国务院关于做好 2022 年全面推进乡村振兴重点工作的意见［EB/OL］.（2022-02-22）[2023-01-05］. http://www.gov.cn/xinwen/2022-02/22/content_5675035.htm.

农业农村部. "十四五"全国畜牧兽医行业发展规划［R］. 2021.12.14.

农业农村部. 推进肉牛肉羊生产发展五年行动方案［R］. 2016.04.20.

中国气象局气候变化中心. 中国气候变化蓝皮书 2022［R］. 2022.08.10.

中国畜牧业协会羊业分会. 2021 年羊业发展报告与 2022 年发展预测［EB/OL］.（2022-03-02）[2013-01-10］. https://mp.weixin.qq.com/s?__biz=MzAxMDI5NTgzNw==&mid=2650451218&idx=1&sn=581b886adeb0a169715ad9edb226739e&chksm=835c8260b42b0b769f5fc1c2361f775810f7ed9ac155ad05052683c101856c0fd8d4fe398364&scene=27.

FAO.Food Outlook NOV 2022［EB/OL］. https://www.fao.org/giews/reports/food-outlook/en/.

UN.World Economic Situation and Prospects 2023［R］. 2023.02.

OECD/Food and Agriculture Organization of the United Nations（2022）. OECD-FAO Agricultural Outlook 2022–2031［M］. Paris: OECD Publishing.

New Zealand Situation and Outlook for Primary Industries 2022［EB/OL］. https://www.fao.org/giews/reports/food-outlook/en/Industry projections 2022 Australian cattle\sheep2022［R］. 2022.06.

第十二章

禽 蛋

禽蛋作为居民日常膳食构成和优质蛋白质的重要来源，对人民生活水平提高和饮食结构改善发挥重要作用。中国是世界上蛋类生产与消费第一大国。2022年中国禽蛋产业结构调整，蛋禽养殖规模化程度提升，生产效率提高，在蛋禽存栏量小幅下降的情况下，禽蛋产量仍保持小幅增长，全年禽蛋产量3456万吨，与上年相比增长1.4%，消费量3442万吨，增长1.0%；贸易以出口为主，进口较少，出口量14.1万吨，增长37.1%；鸡蛋月均零售价11.69元/千克，上涨10.8%，主产省批发价10.78元/千克，上涨12.9%。展望期内，禽蛋产量增速放缓，消费量先增后减，出口稳中有增，价格呈震荡上涨趋势。预计2023年产蛋鸡存栏量将稳中有增，禽蛋产量3488万吨，与上年相比增长0.9%，消费量3471万吨，增长0.8%；出口量14.1万吨，与上年持平；鸡蛋零售价将保持在10.3~11.1元/千克，略低于2022年水平。2027年禽蛋产量将达3560万吨，与基期相比（2020—2022年3年平均值，下同）增长3.4%；消费量3539万吨，比基期增长3.2%；出口15万吨，比基期增长30.3%。2032年禽蛋产量增至3580万吨，比基期增长3.9%，年均增长为0.4%；消费量3555万吨，比基期增长3.7%，年均增长为0.4%；禽蛋贸易仍以出口为主，出口量将保持稳中有增，出口达16万吨，比基期增长39.0%，年均增长3.3%。

1　2022年市场形势回顾

1.1　产量小幅增加

2022年禽蛋价格持续高位，蛋鸡养殖效益向好，养殖场（户）生产积极性较高。虽受禽蛋生产调整影响，全年蛋禽存栏量小幅下降，但蛋禽养殖规模化程度提升，生产效率提高，全年禽蛋产量小幅增加。据国家统计局数据，全国禽蛋产量3456万吨，与上年相比增长1.4%，为历史第二高位，仅次于2020年3468万吨（图12-1）。

图 12-1　2013—2022 年中国禽蛋产量和增长率

（数据来源：国家统计局）

1.2　消费量平稳增加

2022年禽蛋消费量3442万吨，与上年相比增长1.0%，禽蛋人均表观消费量24.37千克，增长1.4%。主要原因是新冠疫情散发，经销商和居民备货情绪较高，禽蛋的替代消费需求增加。其中，禽蛋鲜食消费量为2650万吨，增长1.2%，占消费量的77.0%；蛋品加工业稳步发展，用于蛋品加工的消费量527万吨，增长3.5%，占消费总量的15.3%；种用禽蛋消费量及损耗为265万吨，减少0.4%，占消费总量的7.7%。

1.3　出口量明显增加

2022年中国禽蛋出口量为14.1万吨，与上年相比增长37.1%；出口额3.01亿美元，增长40.7%，出口目的地以中国香港、中国澳门、韩国、日本、新加坡为主。禽蛋进口以种蛋为主，因国内种业科技水平进步较快，蛋禽良种国产化比例提高，禽蛋进口大幅减少（图12-2）。

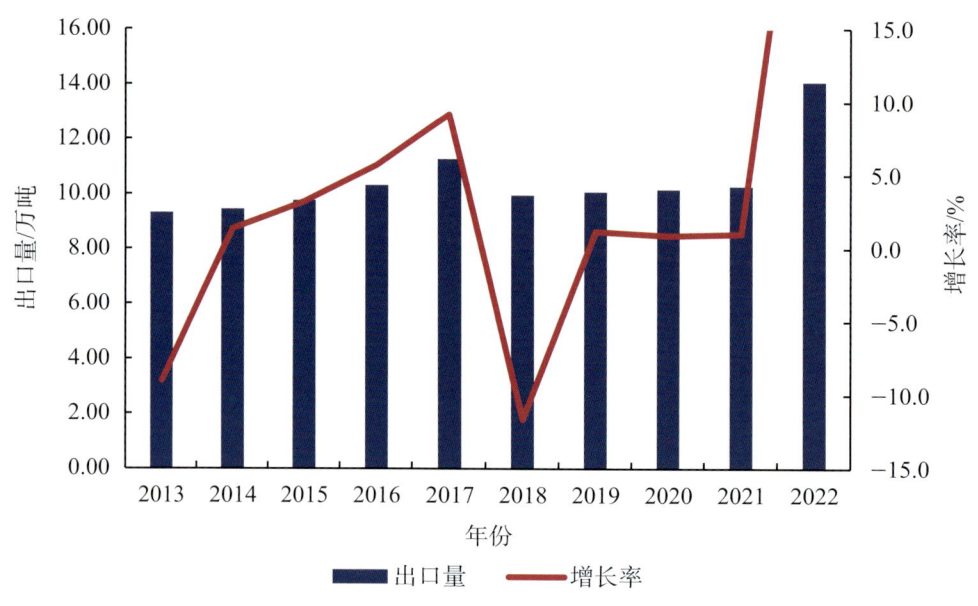

图 12-2　2013—2022 年中国禽蛋出口情况

（数据来源：海关总署）

1.4　蛋价高位运行

2022 年全国鸡蛋零售价 11.69 元 / 千克，与上年相比上涨 10.8%，主产省批发价 10.78 元 / 千克，上涨 12.9%。蛋价上涨主要原因是禽蛋消费需求增加，饲料产品价格上涨在一定程度上也带动了蛋价上升。具体来看，元旦、春节期间，鸡蛋价格季节性先涨后跌，2 月底到全年的最低点，主产区低点均价 9.27 元 / 千克；3—4 月行情好转，鸡蛋价格上涨，累计涨幅 25.5%；5 月，各地陆续入梅，鸡蛋市场整体需求减弱，蛋价季节性回落，跌至 10.07 元 / 千克；6 月底各地开始陆续出梅，蛋价季节性上涨；7 月，全国产蛋鸡存栏量持续下降，鸡蛋市场供应稳中偏紧，猪肉价格持续走高带动鸡蛋价格上涨，加之养殖成本增加助推鸡蛋价格持续走高；10 月，鸡蛋价格不跌反涨、淡季不淡，全国鸡蛋零售月均价为 13.09 元 / 千克，与上年相比涨 19.9%，蛋价涨至年内最高；12 月，居民囤货需求减少，前期积压老鸡淘汰速度偏慢，蛋价超预期下跌。整体而言，2022 年全国主产区蛋价呈现重心上移的"M"形走势，最低点出现在 2 月，最高点出现在 10 月，全年蛋价在相对高水平运行（图 12-3）。

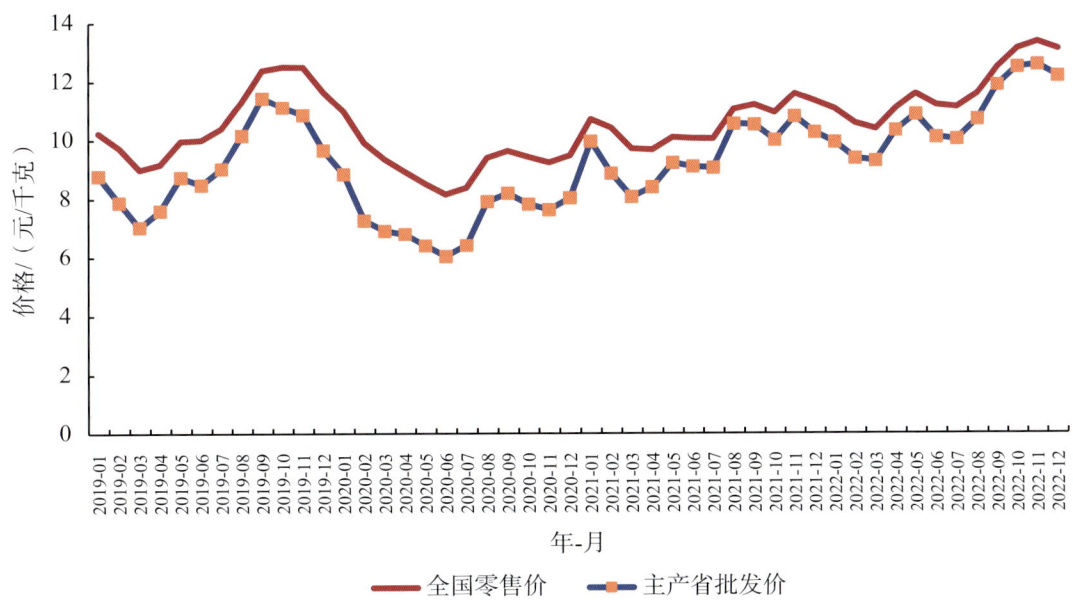

图 12-3　2019—2022 年中国鸡蛋价格月度变化情况

（数据来源：农业农村部畜牧兽医局）

1.5　蛋鸡养殖效益提高

蛋料比价上涨，养殖效益提高。据测算，2022 年蛋料比价（鸡蛋零售价格与蛋鸡配合饲料价格之比）由上年的 3.14∶1 提升到 3.23∶1，提高 0.09 个点。蛋鸡养殖效益主要由鸡蛋市场价格与养殖成本决定，饲料成本占养殖成本比重较大。其

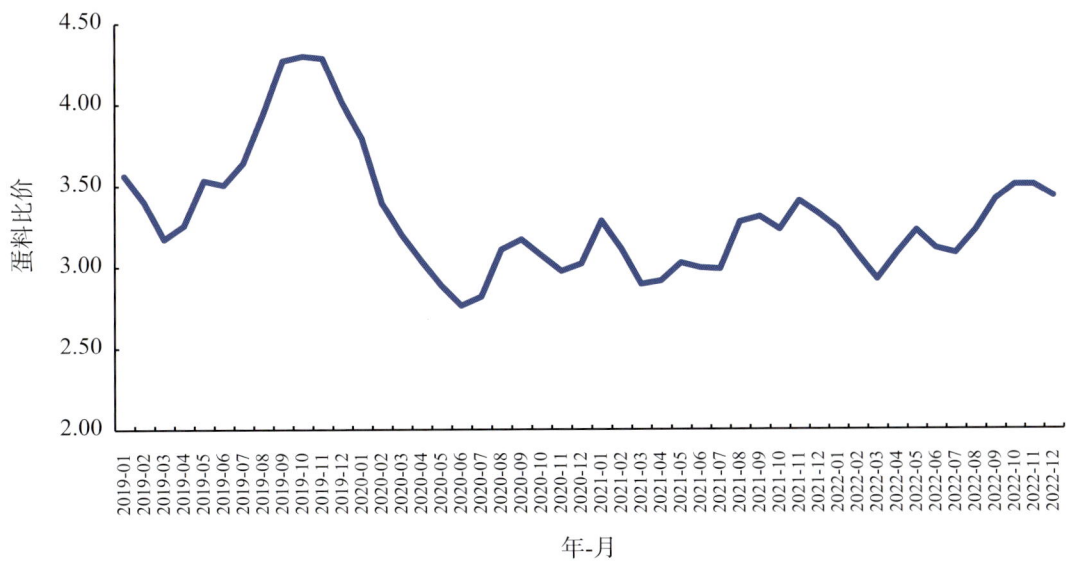

图 12-4　2019—2022 年中国蛋料比价变化情况

（数据来源：根据农业农村部畜牧兽医局监测数据测算）

中，鸡蛋市场价格方面，2022年鸡蛋市场需求增加，蛋价涨幅较大，鸡蛋零售价与上年相比上涨10.8%；饲料成本方面，2022年蛋鸡配合饲料、玉米、豆粕等产品价格分别上涨7.8%、1.6%、23.0%；商品代蛋用雏鸡价格环比上涨2.9%。2022年在鸡蛋价格上涨幅度高于蛋鸡配合饲料价格的利好推动下，养殖场（户）养殖效益整体好于2021年（图12-4）。

2 未来10年市场走势判断

2.1 总体判断

禽蛋产量增速放缓。2022年前三季度蛋鸡补栏减少，之后随着鸡蛋行情向好，养殖场（户）补栏、扩栏积极性进一步提高，第四季度蛋鸡补栏增加，使得2023年第二季度在产蛋鸡存栏量稳中有增，禽蛋产能增加。预计2023年禽蛋产量3488万吨，与上年相比增长0.9%。展望期内，随着中国畜牧业高质量发展行动的实施，产业水平不断提高，禽蛋产量将保持平稳增长态势，预计2027年禽蛋产量3560万吨，与基期相比增长3.4%，年均增长0.7%；2032年禽蛋产量3580万吨，与基期相比增长3.9%，年均增长0.4%。

禽蛋消费量先增后减。2023年，禽蛋消费量将稳中有增，预计消费量为3471万吨，与上年相比增长0.8%。2027年禽蛋消费量将达到3539万吨，与基期相比增长3.2%。随着中国人口进入负增长和人口老龄化，预计2030年前后中国禽蛋消费量达到峰值，约3572万吨，与基期相比增长4.2%。之后禽蛋消费需求将有所下降，2032年禽蛋消费量下降至3555万吨。

禽蛋出口稳中有增，保持顺差格局。预计2023年禽蛋出口14.1万吨，与上年持平。2027年出口达15万吨，2032年增至16万吨，展望期内年均增长3.3%。禽蛋进口将逐渐减少，预计2023年禽蛋进口30吨，2027年减至25吨，2032年降至20吨。

禽蛋价格总体呈震荡上涨态势。预计2023年鸡蛋价格仍将维持较高价位，鸡蛋零售价将保持在10.3~11.1元/千克，略低于2022年水平。未来10年，在养殖成本增加的推动下，鸡蛋价格整体将呈震荡上涨趋势，并保持季节性、周期性波动。

2.2 生产展望

禽蛋产量增速放缓。2022年第四季度养殖场（户）补栏积极性有所增加，淘汰鸡数量相对偏少。此后，由于鸡蛋行情向好，养殖效益较高，养殖场（户）补栏、扩栏积极性进一步提高。预计2023年在产蛋鸡存栏量稳中有增，禽蛋产能增加，禽蛋产量将达到3488万吨，与上年相比增长0.9%。长期来看，随着中国畜牧业高质量发展行动的实施，蛋禽良种培育能力、养殖场（户）管理水平、蛋禽疫病防控能力进一步提升，蛋禽养殖良种化、规模化、智能化、标准化水平再上一个台阶，将有力支撑禽蛋产量保持平稳增长态势，预计 2027 年禽蛋产量将达到 3560 万吨，与基期相比增长 3.4%。展望后期，禽蛋消费需求将下降，禽蛋产量增速放缓，预计 2032 年禽蛋产量为 3580 万吨，与基期相比增长 3.9%（图 12-5）。

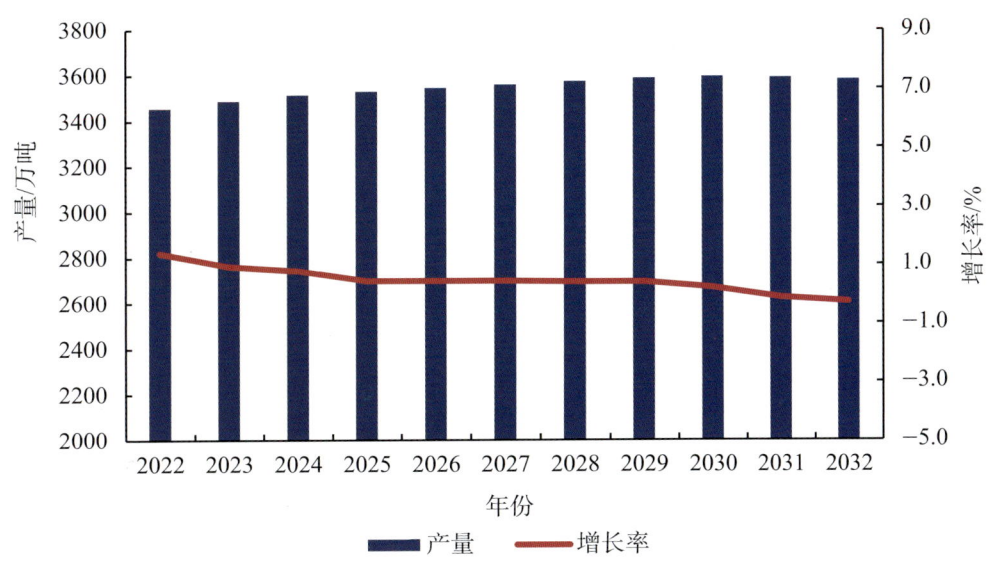

图 12-5　2022—2032 年中国禽蛋产量变化趋势

（数据来源：2023—2032 年数据为中国农业科学院农业信息研究所 CAMES 模型系统预测）

2.3　消费展望

禽蛋消费量先增后减。2023 年，新冠疫情防控常态化，中国经济社会逐步恢复正常，餐饮及旅游行业有序正常经营，团体性消费和户外消费将明显增加，禽蛋消费也将恢复正常，消费量稳中有增，预计 2023 年消费量 3471 万吨，与上年相比增长 0.8%。在城乡居民收入增长、食物消费结构优化、消费者需求升级等因素的推动下，禽蛋消费量将保持小幅增长态势。预计 2027 年禽蛋消费量将达 3539 万吨，与基期相比增长 3.2%。展望中后期，随着人口总量稳中有降和人口老龄化，禽蛋消费需求将下降，预计 2030 年前后中国禽蛋消费量将达到峰值，约为 3572 万吨，比基期增长 4.2%。之后禽蛋消费量有所减少，预计 2032 年禽蛋消费量下降至 3555 万吨，展望期内年均增长 0.4%（图 12-6）。

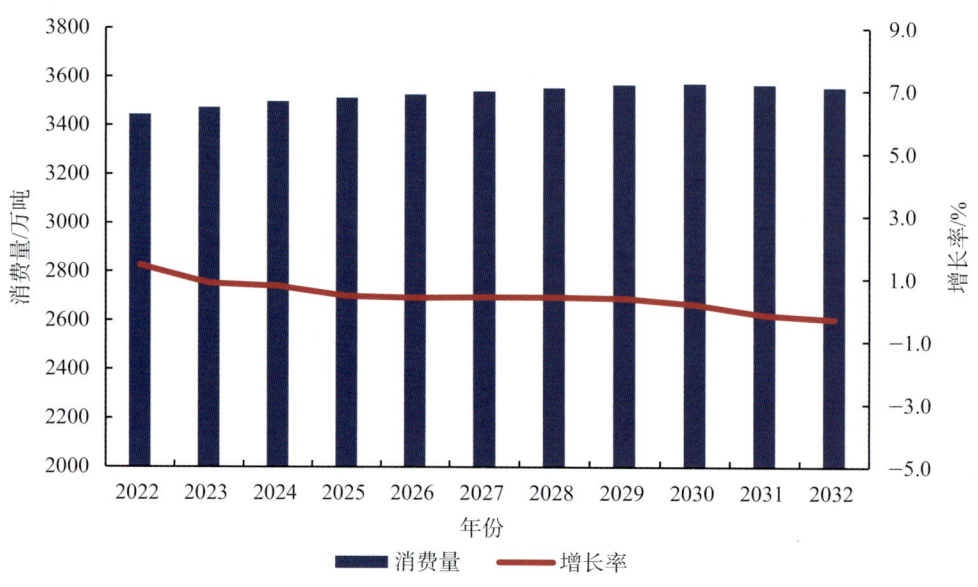

图 12-6　2022—2032 年中国禽蛋消费量变化趋势

（数据来源：2023—2032 年数据为中国农业科学院农业信息研究所 CAMES 模型系统预测）

禽蛋加工消费稳定增长。短期来看，禽蛋加工产品需求稳步增长，禽蛋加工量小幅增加，预计 2023 年全年禽蛋加工消费量 545 万吨，与上年相比增长 3.4%。长期来看，居民收入水平持续提高，消费结构将继续优化，禽蛋消费需求也将呈现多元化、细分化、功能化的特点，蛋液、蛋粉、蛋干等禽蛋加工产品市场需求逐渐增加。同时，蛋品深加工技术的创新，也会有效促进禽蛋加工业快速发展。预计

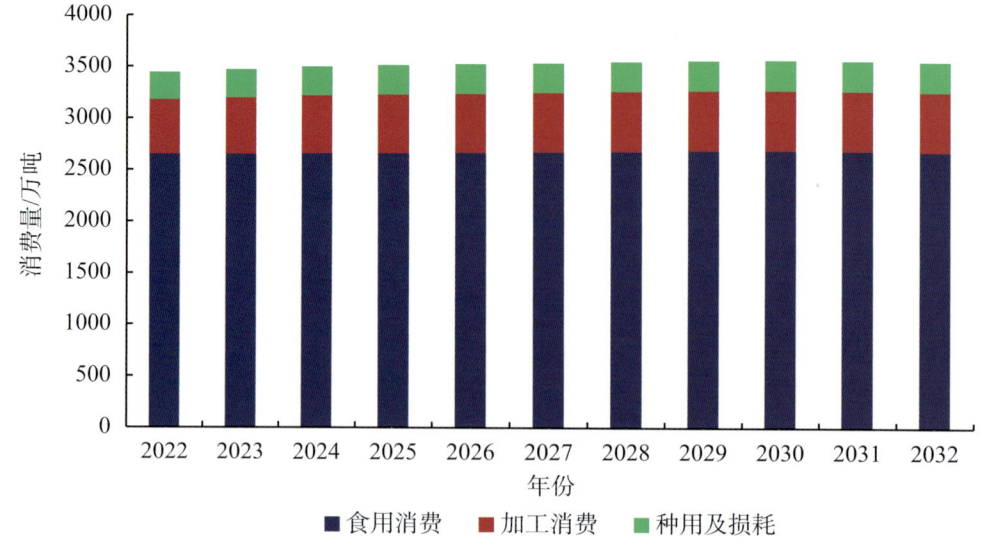

图 12-7　2022—2032 年中国禽蛋消费结构变化趋势

（数据来源：2023—2032 年数据为中国农业科学院农业信息研究所 CAMES 模型系统预测）

2027 年禽蛋加工消费量 577 万吨，比基期增长 7.7%；2032 年禽蛋加工消费量 582 万吨，比基期增长 12.5%。展望期内，禽蛋加工消费量年均增长 1.2%，明显高于产量和总消费量的增速（图 12-7）。

2.4 贸易展望

禽蛋出口稳中有增，保持顺差格局。禽蛋总体贸易量较小，出口量约占禽蛋产量的 0.3%。预计 2023 年禽蛋出口 14.1 万吨，与上年持平。展望期内，禽蛋出口量稳中有增，预计 2027 年出口 15 万吨，比基期增长 30.3%；2032 年出口 16 万吨，比基期增长 39.0%，年均增长 3.3%。禽蛋出口目的地以中国香港、中国澳门、韩国等地区和国家为主；出口产品主要以带壳鲜食禽蛋等初级产品为主，随着国内禽蛋加工业的发展，皮蛋、咸蛋、蛋粉、蛋干、干蛋黄等加工产品出口有望增加。

禽蛋进口逐渐减少。禽蛋进口以种蛋为主，进口来源地以美国、法国等国家为主。短期看，国内种禽供给处于紧平衡状态，需进口少量种蛋缓解供给压力，预计 2023 年禽蛋进口 30 吨。展望期内，随着中国种业振兴行动的全面实施，蛋禽育种与良种扩繁体系的完善，蛋禽国产化比例将继续提升，禽蛋进口量将呈减少态势，预计 2027 年禽蛋进口量将减至 25 吨，2032 年进一步减至 20 吨。

2.5 价格展望

禽蛋价格总体呈震荡上涨趋势。在鸡蛋产能稳中有增，市场供需总体偏松的预期下，饲料成本支撑蛋价在较高水平运行，预计 2023 年鸡蛋零售价将保持在 10.3~11.1 元/千克，略低于 2022 年水平。2023 年鸡蛋市场价格走势大致符合常年波动规律，具体表现为春节前鸡蛋消费保持旺盛，春节后消费终端缺乏明显的利好支撑，鸡蛋价格将震荡下跌；二季度产蛋鸡存栏量将缓慢增加，鸡蛋供应量平稳增加，鸡蛋消费因清明节、端午节等因素的影响而有所提振，蛋价将出现小幅回弹；三季度为鸡蛋消费旺季，但受高温、高湿天气影响，蛋鸡生产性能略有下降，鸡蛋的有效供给减少，蛋价将震荡走高；四季度节日效应消退，且天气转凉，蛋鸡生产性能恢复，鸡蛋产能回升，蛋价或将有小幅回落，临近元旦、春节，蛋价又将迎来新一轮上涨。展望期内，在养殖成本增加的推动下，鸡蛋价格整体呈现震荡上涨趋势，在无重大疫情疾病发生情况下，将保持季节性、周期性波动。

3 不确定性分析

3.1 蛋禽疫病防控

蛋禽疫病的发生会给禽蛋产业造成经济损失，是影响禽蛋市场的重要不确定性因素之一。2022年全球高致病性禽流感疫情持续多发，欧洲、日本和美国等地暴发禽流感，造成大量的蛋禽死亡、被扑杀，导致部分国家鸡蛋价格飙升。中国蛋禽养殖呈点多、面广、量大的特点，禽流感等重大动物疫情如果大面积流行，将会对蛋禽生产造成直接影响，进而引发市场剧烈波动。

3.2 资源环境影响

蛋禽产业已走过了追求数量的阶段，开始迈向可持续发展的新阶段，绿色发展将成为未来蛋禽养殖业发展的主要模式。在蛋禽养殖业发展过程中，资源与环境的矛盾日益加深，经济效益和生态效益需要协调发展。随着蛋禽养殖规模化程度不断提升，养殖场用地需求量增加，但随着耕地用途限制收紧，设施养殖用地越来越难。此外，绿色低碳发展要求，也将会对行业稳定健康发展造成影响。

3.3 消费升级影响

随着居民收入和生活水平的提高，消费者对禽蛋的安全、营养、功效等方面的期望和要求越来越高，为居民提供更安全、更多元、更营养、更健康的禽蛋产品是未来禽蛋产业高质量发展的重要方向。有机蛋、无抗蛋、可生食蛋、溏心蛋等多元化禽蛋，低脂肪、低胆固醇鸡蛋及富锌蛋、富碘蛋、富硒蛋等功能性禽蛋，蛋粉、蛋液、蛋干等禽蛋加工产品的市场需求日益增加。这一消费趋势对禽蛋良种、生产、运输、加工等各链条提出了更高的技术要求，禽蛋产业面临新的机遇，将给禽蛋产业的发展带来不确定性。

参考文献

农业农村部市场预警专家委员会，2021.中国农业展望报告(2021—2030)［M］.北京：中国农业科学技术出版社.

农业农村部市场预警专家委员会，2022.中国农业展望报告(2022—2031)［M］.北京：中国农业科学技术出版社.

王贵荣.粮食生产再获丰收 畜牧业稳定发展［EB/OL］.（2023-01-18）［2023-02-06］.http://www.stats.gov.cn/xxgk/jd/sjjd2020/202301/t20230118_1892279.html.

武玉环，朱宁，秦富，2021.规模化养殖对技术效率及规模效率的影响［J］.统计与决策，37（14）：75-79.

刘颖，李述刚，李秀婷，等，2021.新冠疫情防控常态化背景下中国禽蛋产业发展的问题及对策［J］.食品与机械，37（6）：224-228.

孙从佼，于爱芝，佘惠灵，等，2022.2021年蛋鸡产业发展情况、未来发展趋势及建议［J］.中国畜牧杂志，58（3）：210-215.

张蒙，张宝锁，2022.2022年鸡蛋价格供需形势分析及稳定鸡蛋市场的建议［J］.畜牧产业（1）：52-55.

吴邦雨，黄静，2021.系统视角下的农产品价格网络关联性研究：基于方差分解的关联测量新框架［J］.世界农业（7）：48-57.

杨娟，郑秀国，钱婷婷，等，2021.农产品价格指数的功能研究［J］.农业展望（10）：14-19.

马美湖，祝志慧，2021.中国禽蛋产业高质量发展变革与趋势［J］.中国禽业导刊，38（11）：14-17.

王加亭，智荣，赵之阳，等，2022.中国畜禽产品自给状况与预测分析［J］.中国畜牧杂志，58（4）：263-268.

第十三章

奶制品

奶是百姓"菜篮子"的重要品种，也是改善国民营养与健康的重要食物资源。2022年，全国奶类产量4025万吨[①]，比上年增长6.5%；消费量（折合生鲜乳，下同）5867万吨，减少1.7%；进口量1855万吨（折合生鲜乳，下同）[②]，减少17.3%；生鲜乳年均价格4.16元/千克，下跌3.0%。展望期内，中国奶业将进入全面实现现代化和全面振兴的新阶段，预计生鲜乳产量保持增长势头，奶制品消费稳定增长，国内供给能力提高，奶源自给率实现70%以上。预计2023年，全国奶类产量4227万吨，比上年增长5.0%；消费量6098万吨，增长3.9%；进口量1886万吨，增长1.7%；生鲜乳价格总体高位，全年呈先跌后稳再升走势。预计2027年，全国奶类产量4942万吨，比基期（2020—2022年3年平均值，下同）增长30.8%；消费量7018万吨，增长22.6%；进口量2092万吨，增长5.5%。预计2032年，全国奶类产量5602万吨，比基期增长48.3%，年均增速（复合增长率，下同）4.0%；消费量7902万吨，比基期增长38.0%，年均增速3.3%；进口量2320万吨，比基期增长17.0%，年均增速1.6%。

1 2022年市场形势回顾

1.1 牛奶产量保持增长，奶制品加工量持续增加

2022年，全国奶类产量4025万吨，比上年增长6.5%。其中，牛奶产量3932万吨，增长6.8%，连续5年保持增长且延续2020年以来高速增长态势。多因素共同推动牛奶和奶类产量再创历史新高：一是在政府相继出台的奶业振兴系列政策支持下，国内奶源基地建设加快，奶牛存栏量稳步回升，国内荷斯坦奶牛存栏620万头，比上年增长10%以上；二是乳品企业加快投资布局，头部乳企加码自建牧场，奶牛养殖的专业化和规模化程度提升，存栏100头以上规模养殖比重超过70%；三是近年来连续大量引进优质高产奶牛，加上养殖技术、管理水平不断提高，单产水平稳步上升，全国成母牛平均年单产达9.2吨/头。2022年，全国规模以上奶制品制造企业产量3118万吨，比上年增长2.8%，增幅回落6.2个百分点。分季度看，一季度同比小幅增长1.4%，二季度增幅回落0.3个百分点，三季度增幅进一步回落到1.0%，四季度同比减少1.0%。奶制品加工量持续增加，但由于消费增长缓慢，乳品加工企业对生鲜乳需求降低，加工增速有所放缓（图13-1）。

[①] 按2022年牛奶产量占奶类产量97.7%比重推算。
[②] 进口统计不含乳糖和乳蛋白。

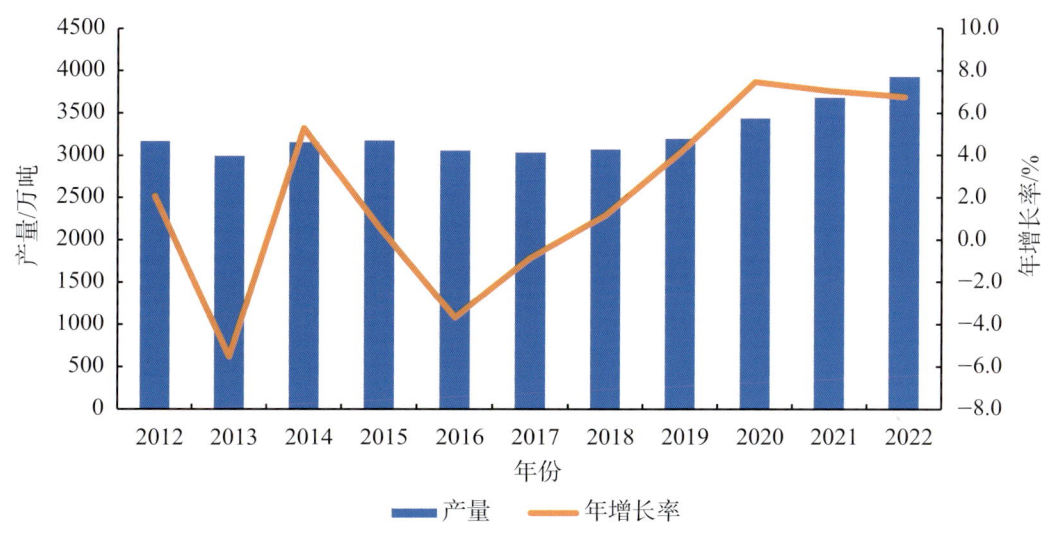

图 13-1　2012—2022 年中国牛奶产量变化情况

（数据来源：国家统计局）

1.2　奶制品消费整体疲软，结构不断转型升级

2022 年，奶类消费量 5867 万吨，比上年减少 1.7%。其中，食用、饲用、其他消费量分别为 5188 万吨、316 万吨、248 万吨，占总消费量比重保持基本稳定。受居民可支配收入增速放缓、鲜奶和奶粉零售价格上涨以及各地新冠疫情防控措施变化影响，居民消费意愿降低，学生奶需求及礼盒类奶制品销售量下降，奶制品消费整体疲软。奶类人均消费量稳中略降，全国奶类人均消费量 41.56 千克[①]，比上年减少 0.7 千克，但仍为历史次高水平。受 2022 年上半年生猪养殖业不景气影响，饲料行业中的乳清粉消费量有所下降；婴幼儿配方乳粉、再制干酪等"新国标"出台，行业准入门槛进一步提高，促使市场新产品不断涌现，奶制品消费朝着更新鲜、更健康方向发展；随着消费理念和膳食结构持续改变，奶类消费虽然还是以液态奶为主，但奶酪、黄油、炼乳等干乳制品在奶类消费中的比重不断增加。

1.3　奶制品进口量大幅减少，进口来源较为集中

2022 年，国内奶制品进口量 322 万吨，折合生鲜乳 1855 万吨，比上年减少17.3%（图 13-2）；进口额 132.65 亿美元，减少 0.7%。进口降幅较大的主要原因是国际奶制品价格同比大幅上涨、国内奶源供应充足以及消费需求下降。主要进口来源地集中在新西兰、欧盟、美国、澳大利亚 4 个国家和地区，进口份额占比

---

① 按照干乳制品折算（奶粉、奶油、炼乳按1:8折生鲜乳，乳清粉按1:8.8、奶酪按1:10、婴幼儿配方乳粉按1:4.2折生鲜乳），2022 年进口折生鲜乳计 1855 万吨。

分别为 39.7%、33.0%、13.2%、7.5%。分品类看，刚需的用于国内再加工的奶油、婴幼儿配方乳粉进口增长，其他品类进口明显减少。全年进口液态奶 100.09 万吨，比上年减少 22.8%，其中鲜奶 97.73 万吨，减少 23.0%；酸奶 2.36 万吨，减少 14.5%。全年进口干乳制品 222.23 万吨，比上年减少 14.6%，其中乳清粉 60.61 万吨，减少 16.2%；奶油 14.43 万吨，增长 10.1%；奶酪 14.55 万吨，减少 17.4%；原料奶粉 103.67 万吨，减少 18.7%；婴幼儿配方乳粉 26.56 万吨，增长 1.1%。国内乳制品出口量 4 万吨，折合生鲜乳 13 万吨，比上年减少 1.1%，出口额 1.93 亿美元，减少 35.4%。国内产量的大幅增加和净进口量的明显减少，使得奶源自给率提升至 68.5%，比上年提高 5.3 个百分点，扭转了连续 6 年下滑势头。

图 13-2　2012—2022 年中国奶制品进口量变化情况

（数据来源：海关总署）

1.4　生鲜乳收购价下跌，鲜奶和奶粉零售价上涨

2022 年，主产省全年平均生鲜乳收购价 4.16 元/千克，比上年历史高点下跌 3.0%，但较 2020 年上涨 9.8%。分月份看，生鲜乳收购价 1—2 月保持稳定，3—7 月高位下跌，8—10 月进入产奶淡季后价格略有回调，11 月后再次下行，奶价旺季不旺，全年累计跌幅 3.3%。受国内牛奶产量不断增加、奶制品消费相对疲软影响，生鲜乳供过于求，加上生产成本和国际市场价格高位支撑，国内生鲜乳收购价总体呈高位下跌走势（图 13-3）。

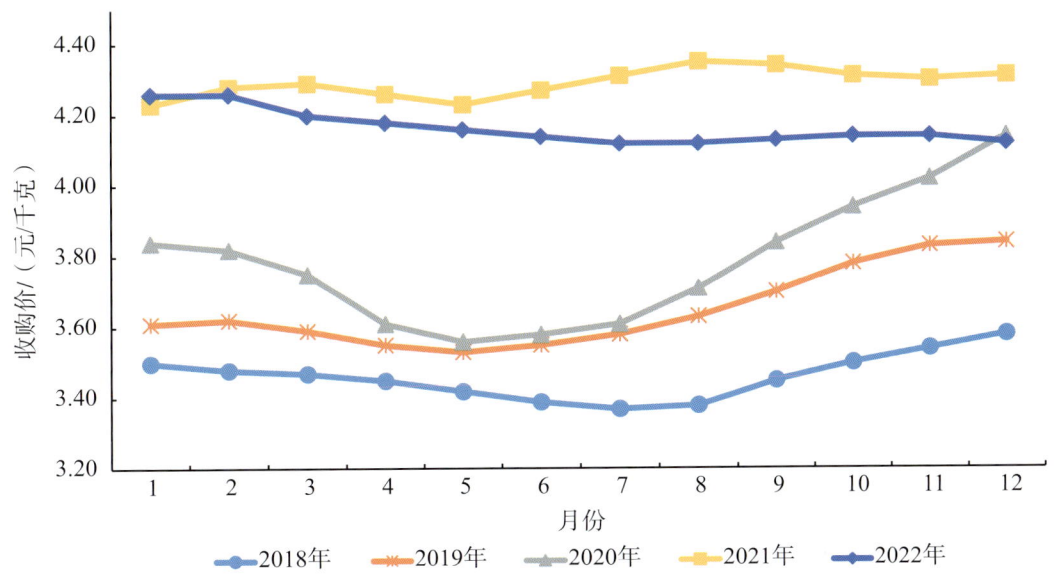

图 13-3 2018—2022 年全国主产省生鲜乳收购价月度变化情况

（数据来源：农业农村部）

2022 年，全国监测城市鲜奶平均零售价 11.26 元/千克，比上年上涨 1.6%。其中，袋装鲜奶平均零售价 10.44 元/千克，上涨 1.8%；盒装鲜奶平均零售价 12.08 元/千克，上涨 1.3%。全国监测城市奶粉[①]平均零售价 247.32 元/千克，比上年上涨 5.5%。其中进口奶粉平均零售价 290.56 元/千克，上涨 6.2%；国产奶粉平均零售价 204.08 元/千克，上涨 4.6%。由于上游生鲜乳价格仍处高位，奶制品受新冠疫情防控措施变化影响生产及销售成本增加、终端产品调价滞后，全国鲜奶和奶粉零售价总体上涨（表 13-1）。

表 13-1 2021—2022 年中国鲜奶和奶粉零售价格变化　　　　　　　　单位：元/千克

年份	鲜奶			奶粉		
	平均	袋装	盒装	平均	国产	进口
2022	11.26	10.44	12.08	247.32	204.08	290.56
2021	11.08	10.26	11.92	234.38	195.06	273.70
同比增幅/%	1.6	1.8	1.3	5.5	4.6	6.2

数据来源：中国价格信息网。

---

① 三段婴幼儿配方奶粉。

2 未来10年市场走势判断

2.1 总体判断

奶类产量保持增长势头。未来10年，奶业竞争力提升行动的深入推进将为国内奶类增产奠定坚实基础。预计2023年，全国奶类产量4227万吨，比上年增长5.0%；预计2027年，奶类产量4942万吨，比基期增长30.8%；预计2032年，奶类产量5602万吨，比基期增长48.3%，年均增速4.0%。奶源自给率达71%以上。

奶类消费量明显增长。未来10年，奶制品消费普及率将稳步提高，市场规模持续扩大，行业仍有较大增长空间。预计2023年，全国奶类消费量6098万吨，比上年增长3.9%；预计2027年，奶类消费量7018万吨，比基期增长22.6%；预计2032年，奶类消费量7902万吨，比基期增长38.0%，年均增速3.3%。奶类人均消费量55.9千克，比基期增长37.7%。

奶制品进口继续增加。未来10年，在国内外奶业竞争力差距缩小、奶源自给率提升背景下，国内奶制品供给缺口将依然存在，进口保持增长但增速放缓。预计2023年，国内奶制品进口量（折合生鲜乳，下同）1886万吨，比上年增长1.7%；预计2027年，奶制品进口量2092万吨，比基期增长5.5%；预计2032年，奶制品进口量2320万吨，比基期增长17.0%，年均增速1.6%。

生鲜乳价格总体波动上行。未来10年，短期看，生产成本难以显著下降，全球奶制品供应链存在安全风险，推动国内生鲜乳价格震荡上行；中长期看，受土地、水等资源禀赋限制，国内供需缺口长期存在，对奶价形成刚性支撑。预计2023年，国内生鲜乳收购价总体高位，全年呈先跌后稳再升走势，在市场调整和成本支撑综合作用下，全年月度价格在3.84~4.26元/千克区间运行。

2.2 生产展望

未来10年，奶类产量保持增长势头，奶源自给率持续提升。预计2023年，全国奶类产量4227万吨，比上年增长5.0%，增速有所回落；预计2027年，奶类产量4942万吨，比基期增长30.8%；预计2032年，奶类产量5602万吨，比基期增长48.3%，年均增长4.0%，存栏100头以上规模养殖比重达85%，全国奶牛年均单产突破10吨/头，奶源自给率提升至71%。展望期内，国家奶业竞争力提升行动深入推进，奶业全面振兴和重要农产品保供机制将进一步完善，北方奶源基地建设进一步加强，南方奶业发展模式逐步形成并推广，优质奶源基地建设成效显现，奶牛规模化养殖水平和生产技术效率稳步提高，进一步夯实国内奶类产量增长基础。随着振兴奶业首蓿发展行动的推进和粮改饲政策实施范围扩大到所有奶牛养殖大县，全国优质饲草料供给有望稳步增加，加上奶牛自主育种能力的提高，奶源自给率不断提升，奶源供给保障能力得到有效巩固，奶业"双循环"新发展格局逐渐形成（图13-4）。

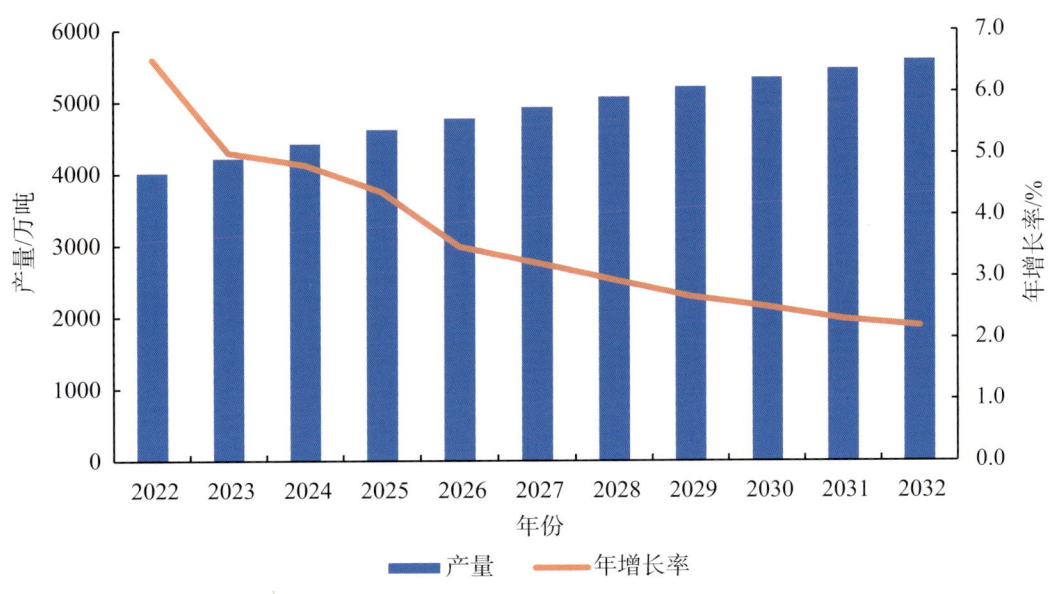

图 13-4　2022—2032年中国奶类产量变化趋势

（数据来源：2023—2032年数据为中国农业科学院农业信息研究所CAMES系统预测）

2.3　消费展望

未来10年，奶制品消费增长显著，人均消费量大幅提高。预计2023年，全国奶类消费量6098万吨，比上年增长3.9%，奶制品消费恢复性增长；预计2027年，奶类消费量7018万吨，比基期增长22.6%，消费增速趋于稳定；预计2032年，奶类消费量7902万吨，比基期增长38.0%，年均增速3.3%，食用消费占比接近九成，人均消费量55.9千克，比基期增长37.7%，提升至目前世界平均水平的一半左右（图13-5）。展望期内，新生儿的减少给婴幼儿配方奶粉、学生奶市场消费带来压力，但经过新冠疫情时期的健康认知转变和多年的奶类消费科普教育，全民饮奶意识明显提高，奶制品消费群体将不断扩大。《中国居民膳食指南（2022）》建议民众奶及奶制品每天摄入量由此前的300克提高至300~500克，奶类人均消费量将继续提升，需求结构也将随着人口结构、收入水平和消费习惯的变化而产生分化，呈现出高品质、多样化、高频率的趋势特点，低温鲜奶和奶酪、黄油等干乳制品消费增长潜力巨大。

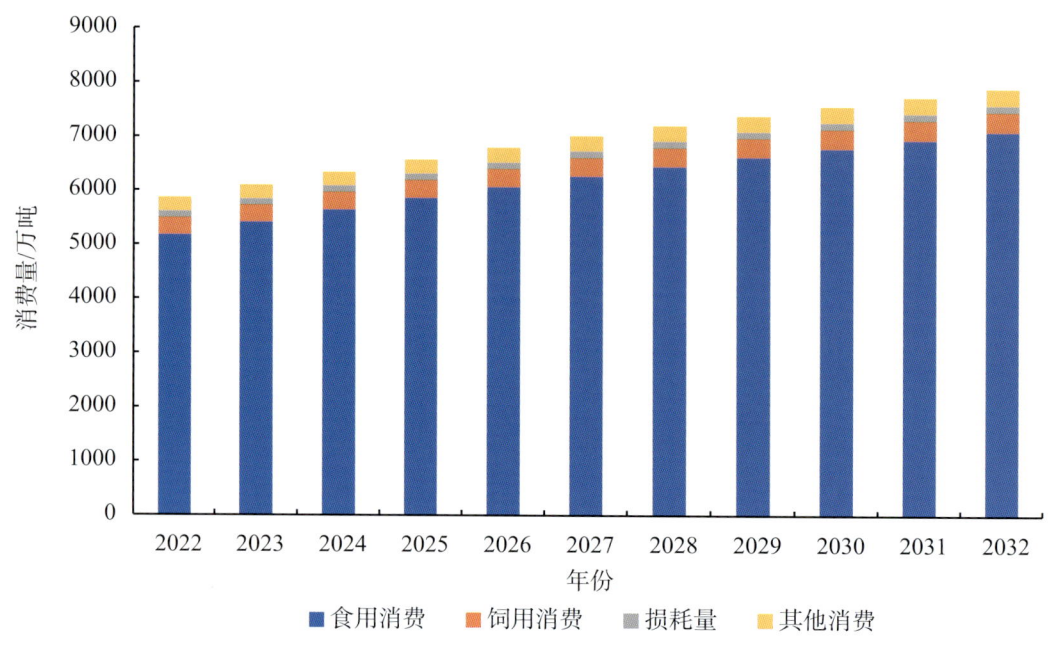

图 13-5　2022—2032 年中国奶类消费量及消费结构变化趋势

（数据来源：2023—2032 年数据为中国农业科学院农业信息研究所 CAMES 系统预测）

2.4　贸易展望

未来 10 年，奶制品进口继续增加，增速将由高速逐步转为中低速。预计 2023 年，奶制品进口量 1886 万吨，比上年增长 1.7%；预计 2027 年，奶制品进口量 2092 万吨，比基期增长 5.5%；预计 2032 年，奶制品进口量 2320 万吨，比基期增长 17.0%，年均增速 1.6%（图 13-6）。主要进口来源地保持基本稳定但趋于多元化，新西兰、欧盟、美国、澳大利亚等传统奶业主产国家和地区仍为主要进口来源地，白俄罗斯、乌拉圭、阿根廷等国进口奶制品数量有望保持增长。展望期内，国内外奶业竞争力差距不断缩小，国内生鲜乳供给缺口依然存在，不同消费群体多样化、品牌化以及跨文化的消费需求旺盛，奶制品进口将保持增长。其中，展望前期，随着国际市场价格逐渐回落，液态奶进口将有所反弹，原料奶粉进口受国内产量和库存增加影响有所下降，乳清进口随生猪产能变化波动上升，奶油、奶酪进口小幅增长；展望后期，在奶源自给率不断提升的背景下，国内产能持续增加，消费增速低于产量增速，出口基数小且变动幅度不大，奶制品进口增速将不断放缓。

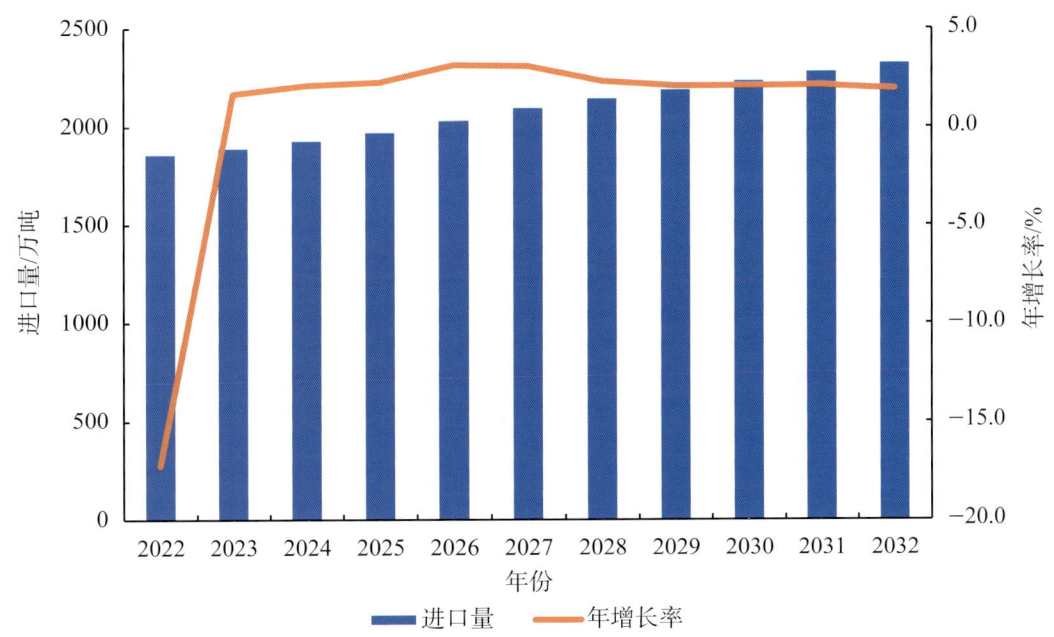

图 13-6　2022—2032 年中国奶制品进口量变化趋势

（数据来源：2023—2032 年数据为中国农业科学院农业信息研究所 CAMES 系统预测）

2.5　价格展望

未来 10 年，生鲜乳价格短期维持高位，中长期呈波动上行走势。预计 2023 年，随着国内生鲜乳产量稳定增长、奶制品消费逐步恢复，在国际奶制品价格总体回落背景下，国内生鲜乳收购价高位下行中迎来向上拐点，在市场调整和成本支撑综合作用下，全年月度价格整体预计在 3.84~4.26 元 / 千克区间运行。展望前期，粮饲结构调整缓慢，国内饲料粮供给不足状况难以明显改变，进口苜蓿、玉米、豆粕等饲料原料成本居高不下支撑生鲜乳价格高位，供需缺口短期变化带动生鲜乳价格波动运行；展望后期，随着国民经济发展，城市化进程趋于稳定，城乡居民消费水平稳步提高，受土地、水等资源禀赋限制，国内供需缺口长期存在，加上环境保护等生产投入成本增加，刚性支撑生鲜乳价格上行。

3　不确定性分析

3.1　奶牛养殖技术因素

自主育种能力与疫病防治能力等奶牛养殖技术因素对生鲜乳产量有重要影响。一方面，中国种用奶牛特别是优质种源基本依赖进口，自主选育种公牛比例不足 30%，2014—2021 年进口种牛超过 134 万头，近年来中国加强国产奶牛良种培育和自主繁育体系建设，提升奶牛单产能力及奶源自给率，但鉴于奶牛育种具有周期长且投入较大的特征，国内自繁奶牛供给能力能否显著提升存在不确定性。另一方面，奶牛结核病、布鲁氏菌病等疫病影响着生产安全，展望期内，能否有效应对大范围突发的动物疫情以保持稳定生产存在不确定性。

3.2 极端天气因素

极端高低温、干旱、洪涝等气象灾害不仅直接造成奶牛产奶量减少，还通过影响区域草料生长造成饲料原料质量下降和供应紧张，进而快速推升奶制品价格，不利于市场稳定。一方面，奶牛生产与所处环境条件密切相关，持续高温、冷冻、暴雪等恶劣天气将会显著降低奶牛生产性能，导致其繁殖力和免疫力下降，威胁其健康状况。另一方面，光照不足及降雨增多，会造成青贮饲料淀粉含量下降以及铁锈病与霉菌污染概率增加，带来青贮饲料质量下降，间接减少奶牛产奶量。2022年，受南半球不利高温及极端降雨天气影响，主产国澳大利亚、新西兰天然牧场草料大面积枯萎减产，两国牛奶产量分别比上年减少6.8%、3.8%。展望期内，全球气候变暖带来极端天气频发，区域性奶制品生产和价格走势存在不确定性。

3.3 国际贸易环境因素

进出口国贸易政策变动、地区性冲突升级等国际贸易环境因素变化阻碍了奶制品贸易流通，全球奶制品供应安全风险加大。一方面，近年来，部分国家出于碳减排、氮减排等环保目标和动物福利保护压力出台出口限制政策，或实行贸易保护措施，可能对活牛及遗传物质、乳源蛋白等奶业相关贸易带来不确定性。如新西兰政府规定，自2023年4月30日起，停止活体牲畜海运出口，这对进口新西兰种牛占比较大的中国奶牛产业将产生一定影响。另一方面，地缘冲突风险外溢，扰乱粮食、能源等出口流动，加剧了全球通货膨胀，不仅持续支撑玉米、大豆价格高位，抬高奶牛养殖成本，而且威胁全球奶制品供应链安全，主要进出口国将面临奶制品产业安全风险。展望期内，国际贸易环境因素变化给国内外奶业发展带来不确定性。

参考文献

国务院办公厅，2018.国务院办公厅关于推进奶业振兴保障乳品质量安全的意见［EB/OL］.（2018-06-11）［2022-12-25］.http://www.gov.cn/zhengce/content/2018-06/11/content_5297839.htm.

国务院办公厅，2020.国务院办公厅关于促进畜牧业高质量发展的意见［EB/OL］.（2020-09-27）［2022-12-25］.http://www.gov.cn/zhengce/content/2020-09/27/content_5547612.htm.

农业农村部，2022.农业农村部关于印发《"十四五"奶业竞争力提升行动方案》的通知［EB/OL］.（2022-02-16）［2022-12-25］.http://www.moa.gov.cn/govpublic/xmsyj/202202/t20220222_6389242.htm.

农业农村部市场预警专家委员会，2022.中国农业展望报告（2022—2031）［M］.北京：中国农业科学技术出版社.

奶牛产业技术体系，2023.2022年中国奶业经济形势回顾及2023年展望［EB/OL］.（2023-03-14）［2023-03-15］.http://www.boyar.cn/article/1163297.html.

刘长全，2022.2021年中国奶业经济形势回顾及2022年展望［J］.中国畜牧杂志，58（3）：7.

李胜利.解码中国奶业未来15年的发展走向.［EB/OL］.（2022-04-29）［2023-01-29］.http://www.boyar.cn/article/1138479.html.

陈萌山，2022.践行大食物观 加快推进奶业振兴［J］.中国奶牛（9）：18-19.

侯军伟，2022.为什么中国乳业市场将会持续增长［J］.中国奶牛（11）：4.

焦宏，2022."降成本稳奶价"是今年奶业发展主调［N］.农民日报，2022-01-10（6）.

常理，2022.中国奶业走上高质量发展之路［N］.经济日报，2022-12-04（9）.

第十四章

水产品

水产品是动物蛋白的重要来源，对于保障居民食物消费和营养健康具有重要作用。2022年，中国渔业生产稳中有增，水产品产量估计为6869万吨，比上年增长2.7%。其中，养殖产量5568万吨，增长3.2%；捕捞产量1301万吨，增长0.4%。水产品总消费量7140万吨，增长3.7%。其中，直接消费量2993万吨，与上年大体持平；加工消费量2921万吨，增长7.4%；其他消费及损耗有所增加，为1226万吨。水产品全年综合平均批发价格与上年持平略涨，年内呈波动下跌态势。水产品进口量647万吨，出口量376万吨，贸易由长期顺差转为逆差。

未来10年，中国渔业将进一步推进高质量发展，消费具有较大增长空间，进口保持较快增长，出口稳中有增。预计2023年水产品产量6935万吨，比上年增长1.0%；消费量7232万吨，增长1.3%；进口量685万吨，增长5.9%；出口量388万吨，增长3.1%。预计2027年水产品产量7122万吨，比基期（2020—2022年3年平均值，下同）增长6.3%；消费量7467万吨，增长7.9%；进口量779万吨，增长30.6%；出口量434万吨，增长14.5%。预计2032年水产品产量7248万吨，比基期增长8.1%，年均增长0.8%；消费量7621万吨，增长10.1%，年均增长1.0%；进口量824万吨，增长38.1%，年均增长3.3%；出口量451万吨，增长18.9%，年均增长1.7%。

1 2022年市场形势回顾

1.1 生产稳中有增，养殖产量继续增加

2022年，中国水产品产量6869万吨，比上年增长2.7%。受上年水产品价格总体持续高位运行影响，水产品养殖产量增长，达5568万吨，增长3.2%。其中，淡水养殖产量3285万吨，增长3.2%；海水养殖产量2283万吨，增长3.3%。水产品捕捞产量1301万吨，与上年基本持平。其中，淡水捕捞产量118万吨，减少1.5%，长江十年禁渔计划扎实推进，逐渐显效；海洋捕捞产量950万吨，减少0.1%，海洋渔业资源总量管理制度有序推进，捕捞强度下降；远洋渔业产量233万吨，增长3.6%。养殖产量在总产量中占比进一步提高，达81.1%（表14-1）。

表14-1 2021年、2022年水产品产量情况

指标	2021年 数量/万吨	2021年 占比/%	2022年 数量/万吨	2022年 占比/%	增长率/%
产量	6690	100.0	6869	100.0	2.7
养殖产量	5394	80.6	5568	81.1	3.2
淡水养殖	3183	47.6	3285	47.8	3.2
海水养殖	2211	33.0	2283	33.2	3.3

（续表）

指标	2021年		2022年		增长率/%
	数量/万吨	占比/%	数量/万吨	占比/%	
捕捞产量	1296	19.4	1301	18.9	0.4
淡水捕捞	120	1.8	118	1.7	−1.5
海洋捕捞	951	14.2	950	13.8	−0.1
远洋渔业	225	3.4	233	3.4	3.6

数据来源：《中国渔业统计年鉴》；2022年数据为估计数。

1.2 直接消费基本持平，加工消费增长显著

2022年，水产品消费量7140万吨，比上年增长3.7%，但不同类型消费表现存在较大差异。其中，直接消费量2993万吨，与上年大体持平，主要原因是多地因新冠疫情采取封控管控措施，人们出行减少、线下采购下降；加工消费量2921万吨，增长7.4%，主要原因是水产品相关即配、即烹、即热、即食产品借助线上渠道取得较好销量，加工规模持续快速增长；其他消费及损耗1226万吨，高于常年水平，主要原因是新冠疫情使得部分地区主要市场关闭、运输受阻、配送困难，给水产品顺畅流通带来不利影响。

1.3 进口量明显增加，贸易由连续多年顺差转为逆差

据海关总署统计，2022年中国水产品进出口总量1023万吨，比上年增长7.2%；进出口总额467亿美元，增长17.0%。进口增长明显，进口量647万吨，增长12.6%；进口额237亿美元，增长31.5%。其中，自东盟、厄瓜多尔、俄罗斯、印度等国家或地区水产品进口增长最为显著，进口量分别增长21.6%、38.3%、48.4%、51.7%；进口额分别增长48.8%、59.7%、46.7%、38.0%。出口量减额增，出口量376万吨，比上年减少1.0%；出口额230亿美元，增长5.0%。其中，对东盟、欧盟出口不同程度增长，出口量分别增长14.1%、6.3%，对日本、美国、韩国、中国香港水产品出口减少，出口量分别减少5.6%、4.6%、1.7%、5.3%。净进口额6.75亿美元，贸易由长期顺差转为逆差。

1.4 年度价格持平略涨，年内价格波动下跌

2022年，水产品市场供给充足，价格运行较为平稳。饲料价格持续高位运行，对水产品价格形成一定支撑。据对全国80家水产品批发市场统计，2022年水产品综合平均价格25.25元/千克，比上年上涨0.2%。从走势看，年内价格总体呈波动下跌态势，受春节消费带动，2月价格达到全年峰值，为25.85元/千克；春节后消费需求回落，价格逐步下跌，3—7月价格大体在25.50元/千克附近波动；

之后价格连续4个月下跌，11月跌至全年最低，为24.57元/千克（图14-1）。分品种看，淡水鱼价格下跌2.2%，其中鲢鱼、鲫鱼分别下跌10.3%、5.8%；淡水甲壳类上涨3.2%；海水鱼下跌0.5%；海水甲壳类下跌0.4%；海水贝类上涨2.7%；海水头足类上涨1.1%。

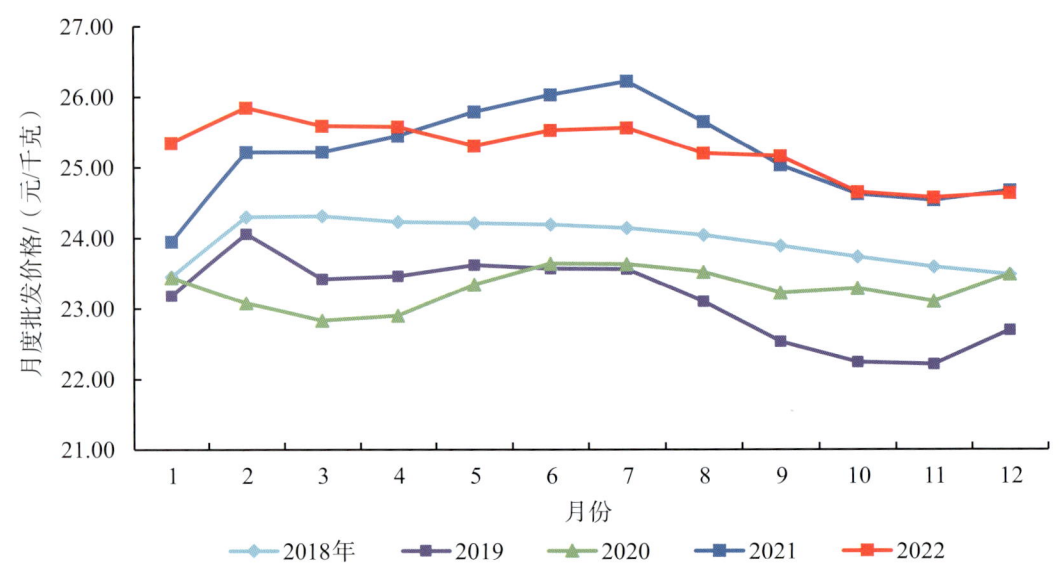

图14-1　2018—2022年水产品综合平均月度批发价格

（数据来源：全国水产批发市场信息采集分析平台）

2　未来10年市场走势判断

2.1　总体判断

生产持续发展，产量平稳增长。预计2023年中国水产品产量小幅增长，达6935万吨，比上年增长1.0%，其中，养殖产量5636万吨，增长1.2%。预计2027年产量增至7122万吨，比基期增长6.3%；养殖产量5827万吨，增长8.0%。预计2032年产量7248万吨，比基期增长8.1%，年均增长0.8%；养殖产量5956万吨，增长10.4%，年均增长1.0%。捕捞产量基本稳定，保持在1290万吨左右。

直接消费恢复增长，加工消费增速较快。预计2023年中国水产品消费较快恢复，消费量7232万吨，比上年增长1.3%。其中，直接消费量3062万吨，增长2.3%；加工消费量3012万吨，增长3.1%。预计2027年消费量7467万吨，比基期增长7.9%。预计2032年消费量7621万吨，比基期增长10.1%，年均增长1.0%，略高于产量增速。

进口较快增长，出口缓慢增长。预计 2023 年水产品进口量 685 万吨，出口量 388 万吨，比上年分别增长 5.9%、3.1%。预计 2027 年进口量 779 万吨，比基期增长 30.6%；出口量 434 万吨，增长 14.5%。预计 2032 年进口量 824 万吨，比基期增长 38.1%，年均增长 3.3%；出口量 451 万吨，增长 18.9%，年均增长 1.7%。

市场供需基本平衡，价格总体稳中有涨。2023 年，水产品供给与需求均有所增长，消费增速略快于产量增长，预计价格总体将稳中有涨。长期来看，随着人工成本、塘租费用不断增长，水产品价格总体将呈现缓慢上涨趋势。

2.2 生产展望

2.2.1 产量持续小幅增长

国内新冠疫情防控措施优化后，生产生活秩序恢复正常，将促进水产品生产进一步增长。预计 2023 年中国水产品产量 6935 万吨，比上年增长 1.0%。长期来看，水产品消费需求将驱动渔业生产持续发展，科技进步对生产的支撑带动作用更加突显，渔业发展各项支持政策逐步落实，水产品生产能力将不断提升。在市场、技术与政策合力作用下，水产品产量持续小幅增长，发展的质量效益进一步提高。预计 2027 年水产品产量 7122 万吨，比基期增长 6.3%；2032 年水产品产量 7248 万吨，增长 8.1%。未来 10 年，水产品产量将年均增长 0.8%（图 14-2）。

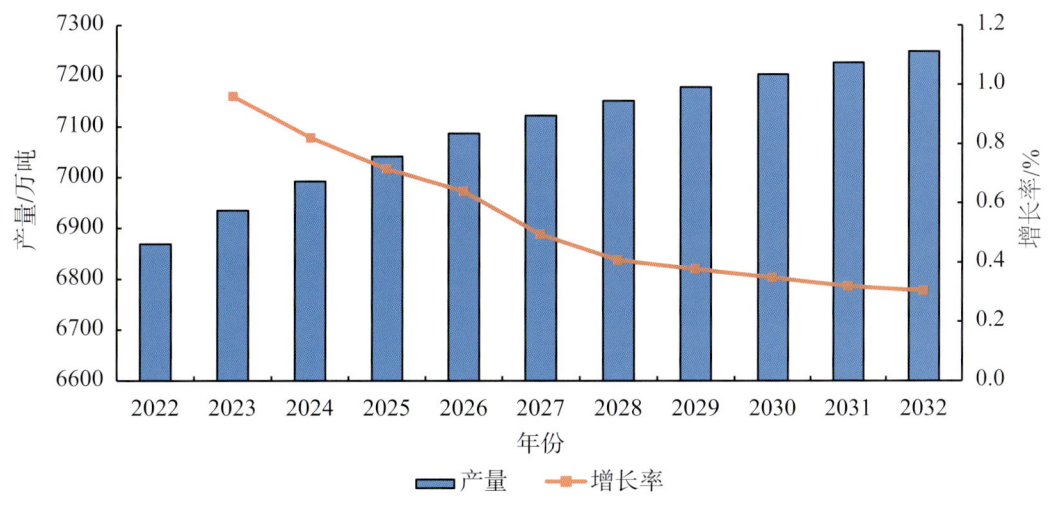

图 14-2　2022—2032 年中国水产品产量及增长率

（数据来源：2023—2032 年数据为中国农业科学院农业信息研究所 CAMES 模型系统预测）

2.2.2 养殖产量不断提高

养殖生产是中国水产品产量的主要增长点。随着国内水产品消费回暖，养殖户生产预期普遍向好、信心有所增强，将带动 2023 年水产品养殖规模扩大、产量增加，预计养殖产量 5636 万吨，比上年增长 1.2%。未来 10 年，养殖水域滩涂规划逐步落实，水产品生产基础将进一步夯实；稻渔综合种养、深远海养殖、大水面生态渔业、海洋牧场等新业态新模式持续发展，养殖空间将进一步拓展；自动饲喂、环境调控等设施装备推广应用，养殖设施化、机械化、标准化、智能化水平提高，效率将进一步提升；健康养殖与生态养殖示范区持续建设，绿色可持续发展将逐步实现。预计 2027 年养殖产量 5827 万吨，比基期增长 8.0%；2032 年养殖产量 5956 万吨，增长 10.4%。展望期间，水产品养殖产量年均增长 1.0%。养殖产量占水产品总产量比例将提高至 82.2%，与基期相比提高 1.7 个百分点（图 14-3）。

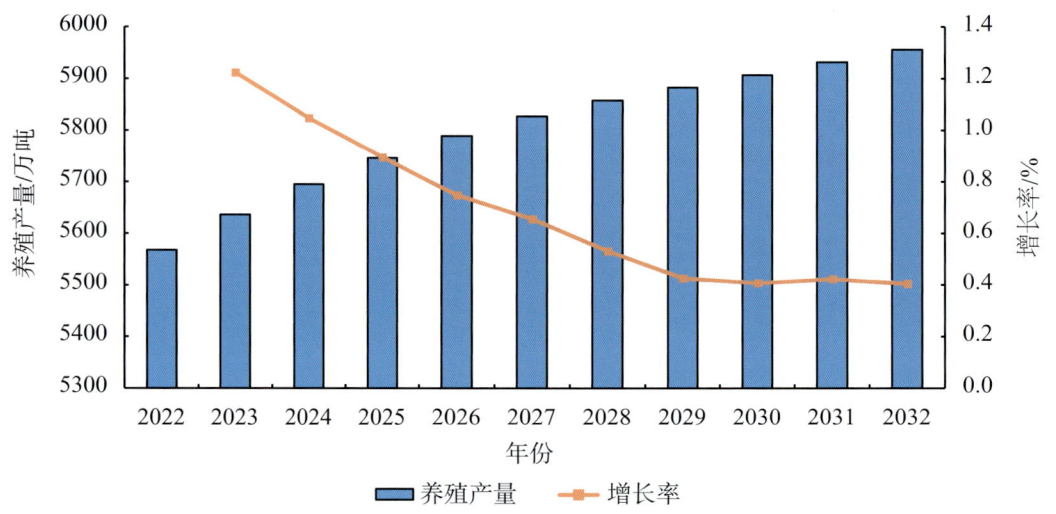

图 14-3　2022—2032 年中国水产品养殖产量及增长率

（数据来源：2023—2032 年数据为中国农业科学院农业信息研究所 CAMES 模型系统预测）

2.2.3　捕捞产量保持稳定

未来 10 年，中国仍将强化水生生物资源保护，促进渔业可持续发展。在淡水捕捞方面，将严格落实长江十年禁渔计划，健全主要江河湖海休禁渔制度。在海洋捕捞方面，将有序推进海洋渔业资源总量管理制度，严格控制海洋捕捞强度，调整优化生产作业方式，提高渔船设施装备水平，海洋捕捞年产量保持在 1000 万吨以内。在远洋渔业方面，将提升装备信息化、智能化水平，促进转型升级，提高发展质量效益，产量将稳定在 230 万吨左右。展望期内，水产品捕捞产量将保持基本稳定，在 1290 万吨左右（图 14-4）。

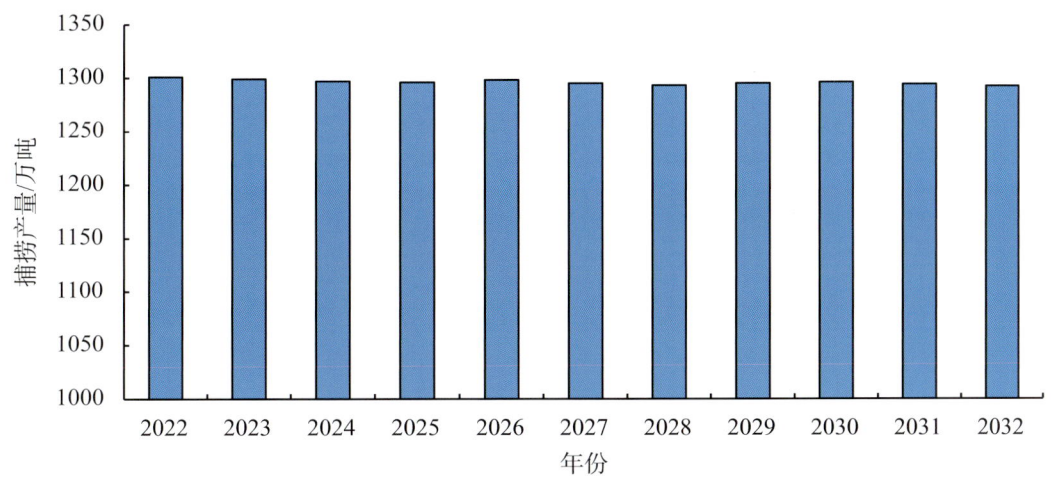

图 14-4　2022—2032 年中国水产品捕捞产量

（数据来源：2023—2032 年数据为中国农业科学院农业信息研究所 CAMES 模型系统预测）

2.3　消费展望

新冠疫情影响消退，中国经济企稳回升，餐饮、旅游等行业快速恢复，拉动水产品消费增长。预计 2023 年水产品消费 7232 万吨，比上年增长 1.3%。其中，直接消费量 3062 万吨，增长 2.3%；加工消费量 3012 万吨，增长 3.1%。水产品交易与流通将更为顺畅，损耗将明显降低。其他消费及损耗 1158 万吨，减少 5.5%。

长期来看，随着国内居民收入持续增长、食物消费结构逐渐升级以及流通渠道更加多元，水产品消费将进一步增长，并趋向差异化、便利化、品质化。预计 2027 年水产品消费量 7467 万吨，比基期增长 7.9%。其中，直接消费量 3188 万吨，增长 7.0%；加工消费量 3182 万吨，增长 16.1%；其他消费及损耗 1097 万吨，减少 8.6%。预计 2032 年水产品消费 7621 万吨，比基期增长 10.1%，年均增长 1.0%，增速快于产量增长。其中，直接消费量 3262 万吨，增长 9.5%，年均增长 0.9%；加工消费量 3290 万吨，增长 20.1%，年均增长 1.8%，增速快于直接消费；其他消费及损耗 1069 万吨，减少 11.0%，年均下降 1.2%，其他消费及损耗在总消费中占比将降至 14.0%，比基期下降 3.3 个百分点（图 14-5）。

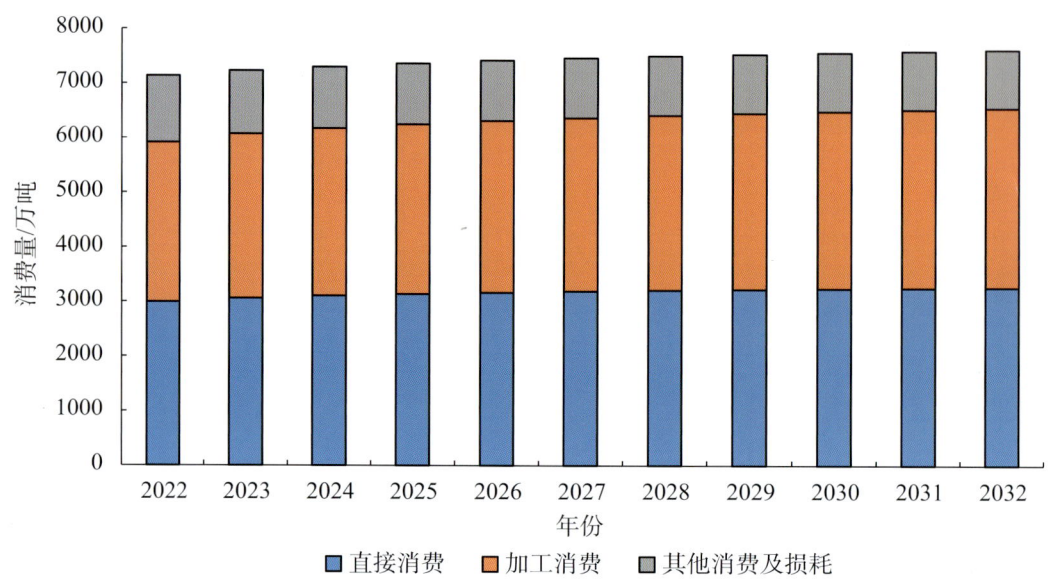

图 14-5　2022—2032 年中国水产品消费量及结构

（数据来源：2023—2032 年数据为中国农业科学院农业信息研究所 CAMES 模型系统预测）

2.4　贸易展望

短期看，国内消费快速恢复，将带动水产品进口增长；疫情影响消退，冷冻冰鲜水产品进口更加便利，预计 2023 年水产品进口量 685 万吨，比上年增长 5.9%。世界经济继续承压，增速可能放缓，水产品出口增长仍然面临一定压力。预计 2023 年水产品出口量 388 万吨，比上年增长 3.1%。

长期看，居民对海捕鱼类、虾蟹等水产品的消费偏好不断增强，国内供给与需求的结构性缺口仍然存在，进口将持续增长。中国与相关国家自贸区建设深化拓展，电商渠道快速发展，也将促进水产品进口。随着出口市场的不断开拓及与相关国家或地区贸易便利化措施的落实，中国水产品出口总体将稳中有增。国内消费不断增长并逐步升级，将吸引部分出口产品开拓国内市场，加之东南亚、拉美地区渔业快速发展，与中国水产品出口形成竞争，出口增长将较为缓慢。预计 2027 年水产品进口量 779 万吨，比基期增长 30.6%；出口量 434 万吨，增长 14.5%。预计 2032 年水产品进口量 824 万吨，比基期增长 38.1%；出口量 451 万吨，增长 18.9%。展望期内，进口增速明显快于出口，水产品贸易逆差或将成为常态（图 14-6）。

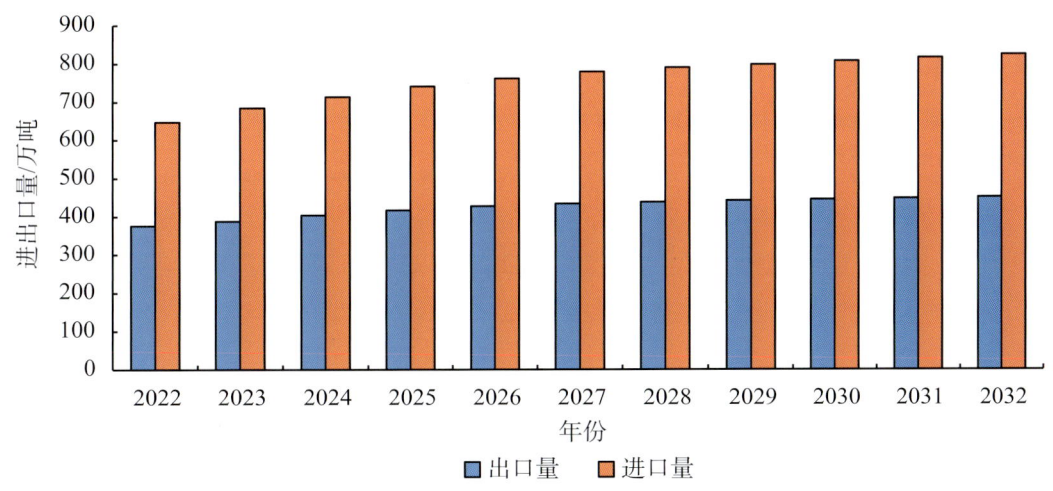

图 14-6　2022—2032 年中国水产品进口量和出口量变化趋势

（数据来源：2023—2032 年数据为中国农业科学院农业信息研究所 CAMES 模型系统预测）

2.5　价格展望

2023 年，水产品消费逐步恢复，对市场价格起到一定拉动作用。水产饲料价格在 2022 年经历多轮上涨，处在相对高位，对养殖产品价格形成一定支撑。在消费拉动和成本支撑下，预计 2023 年水产品价格总体将稳中有涨。长期来看，水产品生产供给与消费需求保持基本平衡，消费增速略快于产量增长；加之人工成本、塘租费用不断增长，将推动价格总体稳中趋涨。

3　不确定性分析

3.1　气象因素

渔业生产容易因台风、洪涝、干旱、寒潮等灾害天气影响而造成产量损失。2022 年，长江流域严重气象干旱给渔业生产造成不利影响。近年来，拉尼娜现象、厄尔尼诺现象也给各国渔业生产造成影响。气象条件不仅影响较大，更难以预测，给渔业生产经营带来了较大的不确定性。

3.2　病害因素

水产养殖病害包括病毒病、细菌病、寄生虫病等，是影响水产养殖生产的另一个重要因素。病害发生给水产养殖带来不同程度损失，并对市场供给、价格运行和国际贸易带来冲击。近年来，国内外水产养殖病害暴发的情况时有发生，给养殖户带来损失，引起价格剧烈波动和贸易较大变动。水产养殖病害种类多、发病快、涉及广、时间长，容易造成局地或大面积养殖产量损失。

3.3 技术因素

近年来,中国渔业科技不断取得突破,生产技术水平有了长足进步,但生产中仍存在着原良种体系不完善,良种自给率不高、覆盖率低,防灾减灾能力不足等问题,需要持续加强科技研发和应用推广。科技发展并非线性的,往往是经过长期探索并在某一时期集中涌现,这一特点也使得很难对技术进步及其影响做出准确预测,给水产品生产、流通、加工等展望带来一定不确定性。

参考文献

农业农村部. 农业农村部印发《"十四五"全国渔业发展规划》[EB/OL].（2022-01-07）[2023-02-03］. http://www.gov.cn/xinwen/2022-01/07/content_5666850.htm.

黄燕燕,梁艳彤,陆云慧,等,2023.水产品预制菜行业发展现状［J］.现代食品科技,39（2）:7.

张文博,马旭洲,2022.中国水产品的可持续供给［J］.上海海洋大学学报,31（5）:1304-1316.

朱燕,2022.后疫情时代我国水产品市场发展趋势的思考［J］.中国水产（3）:74-77.

冯建伟,雷少斐,2022.水产品消费多元化驱动产业新变革［N］.农民日报,2022-12-01（006）.

胡斯涵,韩翔,2022.中国水产品出口贸易现状及对策分析［J］.农村经济与科技,33（11）:245-248.

吴淑勤,王亚军,2010.我国水产养殖病害控制技术现状与发展趋势［J］.中国水产（8）:9-10.

第十五章

饲　料

饲料产业是支撑养殖业发展的重要基础性行业。2022年，中国工业饲料产量为30 223万吨，比上年增长3.0%，消费量30 004万吨，增长3.0%，主要饲料原料进口量大幅下降，主要饲料产品价格连续5年上涨，不断突破历史高位。展望未来10年，工业饲料产量和消费量保持增长，增速明显放缓。预计2023年，工业饲料产量为30 864万吨，比上年增2.1%，消费量为30 640万吨，比上年增2.1%，饲料产品价格高位回落，预计2023年育肥猪、肉鸡和蛋鸡配合饲料价格较上年下降4%~6%。展望中后期，养殖产能增幅趋缓，饲料消费结构达到稳定，预计2027年，产量为33 136万吨，消费量为32 897万吨，分别比基期（2020—2022年3年平均值，下同）增长17.2%和17.3%。2032年产量有望达到35 625万吨，比基期增长26.0%，消费量为35 369万吨，比基期增长26.1%。原料价格保持较高水平，饲料原料多元化发展有助于平抑原料成本，饲料产品价格上涨后趋于稳定。展望期内，工业饲料产量和消费量年均增速为1.7%。

1　2022年市场形势回顾

1.1　工业饲料总产量小幅增长

2022年中国工业饲料生产连续9年实现增长，产量为30 223万吨，比上年增长3.0%。随着规模化养殖水平提高，产品结构持续优化，配合饲料产量增加，浓缩饲料和添加剂预混料产量下降。其中，配合饲料产量达到28 145万吨，比上年增长3.7%，浓缩饲料产量分别为1426万吨，下降8.1%，添加剂预混合饲料产量652万吨，下降1.6%。从饲料产品结构来看，配合饲料产量占比为92.9%，比上年提高0.4个百分点，浓缩饲料产量和添加剂预混合饲料产量占比分别降至4.7%和2.2%，均比上年下降0.2个百分点（图15-1）。

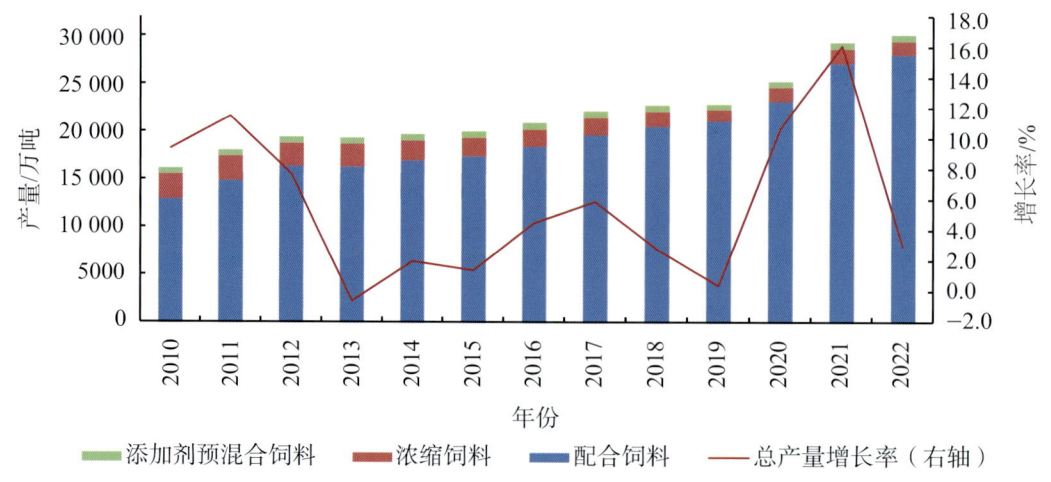

图15-1　2010—2022年中国饲料工业总产量及增速

（数据来源：中国饲料工业协会）

1.2 工业饲料消费量保持增长趋势

2022年国内工业饲料消费量达到30 004万吨，比上年增长3.0%。分品种看，生猪出栏量达到近7亿头，全年饲料消费达到13 489万吨，比上年增长4.0%；肉禽饲料消费保持稳定，全年为8872万吨，比上年增长0.2%；蛋禽养殖利润不佳，补栏积极性差，饲料消费疲软，全年为3192万吨，比上年降0.6%；反刍动物和水产养殖利润较好，存栏和存塘量增加，反刍动物舍饲育肥以及高档水产品养殖增加，工业饲料使用比例提升，饲料消费达到1604万吨和2511万吨，比上年增长9.2%和10.1%。

1.3 饲料原料进口量大幅下降

2022年，主要饲料原料进口量回落，为历史第二高位。进口食用油籽压榨的豆粕和菜粕仍是国内的主要饲料蛋白来源，油籽（大豆、油菜籽）累计进口9295万吨，比上年下降6.1%。饲用蛋白原料（豆粕、菜粕、葵花籽粕、豌豆和鱼粉）进口801万吨，减少4.7%。豆粕、豌豆和鱼粉进口量分别为5万吨、162万吨和180万吨，减少34.1%、26.5%和1.2%，菜粕和葵花籽粕进口分别为221万吨和233万吨，增加8.9%和2.4%。饲用谷物原料（玉米、小麦、大麦、高粱和玉米酒糟），2022年进口量为4648万吨，下降22.9%。玉米、大麦和玉米酒糟分别进口2062万吨、576万吨和9万吨，分别下降27.3%、53.9%和71.9%，小麦和高粱分别进口987万吨和1014万吨，增长1.7%和7.7%。

主要原料进口来源国仍较为集中。巴西、美国、乌克兰、加拿大、阿根廷、澳大利亚和法国7国饲料原料及油籽进口量合计占比达到94.6%。其中，巴西和美国进口量占比分别为36.9%和34.1%，合计超过70%；两国大豆进口合计占比超过92%。蛋白原料主要来自于加拿大、乌克兰和秘鲁，三国进口量合计占比为73%，下降4.6个百分点。饲用谷物原料进口主要来源于美国、澳大利亚、乌克

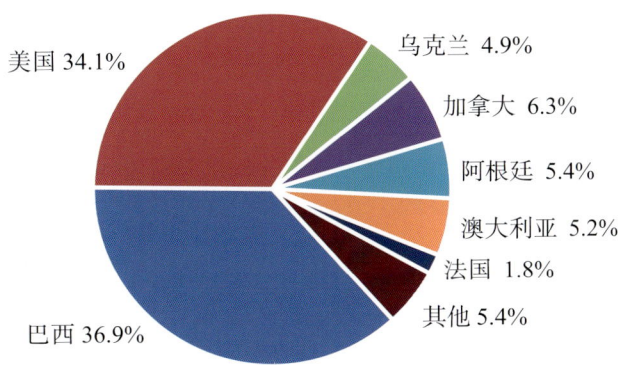

图15-2　2022年主要油籽和饲料原料进口分国别情况

（数据来源：海关总署）

兰、阿根廷、加拿大和法国，进口量合计占比超过95%，由于2022年增加了阿根廷大麦和高粱进口量、澳大利亚小麦和高粱进口量，两国进口占比分别增加3.5个百分点和16个百分点（图15-2）。

1.4 主要原料和饲料产品价格创历史新高

主要原料价格创历史新高。2022年受到俄乌冲突的影响，全球粮价大幅提高，原料成本高位运行。饲用玉米价格连续5年上涨，玉米临储库存拍卖完成后，国内玉米产不足需，市场价格进入上涨区间。2022年国际粮价上涨导致饲料原料进口成本增加，支撑玉米价格延续高位上涨。农业农村部畜牧兽医局监测数据显示，饲用玉米集贸市场年度均价为2.97元/千克，比上年上涨1.4%，涨幅缩小。截至12月，玉米价格涨至3.06元/千克，创历史新高，比年初上涨6.2%。豆粕价格连续4年上涨，2022年集贸市场年度均价为4.66元/千克，比上年涨23.1%。不利天气因素造成全球大豆减产，同时俄乌冲突导致原油价格上涨，促进豆油生物柴油需求增长，带动大豆压榨量提高，国际大豆价格快速上涨。国内油厂压榨经营亏损，造成大豆采购量减少，豆粕供给紧张，支撑市场价格上涨，截至12月豆粕价格涨至5.32元/千克，同样达到历史最高点，比年初上涨39.2%（图15-3）。

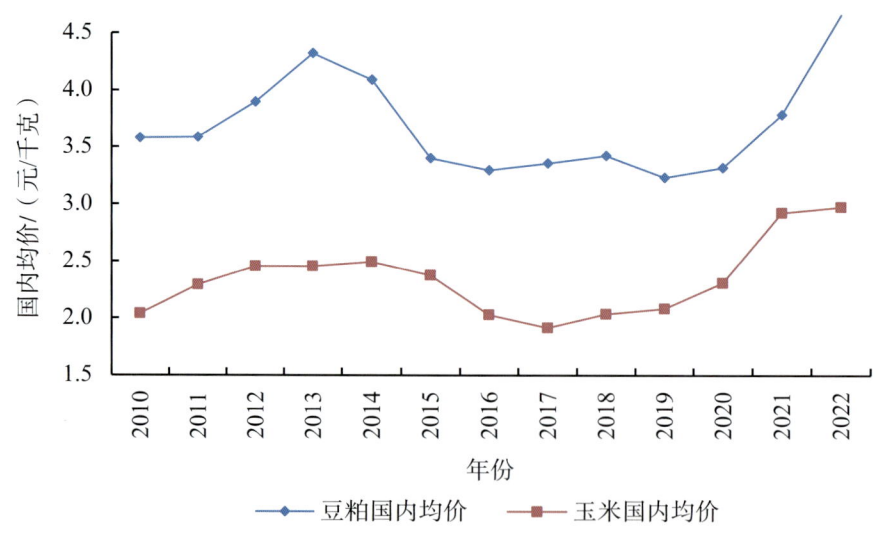

图15-3　2010—2022年中国主要饲料原料价格走势

（数据来源：农业农村部畜牧兽医局）

原料价格推动饲料产品价格上涨。2021年1月，育肥猪、肉鸡、蛋鸡配合饲料国内均价超过2014年玉米临储政策期间的价格高点，连续两年保持高位上涨。2022年3种主要饲料产品均价分别为3.88元/千克、3.89元/千克和3.61元/千克，分别比上年增长7.7%、7.2%和7.8%，涨幅有所回落。从月度来看，受原料价格上涨带动，3种主要配合饲料价格均呈现持续走高的行情，截至12月，3种主要配合饲料价格分别为4.09元/千克、4.11元/千克和3.81元/千克，比年初增长11.7%、12.0%和11.7%（图15-4）。

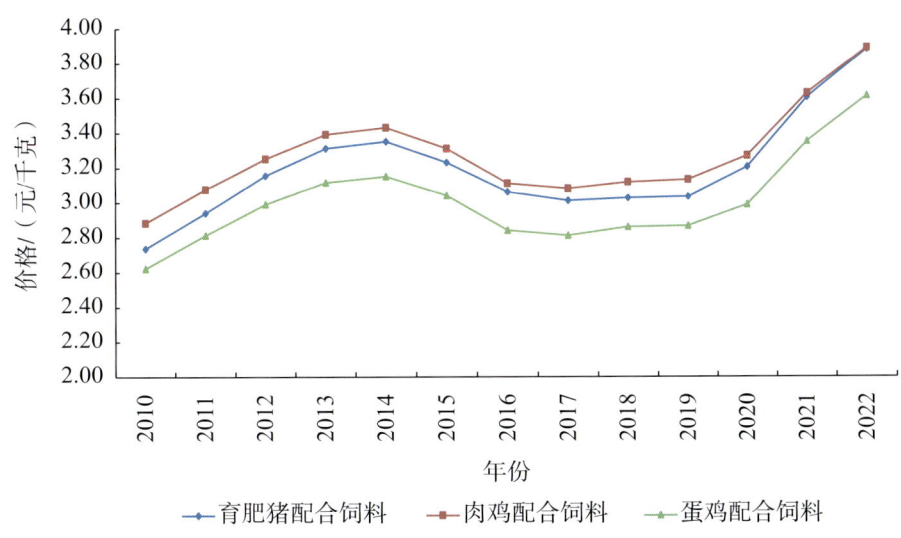

图15-4　2010—2022年中国主要饲料产品价格走势

（数据来源：农业农村部畜牧兽医局）

1.5　饲料配方多元化取得进展

我国长期使用"玉米-豆粕"饲料配方作为畜禽的主要日粮配方，不断增长的饲料需求与玉米、大豆等粮食资源约束成为制约养殖业发展的"卡脖子"问题。2020年以来中共中央办公厅、国务院办公厅以及农业农村部畜牧兽医局陆续发布了《粮食节约行动方案》《关于促进畜牧业高质量发展的意见》《饲料中玉米豆粕减量替代工作方案》等重要文件，均提出调整优化饲料配方结构，促进玉米、豆粕减量替代，积极开辟新饲料资源。随着多种饲料原料营养价值评定和动物营养需求等基础研究不断推进，精准配方和精细加工技术持续提升，国内饲料配方优化取得进展。同时，玉米、豆粕等原料价格高位运行，饲料配方多元化成为降低养殖成本的主要途径，饲用大麦、高粱、小麦、次粉、玉米蛋白粉、菜粕、棉粕、葵花籽粕、米糠粕分别在能量原料和蛋白原料中用量增加。2022年不同地区饲料配方比例，玉米为30%~40%，豆粕为13%，相比传统的"玉米-豆粕"配方中玉米占60%、豆粕占17%，添加比例有明显下降。

2 未来10年市场走势判断

2.1 总体判断

工业饲料产量稳步增长。2023年饲料工业产量仍保持较快增长，为30 864万吨，比上年增长2.1%；2027年为33 136万吨，比基期增长17.2%；2032年为35 625万吨，比基期增长26.0%，年均增长率为1.7%。饲料产品结构逐步优化，浓缩饲料产量逐年下降，配合饲料和添加剂预混合饲料稳定增加，2032年配合饲料产量占比将提高到95.0%。

工业饲料消费量增速趋稳。2023年消费量为30 640万吨，较上年增长2.1%；2027年为32 897万吨，比基期增长17.3%，2032年增加至35 369万吨，比基期增长26.1%，年均增速1.7%。从主要品种来看，生猪和禽类饲料消费缓慢增长，反刍饲料、水产饲料消费快速增加。

饲料产品价格长期保持高位运行。预计2023年国际大宗商品价格高位回落，饲料产品小幅下跌。长期来看，饲料原料供需保持紧平衡，主要原料价格保持较高水平。饲料原料多元化发展有助于改善原料供给格局，降低饲料成本，将有效减缓饲料产品价格上涨趋势。

2.2 生产展望

工业饲料产量保持增长。预计2023年工业饲料总产量为30 864万吨，比上年增长2.1%。长期来看，随着工业饲料普及率达到稳定状态后，总产量增速放缓，2027年工业饲料产量达到33 136万吨，比基期增长17.2%。2032年产量将达到35 625万吨，比基期增长28.0%，年均增速为1.7%（图15-5）。展望期内，饲料行业进入高质量发展阶段，安全、绿色、节粮重要性突显，饲料产品呈现特色化和精细化发展趋势。科技创新将进一步减缓粮食资源的约束，糟渣饼粕等农副产品资源得以充分收集利用，向饲料原料转化，工业合成淀粉和蛋白以及高蛋白玉米品种等一系列技术将逐步推广，新型工业饲料原料将成为饲料行业可持续发展新的支撑力量。

分产品来看，配合饲料产量稳步增加，2023年产量为28 840万吨，比上年增长2.9%；预计2027年产量有望达到31 246万吨，比基期增长19.7%；2032年产量进一步增至33 835万吨，比基期增长29.6%，年均增速为1.9%，高于饲料工业总产量年均1.7%的增长率；浓缩饲料产量持续下降，预计2023年产量为1358万吨，比上年下降4.8%；预计2027年产量为1175万吨，比基期下降21.5%，2032年降至1019万吨，比基期下降32.0%，年均降幅约为3.3%；添加剂预混合饲料产量保持增长趋势，预计2023年产量为666万吨，比上年增长2.1%；预计 2027 年为 715 万吨，比基期增长 12.3%，2032 年将达到 771 万吨，比基期增长 21.1%，展望期内年均增速为 1.7%。从产品结构来看，饲料产品结构持续改善，配合饲料产量占比稳步提升，浓缩饲料产量占比逐年缩减，添加剂预混合饲料产量占比保持稳定。展望期末配合饲料产量占比达到 95%，比基期提升 2.9 个百分点，浓缩饲料和添加剂预混合饲料占比分别降至 2.8% 和 2.2%（图 15-5）。

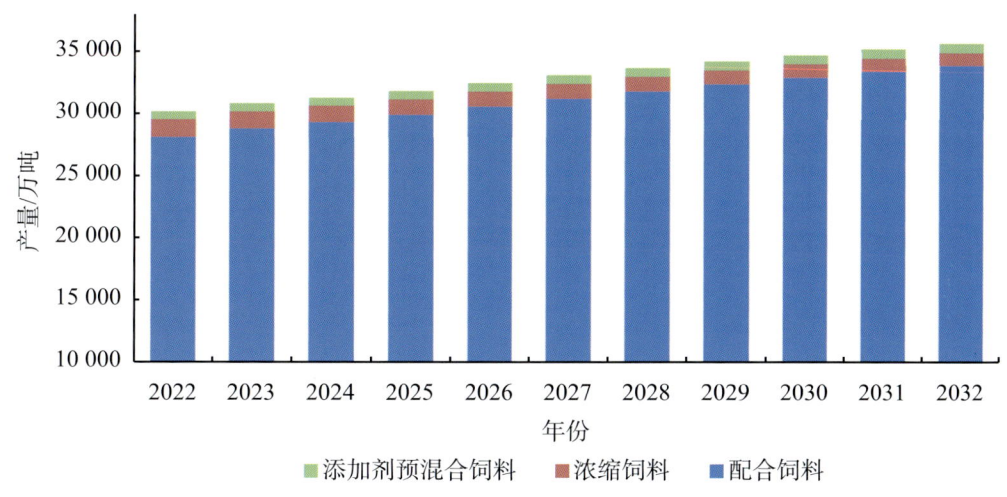

图 15-5　2022—2032 年中国工业饲料产量

（数据来源：2023—2032 年数据为中国农业科学院农业信息研究所 CAMES 模型系统预测）

2.3　消费展望

工业饲料消费量保持增长趋势。随着养殖品种改善和养殖技术提升，畜禽生产性能提高，同时在粮食资源约束的背景下，饲料粮供应压力不断加大，畜禽养殖结构将进一步优化，低耗粮的养殖品种占比增加，饲料需求增速放缓。预计 2023 年，消费量为 30 640 万吨，比上年增长 2.1%。预计 2027 年，消费量为 32 897 万吨，比基期增长 17.3%。2032 年为 35 369 万吨，比基期增长 26.1%，年均增速为 1.7%。

分品种来看，生猪饲料消费保持增长，预计 2023 年饲料消费量为 13 624 万吨，比上年增长 0.3%；展望中后期，生猪养殖量趋于稳定，饲料产品消费结构持续优化，预计 2027 年达到 14 107 万吨，比基期增长 19.8%，2032 年需求量达到 14 738 万吨，比基期增长 25.1%，展望期内年均增速为 0.9%。肉禽饲料消费量高位上涨，白羽肉鸭补栏恢复上涨，肉禽养殖存栏保持高位增长，预计 2023 年肉禽消费量为 9067 万吨，比上年增长 2.2%，长期来看，肉禽饲料消费量稳步增长，增速趋缓，预计 2027 年和 2032 年分别达到 9930 万吨和 10 634 万吨，比基期分别增长 11.0% 和 18.9%；未来 10 年肉禽饲料消费年均增速为 1.8%。蛋禽饲料消费缓慢增长，预计 2023 年蛋禽饲料消费为 3275 万吨，比上年增 2.6%。预计 2027 年蛋禽饲料的消费量为 3364 万吨，比基期增长 3.8%，2032 年为 3442 万吨，比基期增长 6.2%；展望期内年均增速为 0.8%。反刍动物饲料消费增速加快，展望期内，反刍动物存栏量保持增长，规模化养殖和舍饲育肥比例提高，反刍饲料配方技术提升，饲料消费增速将高于养殖存栏量的增速，预计 2023 年饲料需求将达到 1705 万吨，比上年增长 6.3%；2027 年和 2032 年反刍动物饲料消费量为 2094 万吨和 2516 万吨，比基期分别增长 44.4% 和 73.5%；未来 10 年年均增速为 4.6%。水产饲料消费实现较快增长，2023 年水产养殖量进一步上涨，预计饲料消费量将达到 2611 万吨，比上年增 4.0%；展望期内，品种驯化以及水产饲料产品研发，使得高端、新型的水产品种投入商品化养殖，并逐步替代传统养殖品种，饲料消费快速提升，预计 2027 年和 2032 年消费量有望达到 3031 万吨和 3652 万吨，比基期分别增长 32.0% 和 59.1%；展望期内，年均增长 3.8%（图 15-6）。

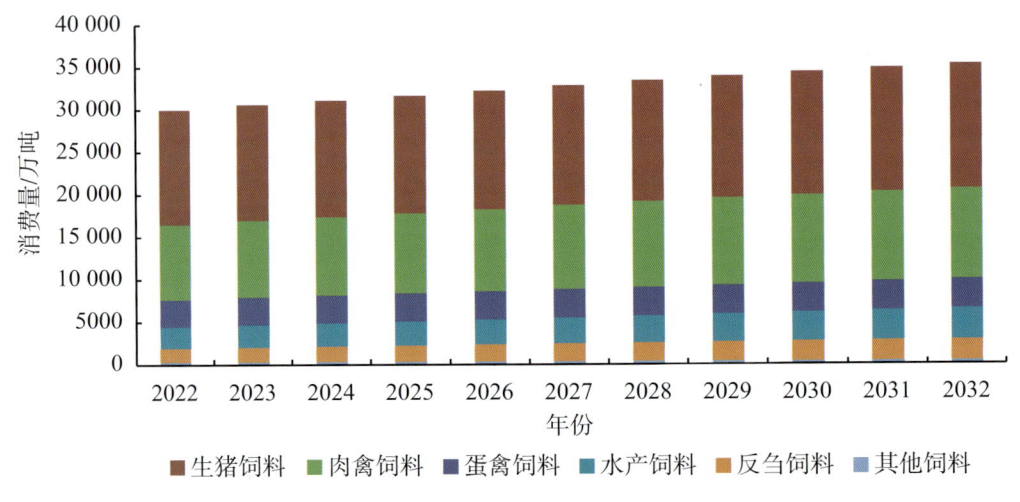

图 15-6　2022—2032 年中国主要工业饲料产品分品种消费量

（数据来源：2023—2032 年数据为中国农业科学院农业信息研究所 CAMES 模型系统预测）

2.4　价格展望

短期内，饲料产品市场价格高位回落。新冠疫情防控措施优化后，粮食贸易物流改善，市场销售恢复正常节奏，主要原料玉米、大豆全球产量供给比上年增加，同时国际市场粮价回落，粮食进口成本下降，国内饲料价格偏弱运行。预计 2023 年育肥猪、肉禽、蛋禽配合饲料价格分别在 3.63~3.72 元 / 千克、3.65~3.72 元 / 千克和 3.38~3.46 元 / 千克，年度均价比上年均下降 4%~6%。

长期来看，饲料产品价格保持小幅上涨趋势。饲料产品在满足畜禽营养需求的基础上，绿色无抗和环保减排等功能性增加，研发投入提升了产品附加值。原料供应方面，玉米、大豆等原料长期处于供应紧平衡状态，价格将维持较高水平。随着我国政府部门发布的系列粮食节约减损行动方案逐步落实，饲料粮资源"开源节流"取得实效，市场有效供给增加，国内糟渣饼粕等农副产品资源得到充分利用，新型饲料原料实现工业化生产，多元化原料供给格局逐步形成，同时养殖区域布局优化，饲草资源不断开发，这些都减轻了饲料粮供给的压力，减少了对玉米、豆粕的依赖性，一定程度上降低了饲料产品的成本，减缓了价格上涨的趋势。综合多种因素分析，饲料产品价格仍保持小幅上涨趋势。

3 不确定性分析

3.1 极端天气因素

气象灾害是农作物减产的重要因素。国内极端气象灾害频发，2021年河南特大洪水给粮食主产省造成了巨大的损失，2022年长江流域经历了最严重的极端高温、干旱天气。从全球范围来看，大豆主产国美国、巴西、阿根廷均遭遇严重干旱，造成大豆减产以及质量下降。同时极端天气导致重要河流航道水位下降，农产品运输受阻。展望期内，发生更加严重气象灾害的风险依然不可忽视，对农业生产产生的负面影响难以预测，一旦发生，将导致原料市场价格急剧上涨，是饲料原料供应中重要的不确定性因素。

3.2 技术进步因素

我国饲料及养殖行业从快速发展期进入成熟期。规模化带来的动力已经不足，需要通过技术创新引导行业实现高质量发展。我国饲料及养殖科技水平仍较世界先进水平有较大差距，包括畜禽育种、疫病防控、动物营养需求、动态配方技术以及新型饲料原料和添加剂等诸多领域亟待取得进展。展望期内，相关科学技术一旦取得突破性进展，将提高畜禽养殖的生产效率，进一步节约粮食资源，改变饲料行业发展的预期。

3.3 国际经贸因素

我国饲料资源进口仍集中于少数国家。近年来，国际政治军事对抗加剧，粮食禁运、粮食危机、航道堵塞等威胁国际粮食贸易产业链供应链安全的极端风险事件频发，我国与美国、加拿大和澳大利亚等国贸易争端仍未解决，贸易政策不确定风险提高。此外，美国货币政策频繁变化影响大宗商品价格，我国陆续与主要贸易国就开展人民币结算达成协议，巴西和阿根廷作为主要粮食贸易来源国就建立"共同货币"展开准备工作，国际贸易去美元中心化的趋势已显现，展望期内，国际贸易格局或将发生改变。

参考文献

国务院办公厅. 国务院办公厅关于促进畜牧业高质量发展的意见［EB/OL］.（2020-09-27）［2020-09-27］http://www.gov.cn/zhengce/zhengceku/2020-09-27/content_5547612.htm.

农业农村部. 农业绿色发展技术导则（2020—2032年）［EB/OL］.（2018-07-20）［2020-09-12］http://www.moa.gov.cn/nybgb/2020/202007/202009/t20200912_6157155.htm.

中共中央办公厅　国务院办公厅. 粮食节约行动方案［EB/OL］.（2021-11-01）［2020-11-01］http://www.gov.cn/zhengce/2021-11/01/content_5648085.htm.

农业农村部. 猪鸡饲料玉米豆粕减量替代技术方案［EB/OL］.（2021-04-21）［2021-04-21］http://www.moa.gov.cn/gk/nszd_1/2021/202104/t20210421_6366304.htm.

农业农村部市场预警专家委员会，2020. 中国农业展望报告（2020—2029）［M］. 北京：中国农业科学技术出版社.

胡向东，王济民，2015. 中国生猪饲料耗粮量估算及结构分析［J］. 农业技术经济（16）：4-13.

韩昕儒，陈永福，2014. 中国目前饲料粮需求量究竟有多少［J］. 农业技术经济（8）：60-68.

唐启升，韩冬，2016. 中国水产养殖种类组成、不投饵率和营养级［J］. 中国水产科学，23（4）：729-758.

袁艳云，何忠伟，刘芳，2019. 中美贸易战对大宗饲料粮进口的影响研究［J］. 中国畜牧杂志，55（7）：164-168.

冉娟，王济民，2017. 基于饲料需求的我国饲料谷物需求预测分析［J］. 中国农业大学学报，22（5）：190-198.

附　件

附件 1　术语说明

FC Index M

FC Index M 代表中等级棉花价格（相当于国际棉花标准的M级），反映发布当日即期装船国际棉到中国主港的CNF价（即成本加运费，不包括关税、增值税、港口费用和保险费）。

一般贸易

指中国境内有进出口经营权的企业单边进口或单边出口的贸易。

滑准税

滑准税是一种关税税率随进口商品价格由高到低而由低至高设置计征关税的方法。

蔬菜商品产量

指蔬菜经过运输、贮藏、批发、零售等诸多环节中的一个或多个环节后，可由消费者购买的蔬菜量。

蔬菜自损

指蔬菜从田头到最终购买阶段因收获、分拣、贮藏、运输、销售环节形成的弃收、失水、腐烂等鲜活农产品特有损失。

"菜篮子"

源于"菜篮子工程"，主要包括肉、蛋、奶、鱼、菜、果等农产品。农业部于1988年提出建设"菜篮子工程"，当时主要为缓解国内副食品供应偏紧的矛盾，经过多年发展建设，"菜篮子"为更好地满足人们生活日益增长的需要提供了稳定保障。

水果

根据国家统计局数据，该报告中水果包括园林水果和瓜果类，水果面积包括果园面积和瓜果类面积。

水果直接消费

指未经精深加工、直接鲜食的水果消费，包括城乡居民家庭消费、在外就餐消费、团体消费等。

水果损耗

指水果从果园（包括瓜果园）到消费终端（消费者或精深加工车间）在采收、采购、商品化处理、贮存、运输、批发、分销等一系列环节中因失水、腐烂、变质或其他不明原因造成的数量上的减少。

禽肉

主要包括鸡、鸭、鹅肉和其他禽肉等。据中国畜牧业协会禽业分会统计，2021年鸡肉、鸭肉、鹅肉和其他禽肉在禽肉中的占比为66%、27%、6%和1%。

鲜冷禽肉产品

指海关进出口商品分类第1章和第5章中的禽肉产品，包含冰鲜和冷冻的禽肉产品。

加工禽肉制品

指海关进出口商品分类第16章中的禽肉产品，包含罐头和其他制作或保藏的禽肉及食用杂碎产品。

鸡肉价格

从2022年1月第1周开始，农业农村部畜牧兽医局将原活鸡和白条鸡集贸市场平均价格调整为鸡肉集市均价，根据畜牧兽医局价格周报监测指标解释和采集口径，除快大型白羽肉鸡外，黄羽肉鸡、淘汰蛋鸡、小型白羽肉鸡优先采集白条鸡价格，快大型白羽肉鸡优先采集分割品鸡腿价格，没有鸡腿价格时采集白条鸡价格。

胴体重

指肉用牲畜出栏屠宰后，除去皮、头、尾、蹄、内脏（不包括肾脏和肾脂肪）的重量。

牛羊肉集市平均价格

基于对全国500个县集贸市场和采集点的监测跟踪，采集获得周价格，并进一步计算得出月度及年度平均价格。

消费结构升级

指随着社会经济发展，居民由生活质量低标准的消费结构向生活质量高标准的转变，主要包括消费层次结构升级、消费支出结构升级、消费形态结构升级、消费主体结构升级等。

表观消费量

当年禽蛋产量加禽蛋净进口量（当年进口量减出口量）。

人均表观消费量

当年表观消费量除以当年总人口。

禽流感

禽流行性感冒的简称，是由甲型流感病毒引起的一种禽类（家禽和野禽）传染病。

蛋液

以禽蛋为原料,经蛋壳清洗消毒、自动打蛋并分离出蛋黄或蛋白,再经过巴氏杀菌而制成的液体蛋产品。

蛋粉

蛋液经喷雾干燥而成,为粉状或易松散的块状,分为全蛋粉、蛋黄粉和蛋白粉。

蛋干

以禽蛋为原料的新食品,将禽蛋全蛋浓缩加工而成。

生鲜乳

指从符合国家有关要求的健康奶畜乳房中挤出的无任何成分改变的常乳。

液态奶

液态奶是由健康奶牛所产的鲜乳汁,经有效的加热杀菌方式处理后,分装出售的饮用牛乳。根据《食品生产许可证》(2020年3月1日修订)定义,液态乳包括巴氏杀菌乳、高温杀菌乳、调制乳、灭菌乳、发酵乳5种品类。

干乳制品

指的是使用牛乳或羊乳及其加工制品为主要原料,加入或不加入适量的维生素、矿物质和其他辅料,使用法律法规及标准规定所要求的条件,经加工制成的各种食品。根据IDF定义,干酪是在干凝乳干酪中添加乳脂混合物(调味料)而成的产品,干酪含有不少于4%的乳脂和不超过80%的水分。

黄油和炼乳

FAO定义,黄油是脂肪乳产品,黄油是通过搅拌牛奶或奶油制成的;炼乳是通过从全脂或脱脂牛奶中除去部分水而获得的,包括热处理和浓缩加工法。

饲料

能提供动物所需营养素,促进动物生长、生产和健康,且在合理使用下安全、有效的可饲物质。

配合饲料

根据饲养动物的营养需要,将多种饲料原料和饲料添加剂按饲料配方经工业化加工的饲料。

浓缩饲料

主要由蛋白质饲料、矿物质饲料和饲料添加剂按一定比例配制的均匀混合物,与能量饲料按规定比例配合即可制成配合饲料。

添加剂预混饲料

由两种(类)或两种(类)以上饲料添加剂与载体或稀释剂按一定比例配制的均匀混合物,是复合预混饲料、微量元素预混饲料、维生素预混饲料的统称。

附件2 宏观经济社会发展主要指标假设

表1 2022—2032年中国宏观数据

类别	2022	2023	2024	2025	2026	2027	2028	2029	2030	2031	2032
GDP/万亿元	121	128	134	141	148	155	162	170	178	186	194
GDP增速/%	3.0	5.5	5.1	4.9	4.9	4.8	4.8	4.7	4.7	4.6	4.6
人口/万	141 175	141 083	140 987	140 884	140 770	140 629	140 451	140 223	139 934	139 598	139 199
CPI增速/%	2.0	2.4	2.4	2.4	2.4	2.4	2.3	2.3	2.3	2.3	2.2
国际原油价格/(美元/桶)	102.1	92.0	80.0	76.5	75.1	73.9	72.1	71.3	70.2	69.4	68.2
1美元兑人民币汇率/(USD/CNY)	6.7	6.6	6.5	6.4	6.4	6.5	6.5	6.6	6.6	6.5	6.5
城镇居民可支配收入/元	49 283	51 826	54 236	56 579	58 967	61 437	63 999	66 617	69 102	71 651	74 259
农村居民可支配收入/元	20 133	21 399	22 705	24 087	25 552	27 103	28 745	30 476	32 603	34 856	37 254
常住人口城镇化率/%	65.2	65.9	66.5	67.1	67.8	68.5	69.0	69.6	70.3	71.0	71.8

注：GDP为国内生产总值简称；CPI为居民消费价格指数。

附件 3 主要品种供需平衡表

表1 2022—2032年中国粮食供需平衡表　　　　　　　　　　　　　　　　　　　单位：万吨

类别	年份										
	2022	2023	2024	2025	2026	2027	2028	2029	2030	2031	2032
生产量	68653	69437	70227	71043	71765	72852	73551	74616	75437	76093	76673
进口量	14687	14829	14521	13716	13250	12900	12591	12477	12341	12220	12150
消费量	79828	80961	82041	82627	83307	83900	84480	85118	85716	86287	86733
食用消费	29856	30245	30208	30148	30130	30090	30047	30024	29977	29927	29852
饲用消费	23004	23423	23842	24243	24642	25040	25429	25814	26194	26568	26938
压榨（大豆）消费	9182	9328	9378	9391	9407	9438	9479	9522	9576	9599	9621
工业消费	12664	12779	13169	13377	13653	13888	14142	14439	14729	15032	15273
其他消费	5123	5186	5442	5468	5475	5444	5383	5319	5241	5161	5049
出口量	433	460	482	498	511	523	533	545	556	566	576
结余变化	3079	2846	2226	1634	1197	1330	1128	1429	1505	1461	1514

表2 2022—2032年中国稻谷供需平衡表　　　　　　　　　　　　　　　　　　　单位：万吨

类别	年份										
	2022	2023	2024	2025	2026	2027	2028	2029	2030	2031	2032
生产量	20850	21026	21027	21026	21031	21042	21045	21040	21029	21012	20988
进口量	885	798	793	791	774	760	749	740	732	725	718
消费量	21250	21419	21536	21608	21638	21617	21552	21466	21360	21238	21076
口粮消费	15680	15573	15466	15358	15249	15138	15023	14902	14776	14645	14508
饲用消费	2573	2720	2856	2982	3099	3205	3300	3386	3462	3527	3582
工业消费	1670	1683	1698	1715	1734	1754	1777	1802	1829	1858	1889
种用消费	227	228	227	227	227	226	226	226	225	225	224
其他消费及损耗	1100	1216	1289	1326	1330	1294	1226	1150	1068	984	873
出口量	316	348	365	375	383	389	394	399	403	407	411
结余变化	169	57	−81	−167	−216	−204	−153	−85	−2	92	219

注：稻谷进出口量为大米进出口量按70%比例折算。

表3 2022—2032年中国小麦供需平衡表　　　　　　　　　　　　　　　　　单位：万吨

类别	年份										
	2022	2023	2024	2025	2026	2027	2028	2029	2030	2031	2032
生产量	13 773	13 851	13 926	14 002	14 100	14 151	14 229	14 263	14 292	14 357	14 390
进口量	996	1000	926	868	817	764	695	665	621	606	602
消费量	13 193	13 280	13 327	13 402	13 542	13 626	13 709	13 832	13 942	14 074	14 130
口粮消费	9126	9199	9218	9223	9250	9268	9276	9292	9302	9318	9327
饲用消费	1700	1689	1676	1668	1661	1658	1651	1645	1640	1636	1632
工业消费	1220	1242	1287	1364	1484	1556	1640	1757	1866	1988	2041
种用消费	579	583	580	580	579	579	577	575	573	572	571
其他消费及损耗	568	566	566	567	568	566	566	563	561	560	557
出口量	15	16	16	17	17	18	18	20	20	20	20
结余变化	1561	1555	1509	1451	1358	1271	1197	1076	952	868	842

表4 2022—2032年中国玉米供需平衡表　　　　　　　　　　　　　　　　　单位：万吨

类别	年份										
	2022	2023	2024	2025	2026	2027	2028	2029	2030	2031	2032
生产量	27 720	28 087	28 644	29 213	29 617	30 352	30 662	31 352	31 860	32 376	32 869
进口量	2062	1950	1500	1100	920	850	710	704	697	691	685
消费量	28 759	29 178	29 601	30 031	30 467	30 911	31 361	31 819	32 284	32 756	33 235
口粮消费	980	991	1008	1025	1042	1060	1078	1096	1115	1134	1153
饲用消费	18 500	18 778	19 059	19 345	19 635	19 930	20 229	20 532	20 840	21 153	21 470
工业消费	8100	8238	8370	8503	8639	8778	8918	9061	9206	9353	9503
种用消费	199	200	200	201	201	202	203	203	204	204	205
其他消费及损耗	980	972	964	957	949	941	934	926	919	912	904
出口量	1	1	1	1	2	2	2	2	3	3	3
结余变化	1022	858	543	281	68	289	9	235	271	309	315

表 5　2022—2032 年中国大豆供需平衡表　　　　　　　　　　　　　　　　单位：万吨

类别	年份										
	2022	2023	2024	2025	2026	2027	2028	2029	2030	2031	2032
生产量	2029	2171	2278	2400	2570	2793	3057	3337	3581	3633	3675
进口量	9108	9302	9225	8995	8816	8653	8582	8530	8472	8399	8356
消费量	10 855	11 168	11 319	11 396	11 467	11 540	11 629	11 728	11 829	11 897	11 947
压榨消费	9182	9328	9378	9391	9407	9438	9479	9522	9576	9599	9621
食用消费	1300	1420	1514	1571	1616	1645	1681	1722	1760	1795	1818
种用消费	84	84	84	84	87	91	95	100	100	100	100
其他消费及损耗	289	336	342	350	357	366	374	384	393	403	408
出口量	12	15	16	18	20	23	26	29	33	37	42
结余变化	270	290	168	−20	−102	−117	−16	110	191	98	42

表 6　2022—2032 年中国食用植物油供需平衡表　　　　　　　　　　　　单位：万吨

类别	年份										
	2022	2023	2024	2025	2026	2027	2028	2029	2030	2031	2032
生产量	2686	2763	2813	2851	2891	2935	2983	3032	3084	3127	3170
进口量	636	788	781	771	759	748	739	721	698	678	657
消费量	3425	3598	3614	3630	3645	3678	3710	3734	3736	3749	3756
城镇消费	2531	2787	2805	2822	2842	2877	2905	2928	2938	2958	2976
农村消费	894	811	809	808	803	801	805	805	798	791	779
出口量	12	14	15	16	16	18	18	18	18	20	20

表 7　2022—2032 年中国棉花供需平衡表　　　　　　　　　　　　　　　单位：万吨

类别	年份										
	2022	2023	2024	2025	2026	2027	2028	2029	2030	2031	2032
生产量	598	578	579	579	579	580	579	578	578	579	579
进口量	193	185	183	182	180	177	176	174	172	171	170
消费量	760	772	770	769	767	760	758	756	754	750	745
出口量	1	1	1	1	1	1	1	1	1	1	1
结余变化	30	−10	−9	−9	−9	−4	−4	−5	−5	−1	3

表 8　2022—2032 年中国食糖供需平衡表　　　　　　　　　　　　　　　单位：万吨

类别	年份										
	2022	2023	2024	2025	2026	2027	2028	2029	2030	2031	2032
生产量	956	933	1024	1039	1056	1067	1076	1084	1091	1098	1104
进口量	533	500	511	518	529	539	548	558	567	577	587
消费量	1540	1560	1570	1582	1596	1607	1617	1626	1633	1639	1644
出口量	16	18	14	12	12	12	12	11	11	11	11
结余变化	−67	−145	−50	−37	−23	−13	−5	5	15	25	36

注：平衡表数据为市场年度（上年10月至当年9月）。

表 9　2022—2032 年中国蔬菜供需平衡表　　　　　　　　　　　　　　　单位：万吨

类别	年份										
	2022	2023	2024	2025	2026	2027	2028	2029	2030	2031	2032
生产量[①]	79 100	79 317	79 360	79 455	79 528	79 608	79 679	79 722	79 771	79 826	79 877
自损量[②]	19 837	18 418	18 293	18 179	18 061	17 944	17 824	17 698	17 574	17 450	17 325
商品产量[③]	59 263	60 900	61 068	61 276	61 467	61 664	61 854	62 024	62 197	62 376	62 552
进口量	34	40	42	44	47	50	52	54	55	55	56
消费量	58 108	58 795	59 203	595 99	59 936	60 267	60 528	60 673	60 803	60 844	60 852
鲜食消费[④]	24 650	25 561	25 951	26 217	26 418	26 659	26 834	26 983	27 098	27 172	27 183
加工消费	13 399	13 634	13 846	13 964	14 051	14 161	14 239	14 303	14 351	14 379	14 374
其他消费[⑤]	6324	6379	6446	6493	6586	6572	6603	6562	6562	6547	6617
损耗量[⑥]	13 735	13 221	12 960	12 924	12 881	12 875	12 851	12 825	12 791	12 746	12 678
出口量	1183	1191	1221	1266	1305	1338	1365	1385	1399	1407	1409

注：① 生产量是指田头收获的产量，一般为蔬菜生产中所统计的产量。
　　② 自损量是指蔬菜从田头到最终购买阶段因收获、分拣、贮藏、运输、销售环节形成的弃收、失水、腐烂等鲜活农产品的特有损失。
　　③ 商品产量是指经过运输、贮藏、批发、零售等诸多环节中的一个或多个环节后，可由消费者购买的蔬菜量。
　　④ 鲜食消费是指以鲜菜为主要形式的家庭消费和在外消费。
　　⑤ 其他消费包括饲料等相关消费。
　　⑥ 损耗量是指蔬菜购买后在其食用及加工等过程中的一般性损失。

表10 2022—2032年中国马铃薯供需平衡表　　　　　　　　　　　　　　单位：万吨

类别	2022	2023	2024	2025	2026	2027	2028	2029	2030	2031	2032
生产量	9 740	10 214	10 786	11 203	11 598	11 702	11 805	11 875	12 040	12 106	12 242
进口量	6	5	5	5	5	4	4	4	4	3	3
消费量	10 944	11 104	11 220	11 480	11 775	12 118	12 203	12 332	12 473	12 664	12 808
食用消费	6885	6971	7018	7141	7293	7495	7526	7596	7676	7792	7867
加工消费	938	950	957	1001	1040	1095	1116	1136	1164	1195	1234
饲用消费	548	555	558	566	595	605	616	624	632	640	647
种用消费	1248	1275	1302	1343	1392	1415	1428	1439	1452	1470	1484
损耗	1291	1321	1353	1395	1420	1473	1482	1503	1514	1532	1541
其他用途	33	33	33	34	34	34	35	35	35	36	36
出口量	59	68	70	73	74	75	76	78	79	80	82

表11 2022—2032年中国水果供需平衡表　　　　　　　　　　　　　　单位：万吨

类别	2022	2023	2024	2025	2026	2027	2028	2029	2030	2031	2032
生产量	30 116	30 741	31 378	31 857	32 556	33 096	33 715	34 081	34 525	34 936	35 287
进口量[①]	1061	1173	1284	1414	1524	1613	1697	1762	1841	1926	2041
消费量	29 417	30 182	30 966	31 586	32 217	32 733	33 224	33 656	34 060	34 468	34 765
直接消费	14 978	15 278	15 828	16 302	16 694	17 089	17 363	17 571	17 721	17 836	17 925
加工消费	4105	4265	4430	4555	4657	4744	4819	4885	4941	4991	5037
损耗[②]及其他	10 433	10 639	10 709	10 728	10 866	10 899	11 042	11 200	11 398	11 642	11 803
出口量[③]	859	912	973	1065	1171	1293	1423	1554	1673	1812	1967

注：① 进口量，包含水果及制品的进口量，已将果汁、水果罐头等水果制品按照一定比例折算为鲜果，统一记为水果进口量。
② 损耗，指生产者在果园（包括瓜果园）生产得到的具有商品价值的水果经采收、采购、分级分等、商品化处理、贮存、运输、批发、零售等环节被终端消费者购买的过程中因失水、腐烂、变质或其他不明原因造成的数量上的减少。
③ 出口量，包含水果及制品的出口量，已将果汁、水果罐头等水果制品按照一定比例折算为鲜果，统一记为水果出口量。

表12 2022—2032年中国肉类供需平衡表　　　　　　　　　　　　　　单位：万吨

类别	2022	2023	2024	2025	2026	2027	2028	2029	2030	2031	2032
生产量	9342	9445	9516	9563	9652	9738	9808	9863	9911	9956	9994
进口量	613	645	646	658	651	651	649	642	629	615	601
消费量	9877	10 015	10 085	10 140	10 217	10 300	103 65	10 410	10 441	104 69	10 485
直接消费	8061	8115	8092	8059	8026	7998	7954	7889	7809	7723	7637
加工消费	1405	1488	1578	1667	1777	1887	1996	2106	2218	2332	2435
其他消费及损耗	411	412	415	414	414	415	415	415	414	414	413
出口量	78	75	77	81	86	89	92	95	99	102	110

表 13 2022—2032 年中国猪肉供需平衡表　　　　　　　　　　　　　　　　单位：万吨

类别	年份										
	2022	2023	2024	2025	2026	2027	2028	2029	2030	2031	2032
生产量	5541	5570	5577	5568	5579	5583	5590	5594	5596	5599	5602
进口量	176	200	194	197	187	182	175	165	153	141	130
消费量	5705	5765	5763	5757	5756	5755	5754	5748	5737	5728	5719
直接消费	4462	4493	4460	4424	4389	4357	4325	4289	4248	4210	4171
加工消费	958	985	1015	1045	1079	1111	1142	1173	1203	1233	1263
损耗	285	286	288	288	288	287	287	286	285	285	285
出口量	12	6	8	8	10	10	11	11	12	12	13

表 14 2022—2032 年中国禽肉供需平衡表　　　　　　　　　　　　　　　　单位：万吨

类别	年份										
	2022	2023	2024	2025	2026	2027	2028	2029	2030	2031	2032
生产量	2443	2497	2544	2593	2666	2734	2785	2827	2863	2898	2926
进口量	132	133	132	133	129	126	123	120	116	113	109
消费量	2512	2563	2608	2655	2720	2782	2828	2864	2893	2922	2943
直接消费	2174	2175	2166	2160	2153	2145	2120	2084	2038	1989	1944
加工消费①	270	320	374	427	499	569	640	712	787	865	931
其他消费②	68	68	68	68	68	68	68	68	68	68	68
出口量	63	67	68	71	75	78	80	83	86	89	92

注：①加工消费指深加工利用。
②其他消费包括损耗等。

表 15 2022—2032 年中国牛肉供需平衡表　　　　　　　　　　　　　　　　单位：万吨

类别	年份										
	2022	2023	2024	2025	2026	2027	2028	2029	2030	2031	2032
生产量	718	729	738	746	753	761	767	772	777	781	784
进口量	267	275	282	289	294	300	306	310	312	312	313
消费量	985	1004	1020	1035	1048	1050	1061	1072	1083	1091	1096
直接消费	825	839	850	860	868	864	870	875	880	882	881
加工消费	126	131	136	141	146	151	156	162	168	174	180
其他消费	34	34	34	34	34	35	35	35	35	35	35
出口量	0.00	0.00	0.01	0.01	0.02	0.02	0.02	0.03	0.03	0.03	0.04

表16 2022—2032年中国羊肉供需平衡表　　　　　　　　　　　　　　　　单位：万吨

类别	年份										
	2022	2023	2024	2025	2026	2027	2028	2029	2030	2031	2032
生产量	525	532	540	547	554	559	564	568	572	575	578
进口量	36	36	37	38	40	42	44	46	47	48	48
消费量	561	568	577	585	594	601	608	614	619	623	625
直接消费	508	514	522	529	538	545	552	557	561	565	567
加工消费	34	35	35	36	36	36	36	36	37	37	37
其他消费	19	19	20	20	20	20	20	21	21	21	21
出口量	0.2	0.2	0.3	0.3	0.3	0.3	0.3	0.3	0.4	0.4	0.4

表17 2022—2032年中国禽蛋供需平衡表　　　　　　　　　　　　　　　　单位：万吨

类别	年份										
	2022	2023	2024	2025	2026	2027	2028	2029	2030	2031	2032
生产量	3456	3488	3515	3530	3545	3560	3574	3588	3595	3590	3580
进口量	0.003	0.003	0.003	0.002 5	0.002 5	0.002 5	0.002	0.002	0.002	0.002	0.002
消费量	3442	3471	3497	3512	3525	3539	3553	3566	3572	3566	3555
食用消费	2650	2651	2656	2661	2666	2672	2680	2688	2691	2688	2680
加工消费	527	545	561	567	572	577	581	584	586	584	582
种用及损耗	265	275	280	284	287	290	292	294	295	294	293
出口量	14	14	14	14	15	15	15	15	15	16	16
结余变化	0	3	4	4	5	6	6	7	8	8	9

表18 2022—2032中国奶制品供需平衡表　　　　　　　　　　　　　　　　单位：万吨

类别	年份										
	2022	2023	2024	2025	2026	2027	2028	2029	2030	2031	2032
生产量	4025	4227	4431	4626	4787	4942	5088	5225	5356	5481	5602
进口量	1855	1886	1925	1968	2030	2092	2141	2185	2230	2277	2320
消费量	5867	6098	6341	6577	6801	7018	7210	7392	7566	7738	7902
食用消费	5188	5422	5651	5867	6072	6280	6461	6636	6797	6955	7108
饲用消费	316	314	327	334	339	343	347	350	354	361	369
损耗	115	113	115	117	119	119	119	121	122	124	125
其他消费	248	249	248	258	271	277	284	286	293	297	301
出口量	13	15	16	17	16	16	18	17	20	19	20

表19 2022—2032中国水产品供需平衡表　　　　　　　　　　　　　　　　　单位：万吨

类别	年份										
	2022	2023	2024	2025	2026	2027	2028	2029	2030	2031	2032
生产量	6869	6935	6992	7042	7087	7122	7151	7178	7203	7226	7248
捕捞产量	1301	1299	1297	1296	1298	1295	1293	1295	1296	1294	1292
养殖产量	5568	5636	5695	5746	5789	5827	5858	5883	5907	5932	5956
进口量	647	685	714	741	762	779	790	798	807	816	824
消费量	7140	7232	7302	7366	7421	7467	7503	7534	7565	7594	7621
直接消费①	2993	3062	3106	3138	3164	3188	3207	3223	3237	3250	3262
加工消费②	2921	3012	3070	3114	3151	3182	3209	3231	3251	3271	3290
其他消费及损耗	1226	1158	1126	1114	1106	1097	1087	1080	1077	1073	1069
出口量	376	388	404	417	428	434	438	442	445	448	451

注：① 直接消费指以活、鲜形式流通销售，直接烹饪消费的水产品。
② 加工消费指用于加工的水产品，水产品加工品包括冷冻冷藏品、腌制品、干制品、熏制品、罐头食品、各种生熟小包装食品，以及鱼油、鱼肝油、饲料鱼粉、藻胶等。

表20 2022—2032年中国工业饲料供需平衡表　　　　　　　　　　　　　　单位：万吨

类别	年份										
	2022	2023	2024	2025	2026	2027	2028	2029	2030	2031	2032
生产量	30 223	30 864	31 332	31 873	32 504	33 136	33 698	34 226	34 725	35 194	35 625
配合饲料	28 145	28 840	29 349	29 925	30 586	31 246	31 835	32 389	32 911	33 393	33 835
浓缩饲料	1426	1358	1307	1260	1216	1175	1135	1097	1063	1039	1019
添加剂预混合饲料	652	666	676	688	702	715	728	740	751	762	771
消费量	30 004	30 640	31 105	31 643	32 269	32 897	33 455	33 980	34 476	34 941	35 369
生猪饲料消费	13 489	13 624	13 692	138 29	13 967	14 107	14 248	143 90	14 520	14 636	14 738
肉禽饲料消费	8872	9067	9239	9415	9678	9930	10 119	10 271	10 404	10 529	10 634
蛋禽饲料消费	3192	3275	3298	3317	3337	3364	3384	3405	3422	3432	3442
水产饲料消费	2511	2611	2710	2813	2920	3031	3146	3266	3390	3519	3652
反刍饲料消费	1604	1705	1804	1903	1998	2094	2184	2271	2360	2443	2516
其他饲料消费	338	359	363	366	368	371	374	378	381	383	386
损耗	211	216	218	221	225	230	234	236	240	243	246
净出口量	8	8	8	9	9	9	9	10	10	10	10